权威·前沿·原创

皮书系列为
"十二五""十三五"国家重点图书出版规划项目

中国社会科学院创新工程学术出版资助项目

休闲绿皮书
GREEN BOOK OF CHINA'S LEISURE

2018~2019年
中国休闲发展报告

ANNUAL REPORT ON CHINA'S LEISURE DEVELOPMENT
(2018-2019)

顾　问／何德旭　闫　坤　夏杰长　刘德谦
主　编／宋　瑞
副主编／金　准　李为人　吴金梅
中国社会科学院旅游研究中心

社会科学文献出版社
SOCIAL SCIENCES ACADEMIC PRESS (CHINA)

图书在版编目(CIP)数据

2018~2019年中国休闲发展报告/宋瑞主编.――北京：社会科学文献出版社，2019.7
（休闲绿皮书）
ISBN 978-7-5201-5122-1

Ⅰ.①2… Ⅱ.①宋… Ⅲ.①闲暇社会学－研究报告－中国－2018－2019 Ⅳ.①D669.3

中国版本图书馆CIP数据核字（2019）第132296号

休闲绿皮书
2018~2019年中国休闲发展报告

顾　　问 / 何德旭　闫　坤　夏杰长　刘德谦
主　　编 / 宋　瑞
副 主 编 / 金　准　李为人　吴金梅

出 版 人 / 谢寿光
责任编辑 / 王　展

出　　版 / 社会科学文献出版社·皮书出版分社（010）59367127
　　　　　　地址：北京市北三环中路甲29号院华龙大厦　邮编：100029
　　　　　　网址：www.ssap.com.cn
发　　行 / 市场营销中心（010）59367081　59367083
印　　装 / 天津千鹤文化传播有限公司
规　　格 / 开　本：787mm×1092mm　1/16
　　　　　　印　张：21　字　数：311千字
版　　次 / 2019年7月第1版　2019年7月第1次印刷
书　　号 / ISBN 978-7-5201-5122-1
定　　价 / 128.00元

本书如有印装质量问题，请与读者服务中心（010-59367028）联系

▲ 版权所有 翻印必究

休闲绿皮书编委会

顾　问　何德旭　闫　坤　夏杰长　刘德谦
主　编　宋　瑞
副主编　金　准　李为人　吴金梅
编　委　(以姓氏音序排列)
　　　　　陈　田　杜志雄　冯　珺　高舜礼　Geoffrey Godbey
　　　　　金　准　李为人　刘德谦　马惠娣　宋　瑞
　　　　　王诚庆　王琪延　魏小安　吴必虎　吴金梅
　　　　　夏杰长　张广瑞　赵　鑫

本书编撰人员名单

主报告

　　撰稿人　课题组

　　执笔人　宋　瑞　冯　珺

专题报告撰稿人（以专题报告出现先后为序）

李丽梅　楼嘉军　冯　珺　孙鹏义　廖永松　李洪波
高立慧　景银倩　侯胜田　刘娜娜　杨思秋　吕　宁
赵亚茹　齐　飞　唐继宗　付　冰　徐晟辉　董二为
蒋　艳　张海霞　张　晟　程遂营　程　丽　张寒琪
李慧华　谭　亮　孙　恬　张　丹　曲丽萍　吴金梅
陈小向

《休闲绿皮书》编辑部办公室

　　孙鹏义　曾　莉　杨　慧

主要编撰者简介

宋　瑞　产业经济学博士，中国社会科学院旅游研究中心主任，中国社会科学院财经战略研究院研究员、博士生导师，长期从事休闲基础理论与公共政策、旅游可持续发展等方面的研究。

金　准　管理学博士，中国社会科学院旅游研究中心秘书长，中国社会科学院财经战略研究院副研究员，长期从事旅游与休闲相关研究工作，主要关注旅游政策、城市旅游等问题。

李为人　管理学博士，中国社会科学院旅游研究中心副秘书长，中国社会科学院研究生院公共政策与管理学院副院长、副教授，近年来主要研究财税理论与政策、税收管理、旅游管理等问题。

吴金梅　管理学博士，研究员，正高级经济师，中国社会科学院旅游研究中心副主任，长期从事旅游产业发展、旅游投资、旅游房地产等领域的研究与实践工作。

摘 要

《2018~2019年中国休闲发展报告》(《休闲绿皮书》NO.7)由中国社会科学院旅游研究中心组织相关专家编写完成。本书是社会科学文献出版社"皮书系列"的重要组成部分,全书由总报告和18篇专题报告组成。

总报告指出,2018~2019年,我国经济发展稳中有变,产业结构和经济结构持续优化,社会民生不断改善,公共部门对休闲发展的资金投入和政策投入增大,公共服务体系有所完善;居民消费水平提升,休闲消费意愿强烈。从休闲发展的阶段特征与行业变化来看,旅游休闲的文化内涵和综合吸引力显著提升,文化休闲的新兴产品和服务市场经历了由规模扩张到质量优化的过程,体育产业中的各类休闲服务、尤其是体育健身休闲活动特色鲜明,"大健康"休闲和养老休闲快速崛起。就未来发展而言,品质、融合、科技将成为重要趋势;需要加强制度建设,消除休闲时间方面的制约;加大财政投入,解决休闲公共设施不足的问题;优化统计体系,为政策制定提供科学依据;加强理论研究,为休闲发展提供智力支持。

其他18篇专题报告分属"核心产业""区域发展""新兴业态"等三个部分,涉及文化休闲、旅游休闲、体育休闲、休闲农业、徒步运动、健康旅游、休闲城市、互联网发展与休闲行为、电影产业、户外无动力乐园、在线音乐等议题。京津冀、粤港澳大湾区、上海、杭州、布宜诺斯艾利斯等地的案例,为我们了解不同区域范围内休闲发展的特点提供了直接依据。

作为国内最早一本涉及休闲发展的皮书,此书将成为政府、业界、学界和公众了解我国休闲发展前沿的重要读物。

目　录

序 …………………………………………………………… 宋　瑞 / 001

Ⅰ　总报告

G.1 2018～2019年中国休闲发展与未来展望
　　………………………………… 中国社会科学院旅游研究中心 / 001

Ⅱ　核心产业

G.2 中国休闲产业发展水平的地区差异与政策建议
　　……………………………………………… 李丽梅　楼嘉军 / 028
G.3 中国文化休闲业发展分析与展望 ………………… 冯　珺 / 043
G.4 中国居民旅游休闲状况分析与展望 ……………… 孙鹏义 / 057
G.5 中国休闲农业发展现状、问题与对策 …………… 廖永松 / 070
G.6 中国徒步运动发展报告 ………… 李洪波　高立慧　景银倩 / 084
G.7 中国健康旅游产业进展、推进策略与未来展望
　　………………………………… 侯胜田　刘娜娜　杨思秋 / 101

Ⅲ　区域发展

G.8 中国休闲城市区域发展与特征研究 ………… 吕　宁　赵亚茹 / 114

G.9 京津冀体育休闲产业协同发展现状及展望……………… 齐　飞 / 129
G.10 浅议粤港澳大湾区休闲市场需求、供给与互动发展 …… 唐继宗 / 142
G.11 中国体育旅游城市影响力研究
　　　——以上海市为例 …………… 付　冰　徐晟辉　董二为 / 154
G.12 城市休闲发展对比研究：以布宜诺斯艾利斯和杭州
　　　为例 …………………………………………… 蒋　艳 / 166
G.13 世界遗产地城市居民公共休闲生活质量及其影响因素
　　　——以西湖为例 ……………………… 张海霞　张　晟 / 179

Ⅳ 新兴业态

G.14 移动互联网与国民休闲行为：现状与未来
　　　……………………………… 程遂营　程　丽　张寒琪 / 197
G.15 中国户外无动力乐园发展现状和前瞻
　　　……………………………… 李慧华　谭　亮　孙　恬 / 221
G.16 中国营地教育行业的发展现状与前沿思考 …… 张　丹 / 237
G.17 从票房看中国电影观众消费习惯演变 ………… 曲丽萍 / 259
G.18 基于需求演进的休闲新业态发展
　　　——以DIY手作坊为例 …………………… 吴金梅 / 272
G.19 中国在线音乐行业的现状和进展
　　　——以网易云音乐为例 …………………… 陈小向 / 285

Abstract ……………………………………………………… / 299
Contents ……………………………………………………… / 301

序

今年的"休闲绿皮书"比往年来的略晚了一些。从框架构思、选题确认、作者沟通,到稿件修改,乃至最终出版,每个环节都令我想起十年前出版第一本"休闲绿皮书"时的情形。作为国内第一本休闲研究报告,十年历程,恍如隔日。

十年来,经济环境、休闲需求、产业样态、政策体系均发生了较大变化,而如实刻画并积极推动中国休闲之发展的初心却从未改变。一方面,十年里,休闲在个体生活、家庭关系、社会活动和经济构成中所扮演的角色越来越重要,休闲发展已上升到国家战略、公共政策、民生要务的高度;另一方面,十年后,"996"等却以前所未有的热度成为社会话题,也从另一个侧面提醒我们,休闲远未成为普遍的社会选择和人们的生活方式。作为研究者,如何在客观、动态反映休闲需求和实践的基础上,提出可信、可行的政策建议,继而推动中国休闲发展,深感任重道远。

休闲看似每个个体和家庭的自我选择,但实际上,它并非纯粹的个体现象和私人事务。发展休闲具有很强的社会文化性和国家战略性,既是满足人民美好生活需要的重要内容,也是经济新常态下实现高质量发展的必然要求。对此,我们尝试从政策、产业、区域、市场等不同层面进行分析,邀请二十余位学者和业界人士,围绕文化休闲、旅游休闲、体育休闲、休闲农业、徒步运动、健康旅游、休闲城市、互联网发展与休闲行为、电影产业、户外无动力乐园、在线音乐等议题进行广泛探讨,同时针对京津冀、粤港澳大湾区、上海、杭州、布宜诺斯艾利斯等地的休闲发展进行深入分析,以期从不同研究视角、不同空间尺度透视和展望中国休闲发展的现状与未来。

人们享有休闲的程度是一个国家生产力水平高低的标志,也是社会文明程度的体现。党的十九大报告指出,到2020年,是全面建成小康社会决胜期。作为小康生活重要标志的休闲,将迎来更加广阔的发展前景。我们期待与更多机构和人士一道,为促进中国休闲发展尽绵薄之力!

是为序。

宋 瑞

2019年6月6日于出差途中

总 报 告

General Report

G.1
2018~2019年中国休闲发展与未来展望

中国社会科学院旅游研究中心*

摘　要： 2018~2019年，我国经济发展稳中有变，产业结构和经济结构持续优化，社会民生不断改善，公共部门对休闲发展的资金投入和政策投入增大，公共服务体系有所完善；居民消费水平提升，休闲消费意愿强烈。从休闲发展的阶段特征与行业变化来看，旅游休闲的文化内涵和综合吸引力显著提升，文化休闲的新兴产品和服务市场经历了由规模扩张到质量优化的过程，体育产业中的各类休闲服务，尤其是体育健身休

---

* 执笔人：宋瑞，中国社会科学院旅游研究中心主任、中国社会科学院财经战略研究院研究员、博士生导师，研究方向为休闲基础理论与公共管理、休闲产业政策等；冯珺，中国社会科学院旅游研究中心特约研究员、中国社会科学院财经战略研究院博士后，研究方向为休闲经济、服务经济、文化和休闲相关产业等。

闲活动特色鲜明,"大健康"休闲和养老休闲快速崛起。就未来发展而言,品质、融合、科技将成为重要趋势;需要加强制度建设,消除休闲时间方面的制约;加大财政投入,解决休闲公共设施不足的问题;优化统计体系,为政策制定提供科学依据;加强理论研究,为休闲发展提供智力支持。

关键词: 休闲发展 大健康 公共投入 政策

一 2018~2019年中国休闲发展环境

(一)经济发展:稳中有变,结构优化

2018~2019年,我国经济稳中有变、变中有忧,各项经济调控政策稳中求进。在"逆全球化"、单边主义导致的多方经贸摩擦以及发达经济体政策外溢效应的直接影响下,中国经济总体保持平稳较快增长。《2018年国民经济和社会发展统计公报》显示,2018年全国国内生产总值(GDP)达90.03万亿元,较2017年增长6.6%(见图1);人均GDP 6.46万元,较2017年增长6.1%。根据中国社会科学院发布的《经济蓝皮书春季号:2019年中国经济前景分析》,虽面临诸多困难,但2019年一季度我国经济发展各项数据明显好于预期,显示经济结构继续优化,供给侧改革初现成效。预计2019年中国经济增长6.4%左右,增速比上年小幅回落,可实现年初预期6.0%~6.5%的经济增长目标。

伴随经济的稳步发展,经济结构继续优化,服务业对GDP增长的贡献创新高,消费主导经济增长。从产业结构来看,2018年服务业增加值为46.96万亿元,增长7.6%(见图2),占GDP的比重为52.2%,较2017年提高0.6个百分点,高于第二产业11.5个百分点;全年规模以上服务业企业营业收入比2017年增长11.4%,营业利润增长6.5%。第一、第二、第

三产业占GDP的比重分别为7.2%、40.7%和52.2%（见图3），对GDP增长的贡献率分别为4.0%、35.8%和60.1%，与上年相比，分别减少0.9个、0.5个和增加1.3个百分点，其中第三产业的贡献率创历史新高。从最终需求看，最终消费支出、资本形成总额和净出口对GDP增长的贡献率分别为76.2%、32.4%和-8.6%，与上年相比，分别增加17.4个、0.3个和减少17.8个百分点，分别拉动GDP 5.0个、2.1个和-0.6个百分点。

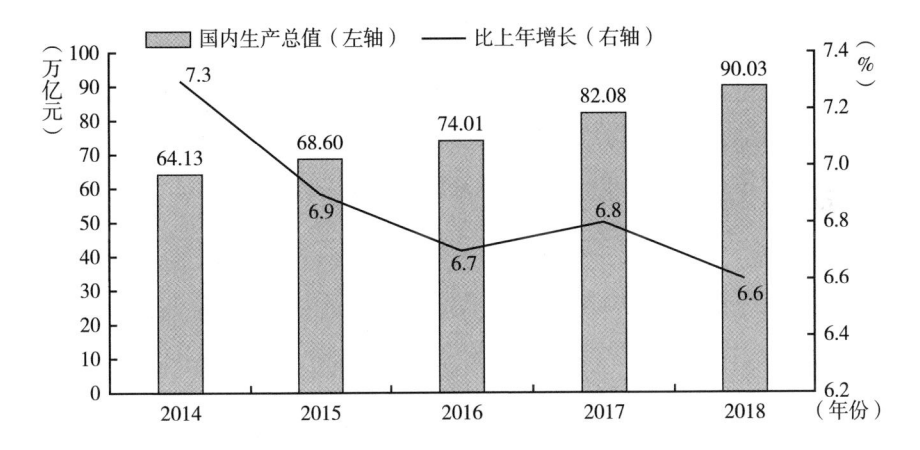

图1　2014~2018年国内生产总值及其增长速度

资料来源：《2018年国民经济和社会发展统计公报》。

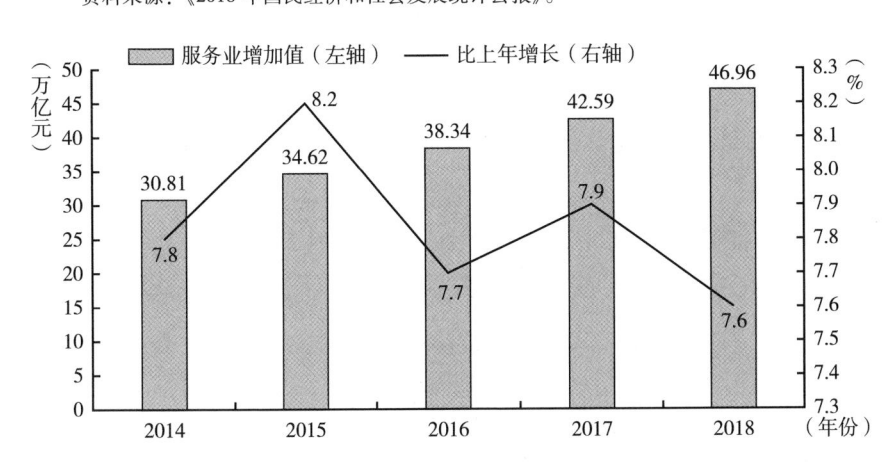

图2　2014~2018年服务业增加值及其增长速度

资料来源：《2018年国民经济和社会发展统计公报》。

休闲绿皮书

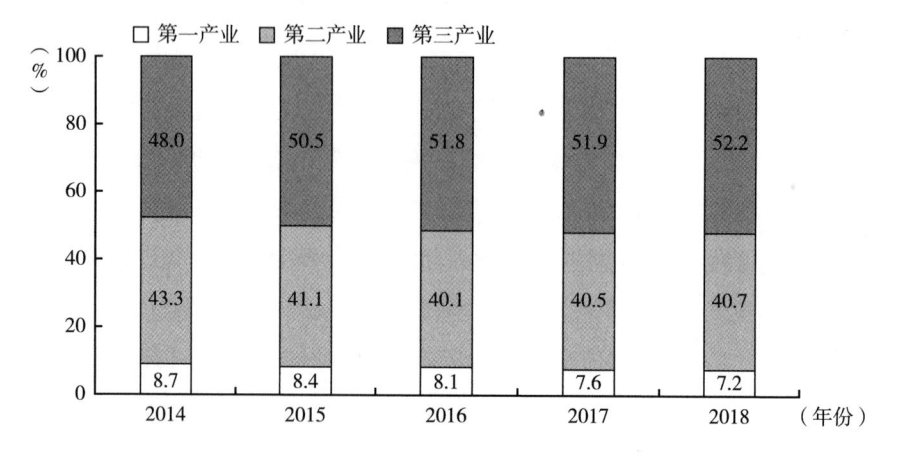

```
□ 第一产业  ■ 第二产业  ■ 第三产业
```

年份	第一产业	第二产业	第三产业
2014	8.7	43.3	48.0
2015	8.4	41.1	50.5
2016	8.1	40.1	51.8
2017	7.6	40.5	51.9
2018	7.2	40.7	52.2

图3 2014~2018年三次产业增加值占国内生产总值比重

总体来看，中国经济进入新常态，由高速增长阶段转为高质量发展阶段，休闲发展所面临的经济环境并未因经济增速的下行调整而受到不利影响，反而有可能得到进一步优化。伴随劳动力市场的发育和劳动分工的深化，以及消费观念的转变、消费习惯的养成，个人和家庭服务消费的黏性上升，包括休闲在内的服务消费潜力将得到进一步释放。

（二）社会民生：改善收入，降低税赋，加大保障

社会公众享受休闲发展、提升幸福感和生活品质既有赖于通过经济增长"把蛋糕做大"，又有赖于通过健康合理的收入分配格局和社会保障制度"把蛋糕分好"。

其一，我国居民收入水平持续提高，农村居民可支配收入增速高于城镇居民。2018年全国居民人均可支配收入为28228元，比上年增长8.7%，扣除价格因素，实际增长6.5%（见图4）；全国居民人均可支配收入中位数为24336元，增长8.6%；其中，城镇居民人均可支配收入为39251元，比2017年增长7.84%，扣除价格因素，实际增长5.6%；农村居民人均可支配收入为14617元，比2017年增长8.82%，扣除价格因素，实际增长6.6%（见图5）。农村居民人均可支配收入的增长速度高于城镇居民。总体

来看，居民收入增长快于经济增长，表明我国的收入分配结构在向着更加有利于消费的方向转变，居民的消费能力持续增强。可以预见，随着居民绝对收入水平的增长和居民收入在宏观收入分配中占比的增大，消费升级将更好地满足居民的美好生活需要。服务消费和发展享受型消费将出现相应扩张，从而形成有利于休闲发展的经济社会环境。

图4　2014~2018年全国居民人均可支配收入及其增长速度

资料来源：2018年《国民经济和社会发展统计公报》。

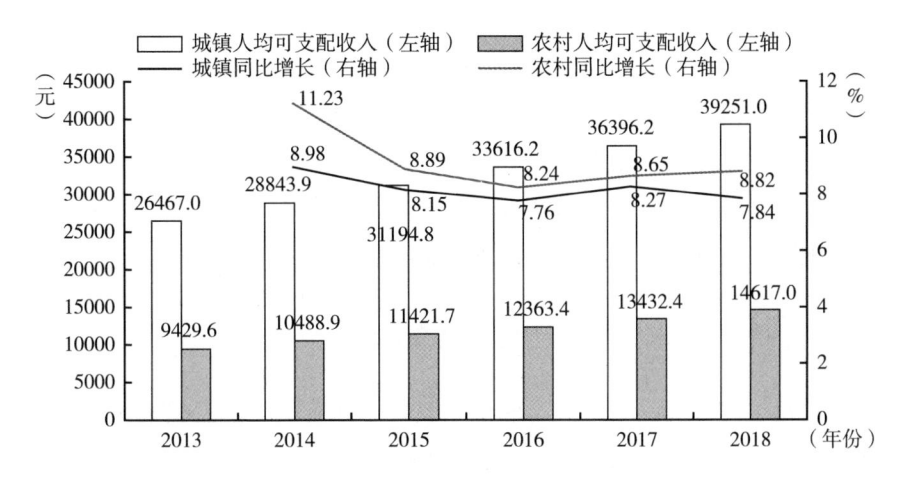

图5　2013~2018年城乡居民人均可支配收入同比增长

资料来源：《2018年中国统计年鉴》和《2018年国民经济和社会发展统计公报》。

其二，新一轮个税改革助推居民增收。新一轮个税改革将起征点调高至每月5000元，3%、10%和20%三档税率级距扩大，同时增加子女教育、继续教育、大病医疗、房贷利息和房租以及赡养老人等六项支出的专项附加扣除。这对中低收入群体来说减税幅度更大，增收效果较为显著，而其边际消费倾向更高，将支撑消费增长。

其三，就业、医疗、养老、住房、教育等各方面加大保障和改善民生。在就业方面，中央财政就业补助资金安排538.78亿元，增长14.9%；在养老保障方面，从2019年1月1日起，按平均约5%的幅度提高企业和机关事业单位退休人员基本养老金标准；在教育方面，中央财政支持学前教育发展资金安排168.5亿元，增长13.1%；在医疗方面，完善政府对公立医院的投入政策，中央财政医疗救助补助资金安排271.01亿元，适度提高医疗救助水平；在住房方面，中央财政城镇保障性安居工程专项资金安排1433亿元，增长12.4%；在文化方面，中央补助地方公共文化服务体系建设专项资金安排147.1亿元，增长14%。

尤其值得一提的是，休闲发展既反映为休闲消费市场的活跃表现，又离不开以相对弱势群体为目标的针对性保障。事实上，老年群体、低收入群体、特殊困难群体的休闲需求直接关系到他们的幸福感和生活质量，与其他物质需求和精神需求具有同等重要的地位。近年来，享受高龄补贴和养老服务补贴的老年人数量持续增加，各级财政支出城市低保资金、农村低保资金、困难残疾人生活补贴等也不断增加。可以预见，随着收入分配结构的持续改善，以及针对特定群体的社会保障支出的不断增长、覆盖范围的不断扩大，更加有利于各类群体满足自身休闲需要的社会环境正在形成。

（三）消费需求：结构升级，意愿强烈

从消费结构来看，我国居民恩格尔系数不断降低，消费结构不断升级。2018年全年，全国居民人均消费支出19853元，比上年增长8.4%，扣除价格因素，实际增长6.2%。其中，城镇居民人均消费支出26112元，增长6.8%，扣除价格因素，实际增长4.6%；农村居民人均消费支出12124元，增长10.7%,扣除价格因素,实际增长8.4%。全国居民恩格尔系数为28.4%,比上年下降0.9个百分点,其中城镇为27.7%,农村为30.1%。根据联合国粮农组织提出的标准,恩格尔系数达到30%~40%为富裕水平,低于30%为最富裕水平。同时,全国居民人均消费支出中,服务性消费占比为44.2%,比上年提高1.6个百分点。

具体而言,在居民八大类消费支出中,2018年全国居民人均教育文化娱乐消费支出2226元,同比增长11.2%,是居民在食品烟酒、居住、交通通信以外的第四大支出(见图6)。与2017年相比,支出绝对值有所增加,而占比略有下降(见表1)。

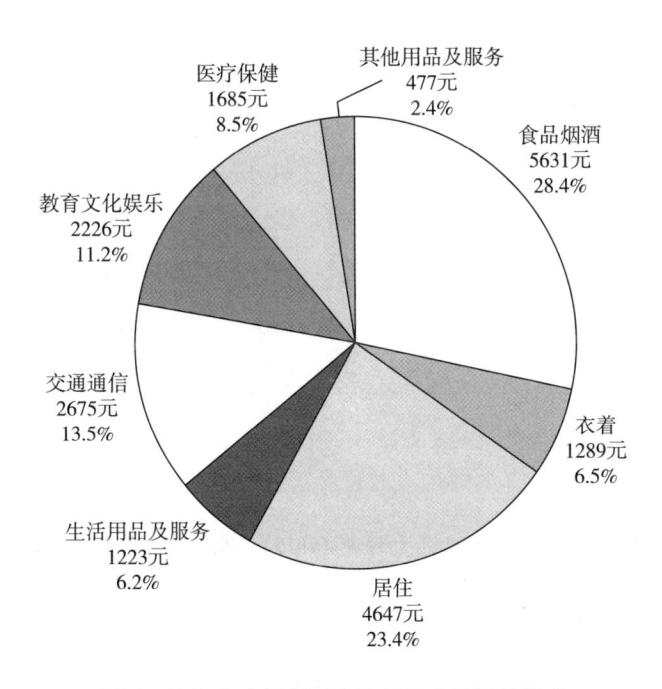

图6 2018年全国居民人均消费支出及其构成

随着人们生活水平的提高,旅游、保健养生、文化娱乐等消费意愿持续增强。中央电视台、国家统计局等联合发布的《中国经济生活大调查(2019)》显示,在消费意愿中,旅游、保健养生、文化娱乐等方面的需求较为旺盛(见图7),尤其是旅游,连续数年列消费意愿首位。

表1 2017~2018年全国居民人均消费指出构成对比

	消费支出(元)		消费占比(%)	
	2017年	2018年	2017年	2018年
食品烟酒	5347	5631	29.3	28.4
衣着	1238	1289	6.8	6.5
居住	4107	4647	22.4	23.4
生活用品及服务	1121	1223	6.1	6.2
交通通信	2499	2675	13.6	13.5
教育文化娱乐	2086	2226	11.4	11.2
医疗保健	1451	1685	7.9	8.5
其他用品及服务	447	477	2.4	2.4

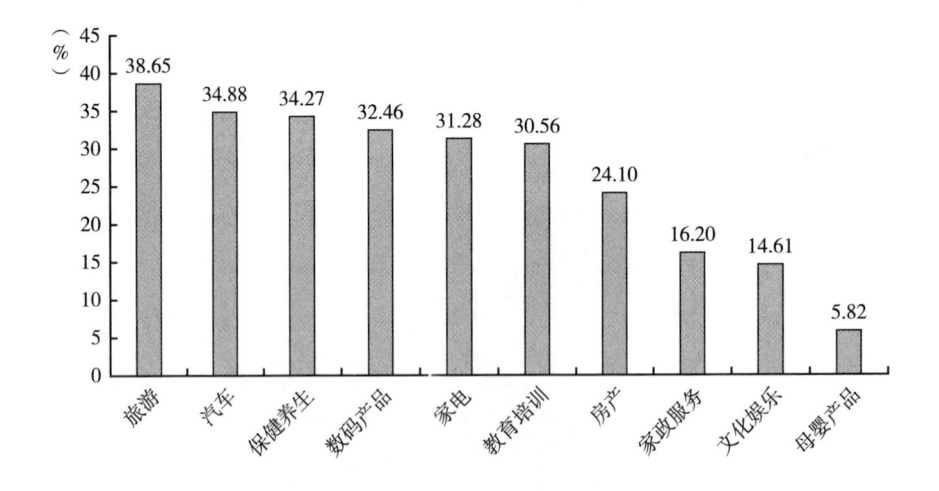

图7 《中国经济生活大调查(2019)》有关消费意愿的调查

总体来看，消费的持续增长与相应的政策激励有一定关联。2018年9月，《中共中央国务院关于完善促进消费体制机制进一步激发居民消费潜力的若干意见》以及《完善促进消费体制机制实施方案(2018~2020年)》发布，推动优化消费政策体系、标准体系和信用体系，有利于激发居民消费潜力。

（四）政策法规：系统引导，规范发展

国务院办公厅、国家发改委、文化和旅游部以及国家体育总局等涉及休

闲发展事务的行政管理部门，在法规、政策、标准等方面加强引导，提供更加有利的发展环境。例如，国务院办公厅印发《关于促进全域旅游发展的指导意见》，文化和旅游部先后印发《关于促进旅游演艺发展的指导意见》《关于实施旅游服务质量提升计划的指导意见》《旅游市场黑名单管理办法（试行）》《关于提升假日及高峰期旅游供给品质的指导意见》《国家全域旅游示范区验收、认定和管理实施办法（试行）》《国家全域旅游示范区验收标准（试行）》《国家级文化生态保护区管理办法》《文化和旅游规划管理办法》等，文化和旅游部等17部门印发《关于促进乡村旅游可持续发展的指导意见》，中共中央宣传部、文化和旅游部、财政部、人力资源和社会保障部印发《国有文艺院团社会效益评价考核试行办法》等。其中《国家级文化生态保护区管理办法》突出"见人见物见生活"的管理理念，强调将非物质文化遗产本身和孕育发展非物质文化遗产的人文环境、自然环境转化为使民众切实受益的美好休闲体验。《关于提升假日及高峰期旅游供给品质的指导意见》针对出行难、停车难、入园难、赏景难、如厕难等问题加强规划布局和调控引导，以提升假日及旅游高峰期游客休闲体验的舒适度和满意度。《文化和旅游规划管理办法》的出台旨在推进文化和旅游规划工作科学化、规范化、制度化，从而为休闲产业的供给侧结构性改革提供统一、规范、有序的制度保障。国家体育总局等部门联合编制《冰雪装备器材产业发展行动计划（2019~2022年）》，并研究制定关于全民健身公共服务体系建设的指导意见及基本公共体育服务指导标准，加强全民健身场地设施建设管理政策研究，推动《城市居住区规划设计标准》有关体育健身设施的规划落地，支持配合有关部门修订印发《城市公共服务设施规划标准》，进一步细化公共体育设施配置标准和内容。

在地方层面，各地也加大了相应的政策法规与规划制定工作力度。例如，《上海市人大常委会2018~2022年立法规划（征求意见稿）》中，拟安排第一类立法项目48件、第二类立法项目27件、第三类立法项目57件，涉及文化、旅游和体育领域的有9件，包括《上海市全民阅读促进条例》《上海市公共文化服务保障条例》《上海市历史文化风貌区和优秀历史建筑保护条例》《上海市文化娱乐市场管理条例》《上海市街头艺人表演管理条例》等。海南省2019年先后制定《海南省海洋旅游发展总体规划》《海南省邮轮旅游发展专项规划》《海南省乡村旅游发展总体规划》《海南省旅游公共服务体系建设规划》《海南省海岛旅游发展规划》《海南省省级重点文化设施项目建设规划》《海南省公共文化服务体系建设发展规划》《国家体育旅游示范区总体规划》《海南水上运动发展指导意见》《海南沙滩运动发展指导意见》，同时重点推动6个省级旅游园区规划修编，指导35个重点旅游度假区规划编制及把关市、县上报的落地项目规划。

（五）公共投入：总量增长，占比略降

总体来看，近年来国家财政在文化、体育、传媒等各方面的倾斜和扶持总量有所增加，但占财政支出的比重增长缓慢，甚至有所降低。2018年文化、体育与传媒方面的财政支出为3522亿元，同比增长3.7%（见图8）；占财政支出的1.59%，比重较上年下降0.07个百分点。2018年全年，全国文化事业费为928.33亿元，比上年增加72.53亿元，增长8.5%；全国人均文化事业费为66.53元，比上年增加4.96元，增长8.1%（见图9）。中央财政通过实施"三馆一站"免费开放、非物质文化遗产保护、公共数字文化建设等文化项目，共落实中央补助地方文化专项资金50.51亿元；文化事业费占财政总支出的比重为0.42%，比重和上年持平。此外，中央财政安排旅游发展基金14.85亿元，对地方旅游厕所建设、全域旅游示范区创建及旅游公共服务体系和旅游业转型升级融合发展项目进行了重点支持。

在地方层面，中央转移和地方财政投入力度也有所加大。例如，2019年，中央支持广西1.2737亿元建设公共体育设施项目，比2018年增加0.3742亿元。这些资金将用于建设一批社区健身中心、综合体育场（馆）、社区（村屯）多功能运动场、体育公园、健身步道（马拉松赛道）、公共体育场标准田径跑道和足球场、全民健身中心以及行政村农民体育健身工程等体育惠民工程项目。2018年广东省财政下达11.5亿元奖补资金，用于支持市、县补齐人均公共文化财政支出短板，努力促进地方公共文化服

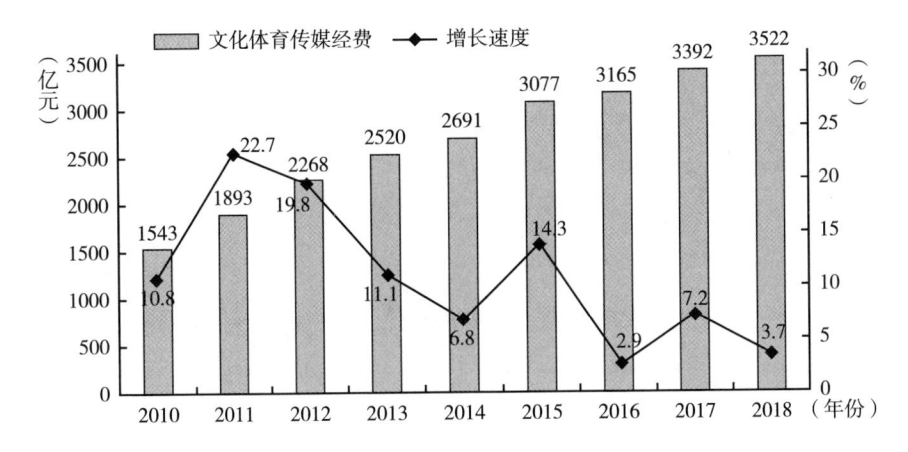

2018~2019年中国休闲发展与未来展望

图8 2010~2018年全国文化体育传媒经费总量及增长速度

资料来源：《2018年中国统计年鉴》和《2018年国民经济和社会发展统计公报》。

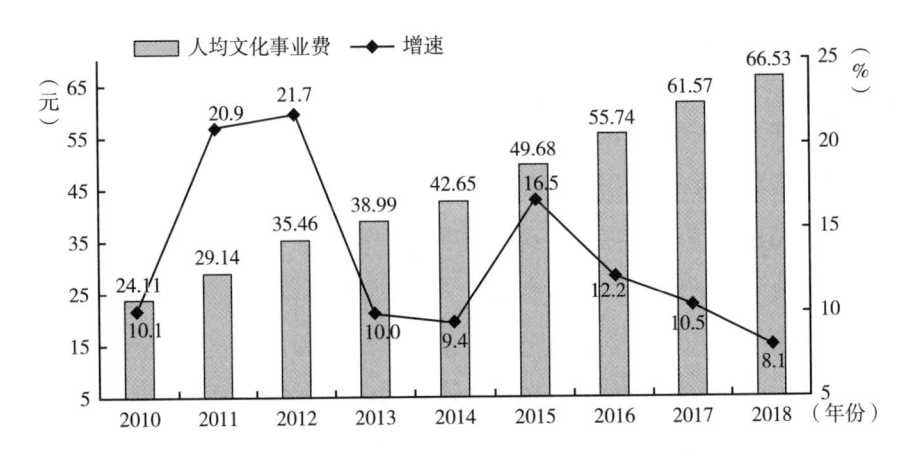

图9 2010~2018年全国人均文化事业费及增速情况

资料来源：《2018年文化和旅游发展统计公报》。

务事业发展。奖补资金支出重点包括如下方面：一是支持基层综合性公共文化服务中心建设；二是博物馆、纪念馆、美术馆、图书馆、文化馆（站）以及大型公共体育场馆等公共文化、体育服务设施免费开放或低收费开放；三是市、县级图书馆馆藏书籍达标购置；四是欠发达地区公共体育场馆建设等。

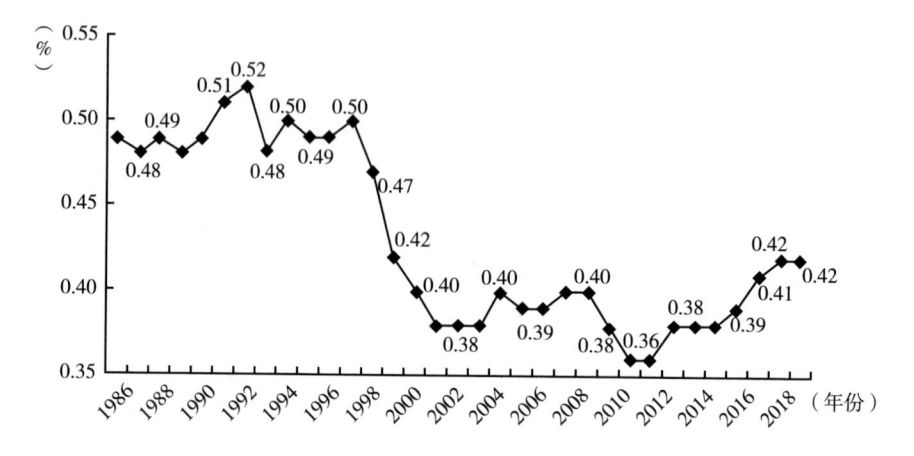

图10 1986～2018年全国文化事业费占财政总支出比重

资料来源：《2018年文化和旅游发展统计公报》。

（六）公共服务：体系完善，机制改革

在公共服务方面，文化领域进一步贯彻落实《中华人民共和国公共文化服务保障法》《中华人民共和国公共图书馆法》，开展《公共文化服务保障法》贯彻落实情况督察，切实推动法律和各项改革举措落地生根。各地因地制宜地开展县级文化馆、图书馆总分馆制建设和公共图书馆、文化馆法人治理结构改革试点工作；完成第三批国家公共文化服务体系示范区（项目）验收、第四批国家公共文化服务体系示范区（项目）创建和第六次全国县级以上公共图书馆评估定级工作；开展全国基层文化队伍培训；开展"戏曲进乡村"工作，为国家级贫困地区12984个乡镇配送了77094场文艺演出；持续开展面向革命老区、边疆地区、民族地区、贫困地区的"春雨工程""阳光工程""圆梦工程"文化志愿服务活动；厕所革命工作有序推进，在厕所建设、技术应用、管理体制创新和文明提升行动方面稳步发展。

各地也积极推动文化、体育和旅游领域的公共服务体系建设。例如，宁夏回族自治区将基本公共体育服务体系建设纳入当地党委、政府重要议事日程、当地国民经济和社会发展总体规划和年度财政预算，建立多元化资金筹

措机制，推动财税等各项优惠政策落实。自治区共建设共 25 个全民健身中心、193 个乡镇农民健身工程，提档升级 1177 个村级农民健身工程等；近年来先后为 22 个县（市、区）注入创建工作启动资金，共撬动各类资金 30 亿元用于全区基层体育设施建设；争取 9440 万元资金用于体育公共服务基础设施建设。

（七）区域实践：各美其美，美美与共

为破解休闲发展的不平衡不充分问题，在统一的国家政策框架下，各地积极推进更加契合自身禀赋优势以及发展阶段特征的休闲管理政策和休闲产业规划，最突出地体现在以下两个方面。

其一，出台更具针对性的带薪休假政策。例如，河北省出台《河北省关于完善促进消费体制机制实施方案（2019~2020年）》，强调进一步落实带薪休假制度，鼓励错峰休假和弹性作息，在有条件的地区探索实施周五下午加周末的"2.5 天小长假"政策措施；安徽省出台《关于促进全域旅游发展　加快旅游强省建设的实施意见》，通过实行年休假相对集中安排制度着力落实带薪年休假；江西省出台《关于进一步激励广大干部新时代新担当新作为的实施意见》，严格落实年休假制度，健全干部待遇激励保障制度体系；贵州省出台《关于进一步落实机关事业单位干部职工带薪年休假有关问题的通知》，指出各单位应当认真执行年休假制度。

其二，制定或实施具有针对性的休闲发展规划。例如，广东省和澳门特别行政区积极贯彻落实《粤港澳大湾区发展规划纲要》《横琴国际休闲旅游岛建设方案》精神，做强做大旅游休闲产业，加快横琴国际休闲旅游岛和澳门世界旅游休闲中心建设步伐；吉林省出台《关于推进避暑休闲产业创新发展的实施意见》，贯彻"冰天雪地也是金山银山"的发展理念，利用夏季温润清爽的气候资源优势推动冰雪休闲发展；甘肃省出台《关于加快发展健身休闲产业的实施意见》，大力发展以敦煌沙漠戈壁徒步为代表的体育健身休闲。

（八）科技推动：供需两侧，全面影响

随着数字经济的普及，以移动互联网、大数据、AR、VR等为代表的科技应用从需求和供给两侧共同影响着休闲生活和休闲发展。

从需求一侧看，移动互联网的普及不仅影响着国民外出旅游休闲行为，对国民日常休闲行为的影响更是无处不在。移动端手机App对日常休闲行为产生着直接影响和间接影响，直接影响即成为传统休闲行为的在线形式，丰富传统休闲行为的线上内容；间接影响即提高线下休闲行为的效率，增强线下休闲行为的影响力。

从供给一侧看，科技手段的多元化不仅在商业领域催生了更多新业态，也提高了公共服务的效率。例如，体育科技创新成为投资热点，新技术应用正在带来新的商机，更多新科技用于对用户多维度的数据采集和反馈、用于体育休闲的社交平台，科技应用越来越普及。"互联网＋体育"的产业融合已进入下半场。再如，科技对公共文化服务的影响也越来越大。以福建省为例，通过发展"福建文化云"平台、"福建文化记忆"数据库群、"文化一点通"菜单式服务系统，构建福建公共文化服务一站式服务大平台。再如上海市嘉定区，推出"文化嘉定云"，运用先进的云计算技术，融信息传递、知识服务、艺术欣赏、文化传播、交流互动等于一体。

（九）调查统计与研究：夯实基础，科学引导

系统的调查统计与科学研究，是制定相关政策的基础，对于引导和促进休闲发展具有重要意义。2018~2019年，围绕文化、旅游和体育等领域的调查、统计和研究逐步加强。继《国家文化及相关产业统计分类（2018）》《国家旅游及相关产业统计分类（2018）》之后，2019年有关部门又出台了《体育产业统计分类（2019）》，对相关产业统计分类体系进行了优化。2019年1月，国家统计局与国家体育总局公布了《2017年全国体育产业总规模与增加值数据公告》，这是继2016年两部门联合发布体育产业年度统计数据后第二次发布相关数据。同时，国家体育总局启动《全民健身（实施）计

划（2016~2020年）》实施效果评估和《全民健身计划（2021~2025年）》研制工作，并组织开展第五次国民体质监测、全民健身活动状况调查、全民健身公共服务体系标准化研究。新组建的文化和旅游部也于2019年5月发布了《2018年文化和旅游发展统计公报》，选取现行统计年报中的部分核心数据，并充分利用部内行政管理记录以及国家统计局、财政部等部门正式发布的数据，全方位、多角度直观展现了2018年我国文化建设和旅游发展全貌。国家发展和改革委员会将"《国民旅游休闲纲要（2013~2020年）》实施情况评估及《国民休闲纲要（2021~2030年）》前期研究"和"假日经济发展研究"等列为2019年社会发展重大政策、形势研究课题。

二 休闲相关产业特征

休闲产业是满足消费者休闲需求和人民美好生活需要的市场载体。从休闲产品和服务能够提升人民生活质量和居民幸福感的角度来看，旅游、文化、体育、健康、养老等领域既是幸福产业的主体，也是休闲产业的重要组成部分。2018年以来，以文化和旅游融合发展、"大健康"产业发展为亮点，休闲产业的产业内涵扩容升级、产业运行提质增效、市场发育日趋完善、政策利好持续释放，休闲产业更好满足市场需求、供给优质产品和服务的能力不断提升。

（一）旅游休闲：文化内涵提升，综合带动加强

旅游是集中休闲、深度休闲、高质量休闲的重要形式。尽管近年来旅游消费环境受到经济下行等周期性因素影响，但整体而言仍然处于消费习惯培育和人口红利释放的重要窗口期。受益于居民收入水平持续改善和旅游业供给侧结构性改革不断推进，旅游人次和旅游收入均实现稳步增长。如图11所示，2018年，我国国内旅游人数55.39亿人次，比上年同期增长10.8%；出境旅游人数14972万人次，比上年同期增长14.7%；全年实现国内旅游

收入5.13万亿元,同比增长12.3%;全年实现旅游总收入5.97万亿元,同比增长10.6%。

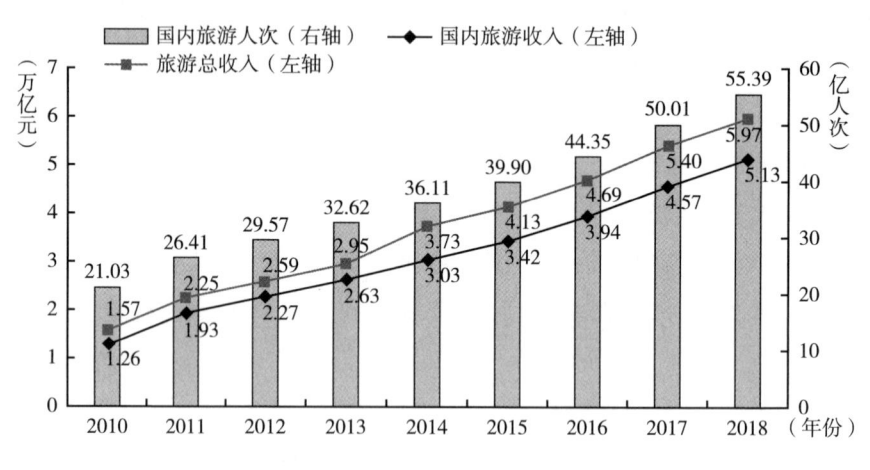

图11 2010~2018年旅游主要发展指标

资料来源:《2018年文化和旅游发展统计公报》。

总体来看,2018~2019年,旅游休闲发展呈现如下特征。

其一,供给侧结构性改革加速推进,旅游休闲品质不断提升。2019年1月,文化和旅游部出台《关于实施旅游服务质量提升计划的指导意见》,针对景区、酒店、旅行社、线上旅游服务平台等行业主体全面推进供给侧结构性改革,着力改善游客休闲体验,实现旅游休闲产业高质量发展。

其二,文化和旅游融合发展持续深入,休闲的文化内涵逐渐增强。在旅游演艺市场发展之初,游客的休闲需求较易通过新颖技术的体验和感官方面的刺激得以满足,景区和企业对产品和服务的文化内涵尚未投入足够的关注。但随着近年来我国旅游休闲市场的迅速发展,游客对于高质量休闲的需求被不断激发,如果不能深入挖掘产品和服务的文化内涵,很难真正打动人心并有效传播当地文化。2019年3月,文化和旅游部出台《关于促进旅游演艺发展的指导意见》,旨在引导市场供给形式多样、持续创新的旅游演艺产品和服务,为丰富游客生活、满足休闲需求、传播地方文化提供多元化渠道。

其三,全域旅游示范区进入验收阶段,旅游休闲的带动作用更加凸显。

2019年3月，文化和旅游部出台《国家全域旅游示范区验收、认定和管理实施办法（试行）》和《国家全域旅游示范区验收标准（试行）》，进一步从制度层面规范了国家全域旅游示范区的验收、认定和管理工作。全域旅游示范区的建设旨在充分发挥行业头部主体的引领和示范作用，把旅游发展实践中的工作方式、具体做法总结成有利于行业发展的标准化经验，从而有利于凸显休闲服务的综合吸引力。

其四，乡村旅游和休闲度假成为热点。2018年《关于促进乡村旅游可持续发展的指导意见》《促进乡村旅游发展提质升级行动方案（2018～2020年）》等文件的出台，对于推进乡村旅游持续健康发展具有重要意义。新一轮的国家级旅游度假区评定工作完成，对于推动休闲度假空间的发展起到积极作用。

（二）文化休闲：艺术表演等稳步增长，新兴文化休闲亟待优化

文化休闲具有休闲体验多样化的特征。一方面，近年来演出市场的规制和发育趋于完善，传统艺术表演的市场潜力仍在持续释放。另一方面，随着移动互联网的大规模普及，网络音乐、网络视频、网络文学、网络游戏等产业形式正在以新的产品和服务满足消费者的文化休闲需要。

其一，艺术表演等传统文化休闲产业依然是满足消费者休闲需求的重要渠道，且产业发展呈现稳步增长态势。如图12所示，2018年，全国艺术表演团体共演出312.46万场，比上年增长6.4%；国内观众13.76亿人次，比上年增长10.3%；总收入366.73亿元，比上年增长7.2%，其中演出收入152.27亿元，增长3.1%。随着《乡村振兴战略规划（2018～2022年）》的出台，乡村文化振兴成为文化休闲事业发展的重要维度。2018年，全国艺术表演团体赴农村演出178.82万场，赴农村演出场次占总演出场次的57.2%；观看艺术表演的农村观众达7.79亿人次，农村观众占国内观众的比重达56.6%以上。农村艺术表演市场已经占据全国市场的重要份额，农村文化休闲的消费潜力逐渐释放，文化产品和服务满足农村居民休闲需要的能力不断增强。

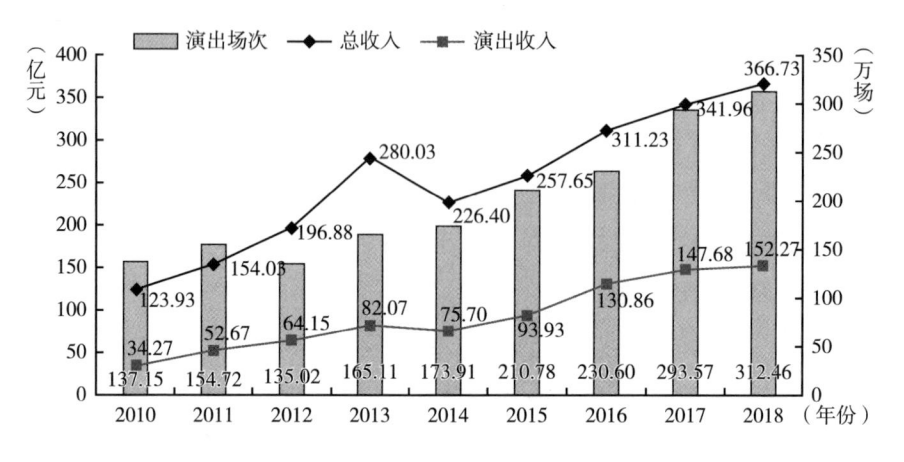

图12 2010~2018年艺术表演团体基本情况

资料来源：2018年《文化和旅游发展统计公报》。

其二，新兴文化休闲产业的信息入口和信息流整合加强，移动智能平台的"中心化"趋势显现。随着移动互联网的加速普及，行业供给侧对于网络音乐、网络视频、网络文学、网络游戏等新兴文化休闲产业的信息整合能力增强，跨平台乃至跨门类的信息流能够更为便捷地满足消费者的文化休闲需求。相关上市公司的企业年报显示，2018年腾讯、网易两大巨头在网络游戏市场的合计比重将接行业整体的70%，在网络音乐市场的合计比重超过行业整体的54%，腾讯旗下的阅文集团在网络文学的市场份额排名第一。由此可见，行业头部企业更易发挥移动智能平台信息入口和信息分发的作用，微信等超级App的信息导流使得消费者的文化休闲体验呈现出依赖智能手机等"中心化"平台的趋势。

其三，消费者对文化休闲的质量要求提升，缺乏质量优势的产品和平台黏性下降。以直播平台为例，其作为典型的新兴文化休闲形式，经历了2017年的爆发式增长后，2018年的直播使用率出现了不同程度的波动。如图13所示，考察整体直播以及演唱会、真人秀、游戏、体育等不同的主题直播，使用率回落了0.3%~8.8%。由此可见，新兴的文化休闲产品和服务在诞生之初，对于消费者的吸引力主要源于新颖的形式和新技术的运用，但是随着对形式和技术的逐渐熟悉，消费者的关切将重新回归文化休闲产品和服务的质量，品质低、创意差、文化内涵单薄的休闲体验无法持续满足日益增长的高质量文化休闲的需要。

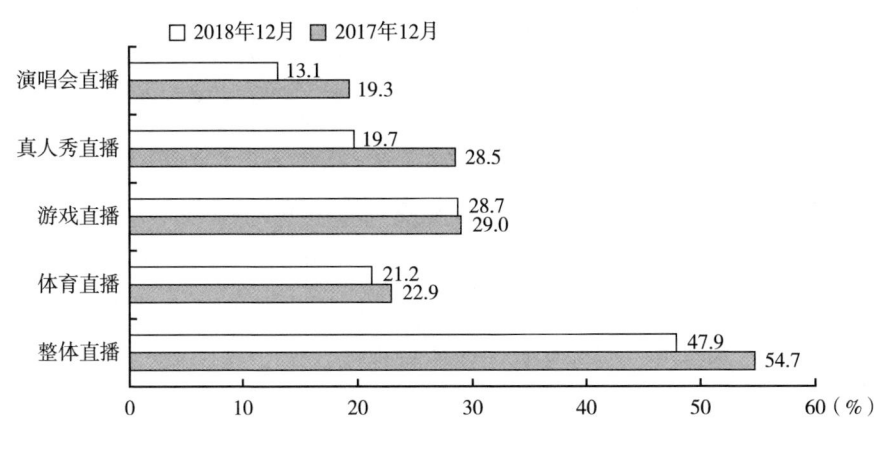

```
                □ 2018年12月  ■ 2017年12月
演唱会直播  ┤ 13.1
            ┤ 19.3
真人秀直播  ┤ 19.7
            ┤ 28.5
游戏直播    ┤ 28.7
            ┤ 29.0
体育直播    ┤ 21.2
            ┤ 22.9
整体直播    ┤ 47.9
            ┤ 54.7
        0   10   20   30   40   50   60(%)
```

图13　2017~2018年网络直播使用率

资料来源：《2018年中国互联网络发展状况统计调查》。

（三）体育休闲：消费市场蓬勃发展，产业贡献显著提高，产业分类有所调整

改革开放四十年来，我国体育发展经历了由体育事业到体育产业的转型过程。目前，作为市场产品和服务的体育休闲供给已经取得长足进步，市场潜力得到进一步开发，同时产业边界、统计标准的厘定经历了调整和优化过程，从而能够更好地反映体育休闲产业实践的新变化。2018~2019年，体育休闲领域最突出的变化有三。

其一，群众性体育休闲迅速发展。一方面，人们参与健身休闲活动的热情高涨，另一方面，健身行业也在不断探索新的商业模式，满足消费者的多元需求。足球、篮球、羽毛球、游泳等传统健身活动热度不减；以马拉松为代表，登山、骑行、滑雪等户外运动快速发展；击剑、马术、帆船、冰球、滑翔等新兴时尚运动日益普及，越来越多的人将体育作为一种生活方式。2019年1月，国家体育总局、国家发展和改革委发布的《进一步促进体育消

费的行动计划（2019~2020年）》提出，2020年全国体育消费总规模将达到1.5万亿元，人均体育消费支出占消费总支出的比重将显著上升。

其二，体育休闲快速发展，体育服务业在体育产业中的比重上升。根据国家统计局与国家体育总局公布的《2017年全国体育产业总规模与增加值数据公告》，2017年全国体育产业总规模（总产出）为2.2万亿元，增加值为7811亿元，总产出比2016年增长15.7%，增加值增长了20.6%。其中，与体育休闲直接相关的体育服务业（除体育用品及相关产品制造、体育场地设施建设外的9大类）的增加值增速由2016年的55%上升到2017年的57%。尤其是体育健身休闲活动表现突出，增长速度达到了47.5%。总体来看，2014~2017年，我国体育产业的总规模，从1.35万亿元发展到2.2万亿元，年均增速基本保持在18%左右，超过同时期国民经济的增长速度，也高于2006年至2013年期间体育产业年均16%的增速；体育产业的增加值从2014年的4040亿元提升到2017年的7800亿元，年均增长19%，体育产业增加值占我国GDP的比重从0.64%提升到0.94%。

表2 2017年全国体育产业状况

体育产业类别名称	总量（亿元） 总产出	总量（亿元） 增加值	结构（%） 总产出	结构（%） 增加值
体育管理活动	504.9	262.6	2.3	3.4
体育竞赛表演活动	231.4	91.2	1.1	1.2
体育健身休闲活动	581.3	254.9	2.6	3.3
体育场馆服务	1338.5	678.2	6.1	8.7
体育中介服务	81.0	24.6	0.4	0.3
体育培训与教育	341.2	266.5	1.6	3.4
体育传媒与信息服务	143.7	57.7	0.7	0.7
其他与体育相关服务	501.6	197.2	2.3	2.5
体育用品及相关产品制造	13509.2	3264.6	61.4	41.8
体育用品及相关产品销售、贸易代理与出租	4295.2	2615.8	19.5	33.5
体育场地设施建设	459.6	97.8	2.1	1.3
合　计	21987.7	7811.4	100	100

注：若数据分项合计与总值不等，是数值修约误差所致。
资料来源：《2017年全国体育产业总规模与增加值数据公告》。

其三，体育产业统计分类发生调整，公共部门对体育休闲产业的规制与指导作用增强。2019年最新出台的《体育产业统计分类（2019）》以《国民经济行业分类》（GB/T 4754~2017）为基础，基本延续了《国家体育产业统计分类（2015）》的分类原则、方法和框架，通过产业中类和小类的拆分合并对相关类别、说明和对应行业代码进行了调整。从涉及体育休闲的方面来看，变化有三。首先，以全民健身为主线，满足体育休闲需求的重要性进一步提升。例如，《体育产业统计分类（2019）》增加了"体育服务综合管理"中类，修订"其他体育场地"中类为"体育公园及其他体育场地设施管理"。其次，新分类包含的体育休闲形式不断丰富，对数字经济引发的新技术和新业态更加敏感。体育网络直播、体育网络视听、体育物联网、体育大数据处理等体育休闲产业需求侧和供给侧的实践变化均包含于新分类之中。最后，体育休闲涉及多产业融合发展，新分类的统计覆盖更加合理。《体育产业统计分类（2019）》体现了体育特色小镇、体育产业园区、水上运动码头等新兴元素，对体育休闲产业的反映具有更强的综合性和立体性。

（四）其他休闲：健康行业成为热点，老年休闲面临难题

伴随经济发展、特别是中等收入群体的迅速扩大，个人和家庭对于单一经济回报的追求正在逐渐让位于工作、生活、健康等其他因素的平衡考虑。随着《"健康中国2030"规划纲要》的提出与落实，人们越来越充分地意识到健康是促进人的全面发展的必然要求。狭义的健康产业仅包括经济体系中向患者提供预防、治疗、康复等服务部门的总和，大体相当于产业分类意义上的医疗卫生服务业；而广义的健康产业既包括狭义的健康产业内容，也包括对非患者人群提供保健产品和服务活动的经济领域。[1] 因此，健康产业在强调市场配置资源的同时，也具有一定程度的事业属性和公

---

[1] 张车伟、赵文、程杰：《中国大健康产业：属性、范围与规模测算》，《中国人口科学》2018年第5期，第19~31页。

益属性。数据表明，2016年我国健康疗养旅游的经济规模已突破550亿元人民币（见图14）。

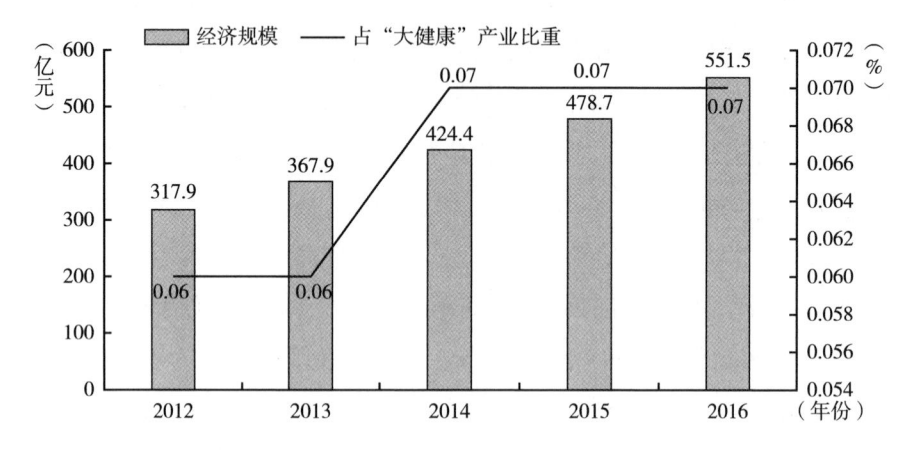

图14 2012~2016年健康疗养旅游的经济规模和占"大健康"产业的比重

资料来源：根据历年《中国统计年鉴》整理。

近年来，随着劳动年龄人口在总人口中的占比达到峰值并转而下降，我国也进入了人口老龄化进程加速的窗口期（见图15）。达到退休年龄的老人退出劳动力市场，繁重的工作任务被充裕的自由支配时间所替代，满足休闲需要的主客观条件更加成熟，因此老年人口规模和比重上升，将有助于提振养老休闲消费。如图16所示，2016年，老年人非医疗保健消费的经济规模达到了2.2万亿元人民币，占GDP的比重接近3%。以异地度假或长期生活为主要体验的旅居休闲、以"康复+疗养"为主要内容的医养休闲、以田园采摘和耕种为主要形式的农业休闲构成了养老休闲的产业主体。从老年休闲的角度来看，目前还面临不少问题。首先，老年群体普遍具有较高的消费潜力，但信息甄别能力处于相对劣势，现实中有不少以养老休闲为噱头的消费陷阱。其次，部分养老休闲项目的开发和营运有泛房地产化倾向。最后，受限于不同群体利用公共资源的时间和空间差异，公共养老休闲活动与其他使用需求客观上存在一定矛盾。

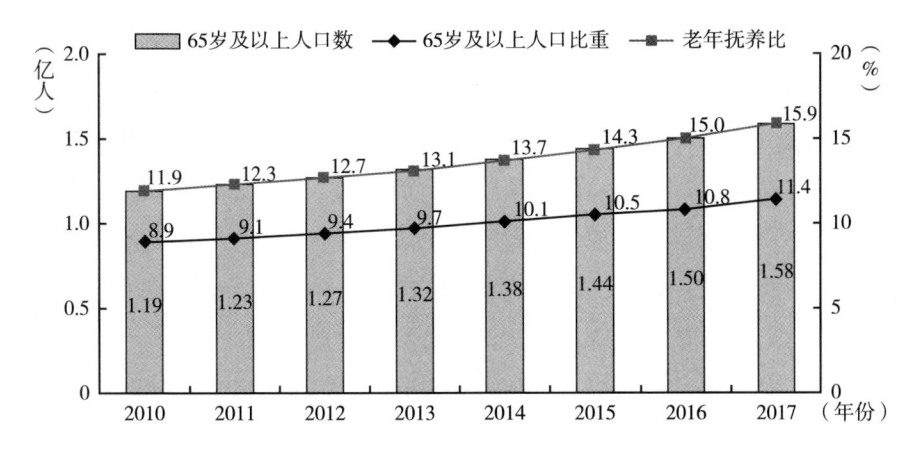

图 15　2010～2017 年中国 65 岁及以上人口变化趋势

资料来源：2018 年《中国统计年鉴》。

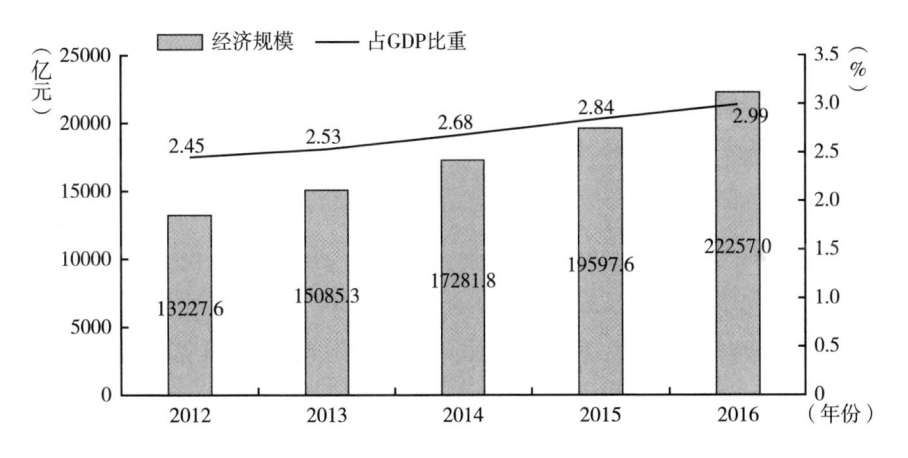

图 16　2012～2016 年老年人非医疗保健消费的经济规模和占 GDP 比重

资料来源：根据历年《中国统计年鉴》整理。

三　休闲发展趋势与相关建议

（一）发展趋势：前景广阔，科技、品质、融合成为趋势

人们享有休闲的程度是一个国家（地区）生产力水平高低的标志，也

023

是其社会文明程度的体现。正如 K. Roberts 在《现代社会中的休闲》一书中所指出的，"休闲已经成为人们日常生活中的重要组成部分，也是人们生活质量的标志……休闲时间、休闲花费、人们对休闲活动的参与比例都在不断增加。人们的财富——物质的、精神的、社会的，都越来越取决于其休闲，休闲兴趣和休闲活动正在成为人们整体生活方式的核心"。作为小康生活重要标志的休闲，将面临更加广阔的发展前景。从通过休闲满足人民美好生活需要方面来看，品质、融合、科技将成为重要趋势。

其一，休闲品质要求提升，高质量休闲具有明显挤出效应。随着中国经济经历刘易斯转折区间，传统部门与现代城市部门的生产率差异逐渐弥合，促进了社会整体意义上的收入分配改善。在未来一段时期内，无论是典型高收入群体还是过往意义上的收入弱势群体，对休闲品质提出更高要求已经具备了相应的现实基础。因此从休闲服务市场的纵深结构来看，将出现高质量休闲体验对低质量休闲的替代趋势，即"挤出"那些质量低劣、仅凭借噱头吸引初次消费者的休闲服务。

其二，休闲产业融合发展，新商业模式重塑行业边界认知。休闲活动的根本出发点和立足点是满足美好生活需要、提升幸福感。在市场配置资源的前提下，相关服务通过旅游、文化、体育、健康、养老等具体产业形式表现出来。消费者对于幸福生活的追求引领着不同行业的发展实践，使得休闲相关产业的立体经营和融合发展面临更大可能。从幸福产业内部来看，文化和旅游融合发展、健康与养老相得益彰，对美好生活的休闲追求有利于形成新的混业经营模式。从幸福产业与其他外部产业的立体经营来看，"生态＋大健康"的产业实践已经在一定程度上代表着休闲业未来具有更加广阔的发展潜力。总结而言，新技术应用、新经营业态、新商业模式未来将更加明显地重塑供求双方对于休闲行业边界的认知。

其三，科技应用更加广泛，休闲将有更大创新空间。随着科技的发展，信息技术、移动互联网、云计算、大数据、物联网、生物技术、新能源、新材料、3D 打印、节能环保、生物识别、可穿戴智能产品等新技术不断实现突破和应用发展，为休闲带来了更大的创新空间。

（二）相关建议

休闲是美好生活不可或缺的组成部分，是幸福感的重要来源。恰当而充分的休闲活动，不但能够带来个体幸福，而且对于促进家庭和谐、社会融合、文明进步、国家发展具有重要意义。经过改革开放四十年的快速发展，我国经济已由高速增长阶段转向高质量发展阶段，保障充足的休闲时间、提供完善的休闲供给、实现工作休闲平衡、提高生活质量、满足人民美好生活需要成为重要任务。党的十九大报告指出，"从十九大到二十大，是'两个一百年'奋斗目标的历史交汇期。我们既要全面建成小康社会、实现第一个百年奋斗目标，又要乘势而上开启全面建设社会主义现代化国家新征程，向第二个百年奋斗目标进军"。作为小康社会和人民美好生活的重要体现，休闲需要完善的制度体系和政策支撑。在满足人民日益增长的美好生活需要成为发展要务的当下中国，以文化、旅游、体育等为载体的休闲发展得到前所未有的重视，面临空前发展机遇。与此同时，受各种社会历史因素局限，我国休闲发展依然面临诸多不平衡不充分的问题。正如我们在《2017~2018中国休闲发展报告》总报告中所指出的，最突出的问题包括六个方面：居民休闲时间不充分、不均衡、不自由；休闲公共供给总体不足；不同区域之间、城乡之间休闲公共设施和服务存在显著差别；特殊群体的休闲需求未能得到充分重视和满足；休闲资源管理与休闲需求不匹配；休闲公共政策总体缺位。为此我们提出如下建议。

其一，加强制度建设，消除休闲时间方面的制约。时间是休闲发生的基础条件。目前制约我国民众享受休闲生活的首要因素是时间，而其中又以带薪休假制度的落实不利最受关注。为此，建议中央成立跨部门工作委员会，将休假制度与税收、财政、劳动保障、民生等结合在一起予以综合调控；建议人力资源和社会保障部等尽快组织开展全国性调查，并提出详细解决方案；建议各地建立工商、税务、劳动、人事等部门联动机制，将用人单位签署劳动合同、执行带薪年休假情况等与其履行纳税等法律义务同等对待；劳动监管部门应按照主动执法的原则，常态化地开展带薪年休假执行情况的暗访和抽查工作；将职工带薪年休假执行情况纳入各地、各部门年度目标责任考核，纳入文明单位评选等。

其二，加大财政投入，解决休闲公共设施不足的问题。休闲兼具产业和事业的属性，相对于商业供给而言，目前我国休闲公共供给还相对不足。要加大财政投入力度，尤其是加大中央财政转移支付力度，解决各地尤其是不发达地区和农村休闲公共设施和服务不足的问题，从而使每位公民都能享受由政府提供的无差别的、数量相当、质量相近、可及性大致相同的基本公共休闲服务。要强化地方政府休闲管理职能，按照"三纳入"的要求，将休闲发展纳入各级地方政府的经济和社会发展规划、财政预算和年度工作报告，促使其对休闲相关产业发展、居民休闲需求的满足给予更大重视。在有条件的地方，甚至可以考虑推行"六纳入"的做法，将休闲发展纳入政府实事工程、政府部门目标管理体系和文明城市指标体系。

其三，优化统计体系，为政策制定提供科学依据。对于经济长期维持高速增长或中高速增长的赶超型经济体而言，经济结构的变迁、主流产业的更迭、可利用技术的演进使得经济实践往往处于快速变化的过程中，从而给统计体系准确反映产业发展的阶段性特征带来了客观难度。近年来，数字经济的蓬勃发展意味着新技术应用、新经营业态、新商业模式在市场实践中的渗透更加深刻，从而使得对新时代休闲经济活动的度量尤为困难。对此，应当从把握休闲发展的本质出发，不断优化统计核算体系，厘清业态混合、立体经营、融合互促条件下休闲行业的边界特征，并在此基础上研判休闲相关行业进一步融合发展的潜力所在。

其四，加强理论研究，为休闲发展提供智力支持。相对西方而言，我国休闲研究不过十余年历史，尚处在前学科阶段，研究相对粗浅而分散，呈现明显的碎片化特征，尚未形成一个统一的知识体，不能为解释中国的休闲发展现实提供完善的理论支撑，也无法对世界休闲研究理论和方法体系形成系统输出。未来，除了对西方休闲研究一般框架、方法和范式的借鉴之外，更重要的是要努力构建适合中国国情和研究情境的学科体系。要特别关注如下几个问题：如何在中国社会发展和学术研究背景下，诠释来自西方文化和西方语境的休闲概念，揭示休闲在当代中国的现实含义；如何构建既符合学术一般规范又能解决中国现实问题的研究体系；研究者如何在发挥原有学科优势的基础上，构建起学科之间的交融机制，解决休闲研究中的分散化问题，形成统一的研究体系；休闲研究者如何成为理论研究、政治制定和社会认知之间的桥梁。

参考文献

宋瑞：《休闲乃幸福之源——何以可能》，《财经智库》2018年第2期。

宋瑞主编，金准、李为人、吴金梅副主编《2017~2018年中国休闲发展报告》，社会科学文献出版社，2018。

中国互联网络信息中心：《第43次中国互联网络发展状况统计报告》。

中华人民共和国国家广播电视总局：《2018年全国广播电视行业统计公报》。

中华人民共和国国家统计局：2012~2018年《中国统计年鉴》。

中华人民共和国国家统计局：《2017年全国体育产业总规模与增加值数据公告》。

中华人民共和国国家统计局：《2018年国民经济和社会发展统计公报》。

中华人民共和国国家卫生健康委员会：《2018年卫生健康事业发展统计公报》。

中华人民共和国民政部：《2017年社会服务发展统计公报》。

中华人民共和国文化和旅游部：《2018年文化和旅游发展统计公报》。

核心产业

Core Industries

G.2
中国休闲产业发展水平的地区差异与政策建议

李丽梅 楼嘉军[*]

摘 要： 本报告通过划分休闲产业范围，探索性地构建了休闲产业发展评价指标体系，包括服务设施、需求潜力、经营绩效和支持环境4个一级指标和35个二级指标。结合30个省份的统计数据，对休闲产业的发展水平进行评价和分析。研究发现：（1）各省份休闲产业发展水平排名变化较弱，已呈现"固化"态势；（2）休闲产业发展水平较强区域集中在东部沿海带、京广沿线带和长江流域沿线带，西北丝绸之路经济带区域发展水平较弱；（3）休闲产业发展水平

---

[*] 李丽梅，博士，上海师范大学旅游学院讲师，主要研究方向为休闲产业与城市休闲化；楼嘉军，博士，华东师范大学工商管理学院教授，博士生导师，主要研究方向为旅游产业与企业战略、城市休闲化比较、主题公园与节事活动。

的地区差异性在缩小。

关键词： 休闲产业　指标体系　地区差异

一　引言

从全球范围看，休闲产业已经成为发达国家社会经济的重要组成部分。在我国，随着改革开放的不断扩大和深化，尤其是在全面建成小康社会目标的引领下，休闲产业日渐成为政府管理部门、社会公众关注和热议的对象。2006年，杭州世界休闲大会召开之际，时任浙江省委书记的习近平同志在开幕式致辞中指出，"休闲产业作为一种带动性很强的综合产业，必将促进经济结构调整和经济增长方式转变，促进资源节约型和环境友好型社会的建设，促进经济社会的科学发展。"[①] 可见，休闲产业在社会经济发展中发挥着重要作用，关乎经济增长、社会进步、生态文明建设等各个方面。

从发展实践看，自2008年我国人均GDP水平突破3000美元以后，围绕休闲产业发展的相关政策接连出台，休闲产业的规模化发展成为趋势。2008年以来，我国居民的消费支出更多用于休闲方面，如传媒娱乐、文化娱乐、餐馆酒店、观光旅游等，互联网方面的消费也主要聚焦在娱乐（视频、游戏、音乐、阅读等）、信息（新闻、搜索、学习、地图等）、社交（微信、微博、电子邮件等）、电子商务（购物、银行交易、账单支付、旅行预订等）。火热的消费场景，折射的是国内休闲产业的蓬勃发展态势。从研究现实看，尽管近年来有关休闲产业研究的文献日趋增多，但是现有文献较多关注休闲产业中的具体行业，如旅游、文化、体育等，即便是针对休闲产业的研究，又大多聚焦于概念、构成、功能、对策等描述性内容，而围绕休闲产业整体性的研究相对缺乏。这一实践与研究的矛盾，更加凸显了系统

---

① 周咏南：《积极发展休闲服务，不断提高生活质量》，《浙江日报》2006年4月23日，第1版。

性开展休闲产业研究的必要性与紧迫性。从学理层面展开中国休闲产业研究，认识其发展状况与特征，不仅是推动中国休闲产业科学发展的前提，更可为转型期中国经济的高质量发展提供一定的参考。

基于这一背景，本报告在对休闲产业进行分类的基础上，探索性地构建休闲产业发展评价指标体系，并结合30个省份的数据，[①] 对2000~2014年我国休闲产业发展水平进行测评，并对结果进行解释分析，从而为各地制定休闲产业发展政策提供借鉴。

二 休闲产业分类与指标体系建立

（一）休闲产业的分类

休闲是与人密切相关的一个活动，随着人们收入水平的提高和闲暇时间的增多，与休闲相关的产品和服务会快速发展，休闲产业的规模会不断增大。由此可以认为，休闲产业是为消费者提供休闲产品和服务的部门，最终会产生经济和社会效益。进一步梳理国内外政府机构、学者对休闲产业的分类，以及结合目前的社会发展实践，本报告将休闲产业分为13种类型，并借鉴刘恩初等提出的产业划分依据，[②] 将休闲产业划分为核心层、外围层和相关层（见表1）。

表1　休闲产业分类

层次	内容
核心层	文化业、旅游业、体育业、娱乐业、餐饮业
外围层	会展业、批发零售业、园林绿化业、交通运输业、信息通信业
相关层	金融业、房地产业、环保业

[①] 考虑到数据的完整性与连续性，本文没有包括西藏、港澳台地区。
[②] 刘恩初、李江帆：《发展生产服务业核心层推动广东产业高端化》，《南方经济》2015年第1期。

（二）休闲产业评价指标体系构建

国内一些学者建立的休闲产业评价指标主要集中在支撑条件、发展环境、市场潜力、发展效益等方面，[1] 或根据"钻石模型"建立包括生产要素、需求条件、相关和支持条件以及政府和机遇等在内的评价指标体系。[2] 这些评价研究为本报告的研究提供了思路。但值得注意的是，这些研究对评价指标的选择缺乏一定的理论解释，同时指标与指标之间的内在联系不够紧密，导致指标的解释力不强。

建立休闲产业评价体系，认识其特点尤为关键。Patrick 等的研究指出，在后工业和知识经济社会，区位因素对休闲产业的发展作用显著。[3] 一般来讲，休闲类的企业往往聚集在大城市及其周边地区，因为这些地区可以吸引高技能劳动力，而这些高素质人才更在意一个地方的休闲文化资源和环境，这意味着休闲相关的产品和服务消费将会成为一个地方的竞争优势。[4] 可见，休闲产业的供给系统和消费端的匹配非常重要，这里的供给系统不仅是企业的产品和服务，还包括环境和设施。可见，地方、人、企业三要素共同构成了休闲产业发展的重要内容。具体来讲，地方因素包括一个地方的休闲设施和环境，人的因素即休闲消费能力，企业因素指的是休闲类企业的经营绩效。基于这一分析思路，本报告将休闲产业评价指标分解为服务设施、需求潜力、经营绩效和支持环境 4 个维度（见表 2）。

---

[1] 陈超、周彬、陈楠：《休闲产业发展潜力评价及实证研究》，《莆田学院学报》2016 年第 1 期。

[2] 方远平、毛晔：《我国省域休闲产业竞争力时空动态演变研究——基于 ESDA - GWR》，《湖北大学学报（哲学社会科学版）》2016 年第 3 期。

[3] Patrik S., Evelina W. "Regional and firm competitiveness in the service-based economy: combining economic geography and international business theory," *Tijdschrift voor Economische en Sociale Geografie*, 2010 年第 3 期。

[4] 吴军：《大城市发展的新行动战略：消费城市》，《学术界》2014 年第 2 期。

表 2　休闲产业评价指标体系

一级指标	二级指标	单位	变量	指标属性	数据来源
服务设施	图书馆数量	个	X1	正向	中国文化文物统计年鉴
	艺术馆数量	个	X2	正向	中国文化文物统计年鉴
	艺术表演团体数量	个	X3	正向	中国文化文物统计年鉴
	艺术表演场馆数量	个	X4	正向	中国文化文物统计年鉴
	博物馆数量	个	X5	正向	中国文化文物统计年鉴
	娱乐场所数量	个	X6	正向	中国文化文物统计年鉴
	公园数量	个	X7	正向	中国统计年鉴
	旅游企业数量	个	X8	正向	中国旅游统计年鉴
需求潜力	城镇居民家庭恩格尔系数	%	X9	负向	中国统计年鉴
	城镇居民家庭设备及用品消费支出	万元	X10	正向	中国统计年鉴
	城镇居民家庭交通通信消费支出	万元	X11	正向	中国统计年鉴
	城镇居民家庭教育文化娱乐消费支出	万元	X12	正向	中国统计年鉴
	城镇居民家庭医疗保健消费支出	万元	X13	正向	中国统计年鉴
	入境过夜游客总花费	万美元	X14	正向	中国旅游统计年鉴
	入境过夜游客人天数	人天	X15	正向	中国旅游统计年鉴
经营绩效	艺术表演场馆演出场次	万场次	X16	正向	中国文化文物统计年鉴
	艺术表演场馆观众人次	万人次	X17	正向	中国文化文物统计年鉴
	艺术表演场馆演出收入	万元	X18	正向	中国文化文物统计年鉴
	娱乐场所从业人员	人	X19	正向	中国文化文物统计年鉴
	旅游企业从业人员	人	X20	正向	中国旅游统计年鉴
	限额以上批发和零售业从业人员	人	X21	正向	中国统计年鉴
	限额以上餐饮业从业人员	人	X22	正向	中国统计年鉴
	娱乐场所营业收入	千元	X23	正向	中国文化文物统计年鉴
	限额以上批发和零售商品销售收入	亿元	X24	正向	中国统计年鉴
	限额以上餐饮业营业收入	亿元	X25	正向	中国统计年鉴
	旅游企业营业收入	万元	X26	正向	中国旅游统计年鉴
	体育彩票销售额	万元	X27	正向	中国彩票年鉴

续表

一级指标	二级指标	单位	变量	指标属性	数据来源
支持环境	公共交通车辆运营数	辆	X28	正向	中国统计年鉴
	交通客运量	万人	X29	正向	中国统计年鉴
	城镇居民家庭户家用汽车拥有量	辆	X30	正向	中国统计年鉴
	城镇居民家庭户家用电脑拥有量	台	X31	正向	中国统计年鉴
	城镇居民家庭户彩电拥有量	台	X32	正向	中国统计年鉴
	城镇居民家庭户移动电话拥有量	部	X33	正向	中国统计年鉴
	公园绿地面积	公顷	X34	正向	中国统计年鉴
	住宅建筑面积	公顷	X35	正向	各城市统计年鉴

注：各省住宅建筑面积无法获取，本文以各省会城市的住宅建筑面积作为替代性指标。

三 研究方法

（一）熵值法

首先对原始评价矩阵进行标准化处理，采用区间标准化方法，将指标数据转化为 [0，1] 的数值，公式如下：

对于正向指标：

$$X'_{ij} = \frac{X_{ij} - \min\limits_{1 \leq i \leq m} X_{ij}}{\max\limits_{1 \leq i \leq m} X_{ij} - \min\limits_{1 \leq i \leq m} X_{ij}}$$

对于负向指标：

$$X'_{ij} = \frac{\max\limits_{1 \leq i \leq m} X_{ij} - X_{ij}}{\max\limits_{1 \leq i \leq m} X_{ij} - \min\limits_{1 \leq i \leq m} X_{ij}}$$

式中 X_{ij} 为省份 i 第 j 个指标的观察值，X'_{ij} 为标准化后的指标数据，$\max\limits_{1 \leq i \leq m}$

X_{ij} 和 $\min\limits_{1\leq i\leq m} X_{ij}$ 分别为各省份在第 j 个指标上的最大值和最小值。

其次运用熵值法计算第 j 个指标的熵值 e_j，公式为：$e_j = -k \times \sum\limits_{i=1}^{m} f_{ij} \ln f_{ij}$，其中 $k = \dfrac{1}{\ln m}$，且 $k > 0$，与省市数量 m 无关。为避免 $\ln f_{ij}$ 无意义，规定

$$f_{ij} = \frac{(1 + X'_{ij})}{\sum_{i=1}^{m}(1 + X'_{ij})}。$$

最后确定权重为：

$$W_j = \frac{(1 - e_j)}{(n - \sum_{j=1}^{n} e_j)}$$

（二）加权TOPSIS方法

加权TOPSIS法是一种物理含义明确且评价结果可靠的多指标决策方法，通过构造正理想解（A^+）和负理想解（A^-）来测度备选方案与正理想解和负理想解之间的距离关系，从而实现对各省份休闲产业发展水平的综合评价。具体计算方法如下：

首先根据公式 $X_{ij}^* = \dfrac{X_{ij}}{\sqrt{\sum_{i=1}^{m} X_{ij}^2}}$ 得到决策矩阵 $X' = (X_{ij}^*)_{m\times n}$，再将决策矩阵与权重向量进行相乘得到 $A = (a_{ij})_{m\times n} = (W_j \times X_{ij}^*)_{m\times n}$。

其次计算正理想解 $A^+ = (\max\limits_{1\leq i\leq m} a_{i1}, \max\limits_{1\leq i\leq m} a_{i2}, \max\limits_{1\leq i\leq m} a_{i3}, \cdots, \max\limits_{1\leq i\leq m} a_{in}) = (a_j^+)_{1\times n}$；负理想解 $A^- = (\min\limits_{1\leq i\leq m} a_{i1}, \min\limits_{1\leq i\leq m} a_{i2}, \min\limits_{1\leq i\leq m} a_{i3}, \cdots, \min\limits_{1\leq i\leq m} a_{in}) = (a_j^-)_{1\times n}$。并计算评价对象与正理想解（$A^+$）和负理想解（$A^-$）之间的距离关系：

$$d_i^+ = \sqrt{\sum_{j=1}^{n}(a_{ij} - a_j^+)^2} \quad d_i^- = \sqrt{\sum_{j=1}^{n}(a_{ij} - a_j^-)^2}$$

最后计算评价对象与最优值得贴近度 RC_i：$RC_i = \dfrac{d_i^-}{d_i^- + d_i^+} \times 100$ 来评价各省份休闲产业发展水平的高低。

四 休闲产业发展水平的地区差异性分析

按照加权 TOPSIS 法计算我国 30 个省份休闲产业发展水平指数，并据此进行排序，结果见表 3。

第一，2000~2014 年休闲产业发展指数始终排名前十的省份有广东、江苏、浙江、山东、北京、上海、河南、四川，但各省份发展变化不同，其中广东和江苏的人口和 GDP 基数较大，休闲产业总量意义上的排名始终位居前二。同样，河南和四川的人口基数较大，其排名挤进前八。值得注意的是，长三角地区的江苏、浙江、上海休闲产业一直保持较高的水平，表明该区域休闲产业规模效应明显。武俊奎认为城市规模扩张会使产业集聚度提高，从而提高城市能源利用率和城市专业化水平，进而提高劳动生产率，实现资源的集约利用。[①] 依此可以认为人口集聚程度高的长三角区域，休闲产业的集聚趋势会日益增强。

第二，15 年间，中部的大部分省份以及东部和西部的部分省份排 11~20 名，其中中部地区包括安徽、湖南、湖北、山西、江西、黑龙江，东部地区包括福建、河北、辽宁，西部地区包括云南、陕西、重庆。中部地区安徽休闲产业水平排名上升趋势明显，湖南、山西和江西略有上升，湖北和黑龙江下降明显。安徽排名上升较快与本省对休闲相关产业扶持的政策有关，2003 年安徽便提出打造文化产业成为经济发展的重要支柱产业之一，之后安徽省持续加大对博物馆、图书馆、艺术馆、文艺团体以及新闻、通信、广播、电视、出版等部门的财政支持，至 2014 年安徽文化事业费达到 11.99 亿元，是 2000 年（1.58 亿元）的 7.59 倍。与此同时，文化基础设施建设步伐加快，文化服务体系已经初步形成，并具有一定的规模。目前安徽已形成以传媒出版产业、广播影视演艺产业和文化旅游产业为优势，以动漫产业、

---

① 武俊奎：《城市规模、结构与碳排放》，博士学位论文，复旦大学，2012。

表 3　2000~2014 年中国 30 个省份 TOPSIS 评价值排序

	2014	2013	2012	2011	2010	2009	2008	2007	2006	2005	2004	2003	2002	2001	2000
广东	1	1	1	1	1	1	1	1	1	1	1	1	1	1	1
江苏	2	2	2	2	2	2	2	3	2	2	2	2	2	2	2
浙江	3	3	3	3	3	3	5	2	3	3	3	3	3	3	3
山东	4	4	5	5	4	5	3	6	5	5	5	5	4	4	4
北京	5	5	4	4	5	4	4	5	6	6	6	6	7	5	6
上海	6	6	6	6	6	6	6	4	4	4	4	4	5	8	7
河南	7	8	8	9	8	8	7	7	7	7	7	7	6	7	9
四川	8	7	7	7	7	7	8	8	8	8	8	8	9	6	5
福建	9	13	11	12	11	10	11	14	13	13	12	12	10	10	11
安徽	10	9	9	10	9	11	10	9	15	16	17	15	15	15	14
湖北	11	12	15	14	14	14	15	13	10	12	10	9	11	13	13
河北	12	11	10	11	13	12	12	11	11	11	13	13	13	11	12
湖南	13	10	13	13	12	13	13	12	12	9	9	10	8	9	8
辽宁	14	14	12	8	10	9	9	10	9	10	11	11	12	12	10
云南	15	15	14	16	17	15	14	15	14	15	15	14	14	14	15
陕西	16	16	19	18	18	18	18	16	16	18	14	17	16	17	17
重庆	17	17	16	15	15	16	16	17	20	19	20	19	18	18	18
山西	18	18	18	17	16	17	17	18	18	17	18	18	20	19	19
江西	19	19	17	19	20	20	20	20	17	20	19	20	21	21	21
黑龙江	20	20	21	20	19	19	19	19	19	14	16	16	17	16	16
广西	21	21	20	21	21	21	21	21	21	21	22	21	19	20	20
天津	22	22	22	22	23	22	23	23	23	22	25	22	23	22	23
内蒙古	23	23	23	23	22	23	22	24	25	27	27	25	24	24	24
贵州	24	24	26	27	26	26	27	26	27	26	24	27	26	26	26
吉林	25	26	27	25	24	24	25	25	26	24	26	23	22	23	22
甘肃	26	27	25	26	27	27	26	27	24	25	23	26	27	25	25
新疆	27	25	24	24	25	25	24	22	22	23	21	24	25	27	27
海南	28	28	28	28	28	28	28	28	28	28	28	28	28	28	28
青海	29	29	29	29	29	29	29	29	29	29	29	29	29	29	29
宁夏	30	30	30	30	30	30	30	30	30	30	30	30	30	30	30

数字内容产业、文化会展业为新兴产业的文化产业门类,[1] 推动着安徽休闲产业的规模化发展。湖南虽然在电视娱乐产业、动漫游戏产业领域形成了一定的气候,但其他的休闲相关企业以中小企业为主,具有成长不确定性和轻资产的特性,[2] 制约了休闲产业的规模化发展。另外,政府扶持政策与企业的对接仍存在诸多障碍,导致休闲产业的发展进程较慢。山西休闲产业发展水平虽有了一定的提高,但这种往往带有一定的盲目性,[3] 即政府和有关部门在休闲服务供给体系方面,缺乏对人们休闲需求的科学分析,导致大量的重复建设和资源浪费。江西的休闲产业发展面临同样的问题,即供给体系不足,比如适合大众口味的休闲场所供不应求,科技馆、图书馆、文化馆等休闲设施严重不足。[4] 湖北在休闲产业发展方面,明显存在技术水平、投入的资源利用效率偏低等问题;[5] 同时,湖北的休闲产品和服务的档次比较低、种类单一,缺少休闲消费氛围,与休闲消费相配套的基础设施如图书馆、影院和剧场建设落后,难以满足人们的休闲消费需求,这些因素导致湖北的休闲产业规模收益递减。黑龙江地处东北区域,近年来人口流失严重,休闲消费需求不足,同时在服务供给层面存在诸多制约休闲产业规模化发展的因素,如资源开发利用不充分、市场机制不健全、政策不完善、人才缺失等。[6]

第三,15年来,排名始终处于后十位的省份分别是广西、天津、内蒙古、贵州、吉林、甘肃、新疆、海南、青海、宁夏。10个省份中,除了东部地区的天津、海南和中部地区的吉林以外,其余省份均位于西部地区。从30个省份地位来看,天津是唯一一个休闲产业发展指数与其城市地位极不匹配的城市。其地理位置紧挨着北京,受制于北京首都和政

---

[1] 程霞珍:《安徽文化产业集群发展的政府支持研究》,博士学位论文,安徽大学,2014。
[2] 郑自立:《湖南休闲文化产业发展模式研究》,《中华文化论坛》2015年第8期。
[3] 梁瑞霞:《山西休闲产业发展研究》,硕士学位论文,山西财经大学,2009。
[4] 李良杰、徐德培:《江西休闲经济发展研究》,《江苏商论》2011年第7期。
[5] 郭国峰、郑召锋:《我国中部六省文化产业发展绩效评价与研究》,《中国工业经济》2009年第12期。
[6] 孙晓春、雷鸣、蔡晶:《黑龙江省文化创意产业发展研究》,《兰州学刊》2013年第3期。

治中心的功能，同时是直辖市，无法集中其他省的资源，导致天津休闲产业发展缺乏标志性的产品、有影响力的龙头企业，以及较大规模的休闲产业集聚区，影响了天津休闲产业规模化发展的速度和效益。吉林省长期受制于地域文化、自然环境、体制等方面的影响，经济方面存在经济结构超稳定性、经济关系超封闭性和经济发展缓慢性等表现，这导致休闲产业发展迟缓。纵然有长春电影节、吉林雾凇节等节庆活动，但活动内容单一，缺乏与经济相联系的规模优势，因而影响力较小。其余的8个省份中，广西、贵州和海南三省地理位置紧邻，内蒙古、宁夏、甘肃、青海、新疆五省的地理位置邻近，形成西南片区休闲产业发展弱势集中区和西北地区休闲产业发展弱势集中区。从一份以地球夜景亮度评价中国各省份经济发达程度的资料看，这8个省份的亮度点较小且分散，一方面说明这些区域经济发展水平较低，另一方面反映形成经济集聚的规模效应低，再加上这些省份的人口规模较小，导致与休闲相关的产业发展水平处于较低的状态。

进一步从每年TOPSIS评价值的统计特征看，2000~2014年各地区的变异系数都大于30%，表明休闲产业发展水平不均衡，区域差异性非常明显。但值得关注的是，变异系数由2000年的61.505%下降为2014年的60.834%，反映出区域差异在缩小（见表4）。

表4 中国30个省份TOPSIS评价值的统计特征

	最大值	最小值	平均值	标准差	变异系数(%)
2000	77.624	2.506	25.995	15.988	61.505
2001	80.676	2.057	26.604	16.054	60.93
2002	76.922	1.662	26.429	15.816	59.845
2003	77.338	1.411	25.865	16.153	62.453
2004	75.838	2.366	26.134	15.954	61.05
2005	73.935	1.900	25.594	15.92	62.203
2006	75.317	1.739	25.308	16.239	64.167
2007	77.261	2.626	25.142	17.096	67.999
2008	78.961	2.303	23.675	16.421	69.36

续表

	最大值	最小值	平均值	标准差	变异系数(%)
2009	73.692	2.402	24.961	16.46	65.94
2010	69.243	2.823	24.557	15.613	63.577
2011	73.145	1.872	24.586	16.342	66.466
2012	73.394	1.335	25.136	16.474	65.538
2013	67.393	1.769	25.301	15.44	61.027
2014	65.895	1.682	25.475	15.497	60.834

表4所反映的休闲产业发展不均衡特征，具体体现在较强水平的区域集中在东部沿海带、京广沿线带和长江流域沿线带，而丝绸之路经济带区域的休闲产业发展水平还比较低，这种非均衡性主要是自然环境本身的非均匀分布以及经济自身的集聚和扩散力量导致的。

五 休闲产业优化发展的政策建议

（一）客观正视差异，追寻人均意义上的休闲产业增长

受制于资源禀赋、市场规模、政策环境等条件，休闲产业的地区差异是客观存在的，本报告的研究也证实了这一点。缩小差距、协调地区间休闲产业的平衡发展，需要追求的是人均意义上的休闲产业增长，这是各地区生活质量平衡的重要体现。陆铭指出，对于不断提高生活水平这一目标来说，人均意义上的经济增长比总量意义上的经济增长更为重要。[①] 因此，就休闲产业发展来说，应从两个维度来考虑地区间的平衡问题。一是产业供给层面，释放产业的规模经济效应。一方面需要各地区正确认识各自的市场规模，将不同人群的休闲需求纳入产业规划体系；另一方面需要提高社会资本的介入度，实施休闲产业部门金融扶持计划。二是居民需求层

---

① 陆铭：《空间的力量：地理、政治与城市发展》，格致出版社，2013，第1页。

面，充分考虑居民需求，保持休闲产业的多样性。休闲产业的发展是为人服务的，而一个地区的休闲产业首先要做的是满足本地居民需求，因此发展休闲产业要站在本地居民而不是游客的角度，围绕"吃喝玩乐"，做到文化、旅游、体育、娱乐、餐饮等产业业态的全方位发展，满足居民消费的多样性需求。

（二）加强技术创新，提高休闲产业发展的竞争优势

根据现代经济增长理论，要实现人均意义上的持续增长，技术进步和经济资源的有效利用是关键。因此，要实现休闲产业的规模化和质量化发展，技术创新是重要途径。同时，休闲产业是与人们精神消费领域密切相关的产业，因而技术的应用和创新显得更关键。本文的研究也进一步指出，目前我国休闲产业发展效率还比较低下，这对技术的引入和应用提出了更高的要求。从国外发展实践看，较强的技术创新能力带来的是休闲产业的高度发展。英国文化创意产业通过与信息技术的融合，已经成为英国最具经济价值的产业。对我国休闲产业来讲，可充分利用我国互联网发展优势，建立休闲产业技术信息数据库，运用可量化的精确市场定位技术，实现对休闲业态市场的精准分析，带来休闲产品和服务的市场交易。其次，利用现代科技、创意发展休闲产品和服务，促进其表现力提升、传播力增强，从而提高休闲产品和服务的市场占有率，拓展国际市场，提升影响力。

（三）开发人力资本，形成休闲产业发展的关键力量

休闲产业与人力资本之间的内在联系可总结为两点：一方面，在创新驱动发展战略背景下，休闲产业中的一些业态，如创意、文化、艺术等对创新型人才的要求更高；另一方面，休闲产业的需求层面更受高素质人才的欢迎。因此，加强人力资本的投资和开发，是推动休闲产业发展的关键手段。第一，各地要重视人才培养，为休闲产业提供持久动力。在休闲相

关产业领域，政府及相关机构要制定长期、系统的人才培养规划，为休闲产业的长期发展提供充足动力。第二，各地要注重人才的引进，高人力资本的持有者更渴望有向上的消费流动机会，① 具体指的是多样丰富的休闲相关消费产品和服务等。为了吸引更多的高端人才流入，一个地方必然要提供更多更好的休闲消费设施、环境、服务等。近年来，成都能够成为吸引人才的高地，与其优良的生态、文化、科技、教育、餐饮等环境不无关系。因此，一个地方要吸引高素质人才，就要创造环境留人，又要服务产业发展。

参考文献

陈超、周彬、陈楠：《休闲产业发展潜力评价及实证研究》，《莆田学院学报》2016年第1期。

程霞珍：《安徽文化产业集群发展的政府支持研究》，博士学位论文，安徽大学，2014。

方远平、毛晔：《我国省域休闲产业竞争力时空动态演变研究——基于 ESDA - GWR》，《湖北大学学报》（哲学社会科学版）2016年第3期。

郭国峰、郑召锋：《我国中部六省文化产业发展绩效评价与研究》，《中国工业经济》2009年第12期。

李良杰、徐德培：《江西休闲经济发展研究》，《江苏商论》2011年第7期。

梁瑞霞：《山西休闲产业发展研究》，硕士学位论文，山西财经大学，2009。

刘恩初、李江帆：《发展生产服务业核心层推动广东产业高端化》，《南方经济》2015年第1期。

陆铭：《空间的力量：地理、政治与城市发展》，格致出版社，2013，第1页。

Patrik S. ，Evelina W. ，"Regional and firm competitiveness in the service-based economy: combining economic geography and international business theory," *Tijdschrift voor Economische en Sociale Geografie*, 2010年第3期。

孙晓春、雷鸣、蔡晶：《黑龙江省文化创意产业发展研究》，《兰州学刊》2013年第

---

① 王宁：《消费流动：人才流动的又一动因："地理流动与社会流动"的理论探究之一》，《学术研究》2014年第10期。

3期。

王宁：《消费流动：人才流动的又一动因："地理流动与社会流动"的理论探究之一》，《学术研究》2014年第10期。

吴军：《大城市发展的新行动战略：消费城市》，《学术界》2014年第2期。

武俊奎：《城市规模、结构与碳排放》，博士学位论文，复旦大学，2012。

郑自立：《湖南休闲文化产业发展模式研究》，《中华文化论坛》2015年第8期。

G.3
中国文化休闲业发展分析与展望

冯珺[*]

摘　要： 近年来，我国居民收入增长快于经济增长，消费能力增强，对于休闲娱乐活动的时间配置增加，公共政策和资金投入也加强了对休闲业的扶持力度，从而形成了有利于文化休闲业发展的整体环境。从行业现状来看，我国文化休闲业发展的整体趋势向好。传统业态方面，艺术演出市场增长稳健；纸媒出版受到数字技术的挑战，应当积极实现转型。新兴业态方面，电影、游戏市场增长势头良好，网络视频的快速发展值得关注。为了进一步提升文化休闲业发展质量，应当充分厘清行业内涵和边界、挖掘新的发展动能，依托服务贸易扩大中国文化影响力，加强制度建设以切实保障人民的文化休闲权利。

关键词： 文化休闲业　公共文化服务　休闲保障

一　中国文化休闲业发展环境

（一）经济环境：居民收入增长快于经济增长，消费能力增强

从中国文化休闲业发展的经济环境来看，近年来居民可支配收入的增长

---

[*] 冯珺，中国社会科学院旅游研究中心特约研究员，中国社会科学院财经战略研究院博士后，研究方向为休闲经济、服务经济、文化和旅游相关产业。

势头仍在持续，且居民收入增长速度快于同期的经济增长速度。如图1所示，2018年，全国居民人均可支配收入达28228元，比2017年增长8.7%，而经初步核算的2018年国内生产总值仅比2017年增长6.6%。居民收入增长快于经济增长，表明我国的收入分配结构在向着更加有利于消费的方向转变，居民的消费能力持续增强。可以预见，随着居民收入水平的绝对增长和居民收入在宏观收入分配中的占比增大，消费升级将更好地满足居民的美好生活需要，具体表现为服务消费和发展享受型消费将出现相应扩张，从而形成有利于文化休闲业发展的经济环境。从2019年的整体经济趋势来看，随着新修订的《中华人民共和国个人所得税法》的加快落实，特别是个人所得税专项附加扣除的实施，居民收入增加、居民收入分配结构改善的基础将进一步夯实，有利于文化休闲业发展的经济环境得以巩固。

图1　2013～2018年全国居民人均可支配收入及增速

资料来源：《2018年中国统计年鉴》和《2018年国民经济和社会发展统计公报》。

从不同群体的收入分配变化来看，农村居民具有更加可观的消费潜力。如图2所示，2018年，城镇居民人均可支配收入达39251元，比2017年增长7.8%；农村居民人均可支配收入达14617元，比2017年增长8.8%；农村居民人均可支配收入实际增速快于城镇居民1.0个百分点。城乡居民人均可支配收入比值为2.69，同比下降0.02。全国居民恩格尔系数为28.4%，比2017年下降0.9个百分点，其中城镇为27.7%，农村为30.1%。

图 2 2013~2018 年城乡居民人均可支配收入及同比增长率

资料来源：《2018 年中国统计年鉴》和《2018 年国民经济和社会发展统计公报》。

随着农村劳动力向城镇转移和农业部门劳动生产率的提升，农村居民收入水平持续提高、城乡收入分配差距收窄的趋势仍将延续，农村居民在未来具有更加可观的消费潜力。

（二）社会环境：居民休闲娱乐投入时间增加，休闲条件改善

从中国文化休闲业发展的社会环境来看，保障休闲的时间基础条件有所改善，社会对休闲的价值认可和重视程度明显提升。2018 年，国家统计局组织开展了第二次全国时间利用调查。调查结果显示，居民的平均个人自由支配活动时间为 3 小时 56 分钟。其中，居民的平均休闲娱乐时间为 1 小时 5 分钟。具体来看，男性为 1 小时 13 分钟，女性为 58 分钟；城镇居民为 1 小时 9 分钟，农村居民为 58 分钟；工作日为 58 分钟，休息日为 1 小时 23 分钟。居民休闲娱乐的参与率为 40.7%，其中城镇居民为 43.5%，农村居民为 36.2%。与 2008 年相比，居民的平均个人自由支配时间增加了 12 分钟，其中平均休闲娱乐时间增加了 25 分钟，占全天时间的比重为 4.5%，提高了 1.7 个百分点。

如图 3 所示，从居民自由支配时间的配置情况来看，我国居民在看电视上投入的时间最多，平均达到了 100 分钟；在休闲娱乐上投入的时间次之，

045

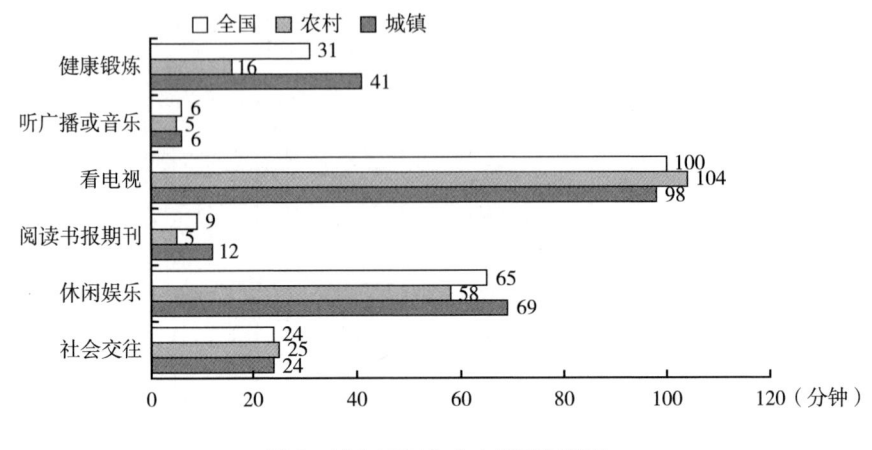

图3 城乡居民自由支配时间情况

资料来源：2018年《全国时间利用调查统计公报》。

平均达到了65分钟；其余比较集中的休闲活动包括健康锻炼（平均31分钟）、社会交往（平均24分钟）、阅读书报期刊（平均9分钟），以及听广播或音乐（平均6分钟）等。从城乡居民自由支配时间的对比情况来看，农村居民在看电视上投入的时间多于城镇居民，社会交往时间与城镇居民持平，在休闲娱乐、阅读书报期刊、听广播或音乐以及健身锻炼等方面的自由支配时间均少于城镇居民。这一结果显示出，在居民休闲娱乐投入时间整体增长的同时，城乡居民的休闲结构仍存在一定差异。

调查结果表明，我国当前的社会整体环境出现了有利于文化休闲业发展的两大显著变化。一方面，居民的自由支配时间明显增加，显示出休闲的时间基础条件切实改善。以往因社会经济发展处于特定阶段而阻碍文化休闲业发展的矛盾，已经在一定程度上得到缓解。另一方面，居民的休闲娱乐时间在自由支配时间中的比重上升，显示出社会对休闲的作用更加重视、价值更加认可。社会意识和消费观念的逐渐转变，有利于将潜在的高质量休闲需求转化为促进文化休闲业发展的现实机遇。

（三）公共环境：资金和政策关注休闲业发展，扶持力度加大

从中国文化休闲业发展的公共环境来看，一方面国家财政在文化方面的支出规模持续增大，另一方面近期出台的一系列政策规定有利于休闲业发展，政府的扶持力度加大。

首先，国家财政在文化方面的支出规模持续增大，构成了有利于文化休闲业发展的财政保障。2018年，全国文化体育与传媒支出3522亿元，增长3.7%。全国文化事业费855.80亿元，比2017年增加85.11亿元，增长11.0%；全国人均文化事业费61.57元，比2017年增加5.83元，增长10.5%。2019年中央本级支出预算显示，文化产业发展专项支出32.3亿元，为2018年执行数的410.4%。

其次，2018年出台了一系列与文化休闲业发展直接相关的政策规定，表明公共政策的倾斜力度和扶持力度进一步加大。从深化改革政策来看，国务院《文化体制改革中经营性文化事业单位转制为企业的规定》《进一步支持文化企业发展的规定》的出台将继续深化文化体制改革，破除体制机制障碍，促进文化休闲业发展。从产业政策来看，国务院《关于以2022年北京冬奥会为契机大力发展冰雪运动的意见》、文化和旅游部《关于促进旅游演艺发展的指导意见》对于提升文化休闲产业基础、推进文化休闲业转型升级和提质增效具有重要的利好作用。从区域政策来看，国务院《关于全面推进北京市服务业扩大开放综合试点工作方案的批复》《关于横琴国际休闲旅游岛建设方案的批复》意味着文化贸易和文化行业扩大对外开放将迎来新的发展契机。

最后，与文化休闲业发展间接相关的政策规定同样值得关注。例如，国务院2019年出台的《关于深入开展消费扶贫助力打赢脱贫攻坚战的指导意见》将"动员社会各界扩大贫困地区产品和服务消费"和"大力促进贫困地区休闲农业和乡村旅游提质升级"作为消费扶贫的重要政策引导。在2020年全面建成小康社会的目标指引下，消费扶贫政策无疑有利于文化基础设施改善和休闲业发展。此外，近期出台的《上海证券交易所科创板企业上市推荐指引》将人工智能、大数据、云计算等列为重点推荐领域，有利于相关科技创新企业降低融资成本、拓宽融资渠道，从而更好地以新技术、新业态推动文化休闲业发展。

二 中国文化休闲业发展现状

（一）营收趋势整体向好，个别行业略有波动

在文化领域供给侧结构性改革的背景下，我国文化休闲业发展整体趋势向好，但文化娱乐休闲服务业规模以上企业的年度营业收入增长略有波动。

首先，文化及相关产业增加值以及占GDP比重均实现持续平稳增长。如图4所示，文化及相关产业增加值从2011年的13479亿元增加到2017年的34722亿元，占GDP的比重从2011年的2.85%提升到2017年的4.20%。

图4 2011~2017年文化及相关产业增加值及占GDP比重

资料来源：国家统计局网站。

其次，文化产业结构进一步优化。一是文化服务业表现亮眼。2018年，全国规模以上文化服务业企业实现营业收入34454亿元，增长15.4%，文化服务业的营业收入增长速度显著快于文化制造业、文化批发和零售业等产业类型。二是文化核心领域重要性凸显。文化核心领域所包含的新闻信息服务、内容创作生产、创意设计服务、文化传播渠道、文化投资运营、文化娱

乐休闲服务等6个行业，其规模以上企业平均9.2%的营业收入增长速度远高于文化相关领域所包含的文化辅助生产和中介服务、文化装备生产、文化消费终端生产等3个行业规模以上企业平均3.3%的营业收入增长速度。三是西部地区增长迅猛。东部、中部、西部和东北地区规模以上文化及相关产业企业实现营业收入分别为68688亿元、12008亿元、7618亿元和943亿元，从增长速度看，西部地区增长12.2%，中部地区增长9.7%，东部地区增长7.7%，东北地区下降1.3%。

最后，文化新业态发展迅速。从全国规模以上文化及相关产业企业营业收入来看，文化及相关产业9个行业中，有7个行业的营业收入实现增长。其中增速超过10%的行业有3个，涵盖了主要的文化新业态，分别是新闻信息服务营业收入8099亿元，比2017年增长24.0%；创意设计服务11069亿元，增长16.5%；文化传播渠道营业收入10193亿元，增长12.0%。但值得注意的是，增速为负的行业有2个，分别是：文化娱乐休闲服务营业收入1489亿元，下降1.9%；文化投资运营营业收入412亿元，下降0.2%。

统计数据表明，我国文化休闲业发展的整体趋势向好。根据2019年一季度全国规模以上文化及相关产业企业营业收入数据，文化娱乐休闲服务营业收入绝对额为301亿元，比2018年同期增长2.4%。文化娱乐休闲服务规模以上企业2018年度营业收入下降，是受到了若干因素的影响。首先，2018年数据的统计口径为《文化及相关产业分类（2018）》，该分类标准替代了过去若干年持续使用的《文化及相关产业分类（2012）》。新标准重点调整了行业分类结构，突出了文化核心领域内容，体现了文化生产活动的特点。具体而言，对于文化特征不明显的生产活动不再将其纳入分类，对于虽有部分活动与文化有关但已形成自身完整体系的生产活动也不予纳入分类。其次，规模以上企业的调查范围根据统计制度每年定期进行调整。有部分企业达到规模标准被纳入调查范围，也有部分企业因规模变小而退出调查范围，还有企业新建、投产、破产、注（吊）销等变化。最后，2018年以来国家统计局加强了统计执法，对统计执法检查中发现的不符合规模以上统计要求的企业进行了清理，对相关基数依规进行了修正。

（二）文化立法作用显现，公共服务质量提升

自《中华人民共和国公共文化服务保障法》和《中华人民共和国公共图书馆法》实施以来，我国文化领域基础立法的实践作用不断显现，文化公共服务的责任主体更加明确，基层管理制度和配套资金投入逐步跟进，文化公共服务质量显著提升。

各级政府和文化部门积极贯彻落实《中华人民共和国公共文化服务保障法》《"十三五"推进基本公共服务均等化规划》《关于加快构建现代公共文化服务体系的意见》等系列法律法规，加快推进文化领域供给侧结构性改革，使公共文化服务的供给在数量和质量上都更加适应人民群众的文化休闲需要。如表1所示，截至2018年底，全国博物馆数量共计4918个，总参观人次达到10.4亿人次，实现了博物馆机构数量和参观人次的双增长；公共图书馆资源更加丰富、服务能力进一步提升，全国图书馆数量共计3176个，图书流通人次达到8.2亿人次；群众文化服务业机构是基层群众参与文化休闲活动、享受相关服务的重要载体，全国群众文化服务业机构数量共计44464个，全年组织群众文艺活动219.48万次。

表1　2011~2018年博物馆、公共图书馆、群众文化服务机构发展及活动情况

	2011年	2012年	2013年	2014年	2015年	2016年	2017年	2018年
博物馆机构数（个）	2650	3069	3473	3658	3852	4109	4721	4918
博物馆参观人次（万人次）	47050.7	56401.1	63776.0	71773.8	78111.7	85061.0	97172.0	104436.0
公共图书馆机构数（个）	2952	3076	3112	3117	3139	3153	3166	3176
公共图书馆图书流通人次（万人次）	38151	43437	49232	53036	58892	66037	74450	82032
群众文化服务业机构数（个）	43675	43876	44260	44423	44291	44497	44521	44464

资料来源：2012~2018年《中国统计年鉴》和《2018年文化和旅游发展统计公报》。

从《中华人民共和国公共图书馆法》实施1年以来的落实情况看，其对于文化公共服务的质量改善发挥了明显的推动作用，基层实践中的典型案例

和具有推广价值的成功经验正在形成。首先，基层政府受到立法约束和引导，在资金投入和制度建设方面具有更加明确的动力和约束力，从而推动文化公共服务向基层延伸。例如，江苏省苏州市搭建了下沉至所辖区县和街镇的多层次公共图书馆体系，图书馆数量已增长至370余家，实现了基层社区全覆盖。贵州省贵阳市依托自身大数据优势，开发了社区图书馆共享互助系统，2018年内已经成功实现社区图书馆共享借阅图书将近4000次。其次，图书馆发掘和利用文化资源的积极性被充分调动，新业态赋予文化公共服务更多的可能性。越来越多的图书馆尝试开办高水平文化讲座，提供旨在提升环境舒适度的各类附加服务，使图书馆由传统的单一图书借阅空间升级为更加符合社会文化休闲需要的综合公共文化空间。最后，相关立法首次对文化公共服务享受者的责任和义务予以明确，客观上有利于良好文化公共服务环境的形成。新法规定，借书逾期不还要承担民事责任，图书馆收取滞纳金也变得有法可依，这将有利于形成图书馆和民众共同维护公共文化服务资源的良好环境与氛围。

（三）演出市场稳健增长，出版行业面临调整

从传统文化休闲业的发展情况看，作为目前文化休闲业重要形式之一的艺术表演活动，既坚持社会效益和公共事业属性，又在持续培育演出市场的过程中形成了可观的经济规模。如表2所示，截至2018年底，全国总计艺术表演团17123个，演出场次312.46万场，服务国内观众13.76亿人次，各项数据均在2017年的基础上稳健增长。从艺术表演活动的文化事业属性来看，目前发挥社会公益作用的艺术表演以传统艺术形式为主。第六届中国成都国际非物质文化遗产节共开展579场演出活动，服务326个基层社区。全国曲艺木偶剧皮影戏优秀剧目展演、全国小剧场戏剧优秀剧目展演、第二届中国民族器乐民间乐种组合展演、第八届中国京剧艺术节等演出活动极大地丰富了群众的文化休闲体验。从商业演出市场的发展情况来看，目前行业头部效应较为明显，例如，作为受到市场广泛认可的知名演出机构，德云社的年票房收入在2000万元以上。部分商业演出票价过高，在一定程度上制约了文化休闲业发展的整体质量和结构均衡性。

表2　2010~2018年全国艺术表演团体基本情况

	机构数（个）	从业人员数（人）	演出场次（万场）	国内演出观众人次（万人次）	总收入(万元)	#演出收入
2010年	6864	185413	137.15	88455.80	1239255	342696
2011年	7055	226599	154.72	74585.05	1540263	526745
2012年	7321	242047	135.02	82805.09	1968802	641480
2013年	8180	260865	165.11	90064.26	2800266	820738
2014年	8769	262887	173.91	91019.68	2264046	757028
2015年	10787	301840	210.78	95798.99	2576483	939313
2016年	12301	332920	230.60	118137.67	3112276	1308591
2017年	15742	402969	293.57	124739.06	3419618	1476786
2018年	17123	416374	312.46	137568.42	3667258	1522685

从2017年出版市场的发展情况来看，除图书的总印数依然保持增长以外，期刊和报纸的总印数在2014年达到峰值后近年来呈现持续下降趋势（见表3）。出版市场面临调整，尤其是期刊和报纸的总印数趋于下降，其根本原因在于数字技术带来的阅读方式转变，但阅读活动本身作为重要的文化休闲方式，依然具有广泛的群众基础和相对旺盛的需求。部分对市场变化较为敏锐的期刊和报纸已经实现了面向数字化的积极转型，通过新的形式继续提供高品质的文化休闲服务。

表3　2011~2017年中国出版市场发展情况

	图书 种数（种）	图书 总印数（亿册）	期刊 种数（种）	期刊 总印数（亿册）	报纸 种数（种）	报纸 总印数（亿册）
2011年	369523	77.00	9849	32.90	1928	467.40
2012年	414005	79.20	9867	33.50	1918	482.30
2013年	444427	83.10	9877	32.70	1915	482.40
2014年	448431	81.80	9966	30.90	1912	463.90
2015年	475768	86.60	10014	28.80	1906	430.10
2016年	499884	90.37	10084	26.97	1894	390.07
2017年	512487	92.40	10130	24.90	1884	362.50

资料来源：2012~2018年《中国统计年鉴》。

（四）电影游戏势头良好，视频综艺持续升温

从新兴文化休闲业的发展情况看，电影市场在培育观影习惯和转化新观众方面继续保持良好势头。2018年全国电影总票房为609.76亿元，同比增长9.06%；城市院线观影人次为17.16亿，同比增长5.93%；全国银幕总数达到60079块，其中2018年新增9303块。2018年度票房排名前五位的电影作品中，国产电影作品占据四席，分别是《红海行动》全年累计票房36.5亿元，《唐人街探案2》全年累计票房33.98亿元，《我不是药神》全年累计票房31亿元，《西虹市首富》全年累计票房25.48亿元。数据表明，我国电影观众对国产作品更为青睐，且观影偏好集中于喜剧等老少咸宜的电影类型。

2018年网络游戏（包括客户端游戏、手机游戏、网页游戏等）业务收入1948亿元，比上年增长17.8%。但行业增长主要来源于手机游戏，传统的客户端游戏市场规模和新增作品数趋于稳健或收窄。造成这一趋势的原因在于，一方面，智能手机的普及率逐年上升，已经成为人民群众日常文化休闲的重要载体；另一方面，手机游戏无需投入过高的经济成本和时间成本，能够更好地满足大众玩家的碎片化文化休闲需求。

作为数字经济环境下文化休闲业新业态和新商业模式的典型代表，网络视频的迅速崛起不容忽视。如表4所示，截至2018年底，网络视频已经成为排名前五的互联网应用形式，在网民和手机网民中的使用率分别达到了73.9%和72.2%。网络视频在满足年轻群体的文化休闲需要方面更具优势，短视频、视频直播等形式的用户规模近年来呈现爆发式增长。此外，视频网站的自制综艺节目不同于将传统电视节目通过网络播放的移植形式，具有深度原创性和鲜明的互联网特征，是文化休闲的重要形式创新。《创造101》《偶像练习生》等网络综艺节目观众群体庞大，甚至引发了较为广泛的社会影响。

表4　2018年各类互联网应用的使用率

应用	网民 用户规模(万)	网民使用率(%)	手机网民 用户规模(万)	手机网民使用率(%)
即时通信	79172	95.6	78029	95.5
搜索引擎	68132	82.2	65396	80.0
网络新闻	67473	81.4	65286	79.9
网络视频	61201	73.9	58958	72.2
网络购物	61011	73.6	59191	72.5
网上支付	60040	72.5	58339	71.4
网络音乐	57560	69.5	55296	67.7
网络游戏	48384	58.4	45879	56.2
网络文学	43201	52.1	41017	50.2
旅行预订	41001	49.5	40032	49.0
网上订外卖	40601	49.0	39708	48.6
在线教育	20123	24.3	19416	23.8

资料来源：中国互联网络信息中心（CNNIC）第43次《中国互联网络发展状况统计报告》。

三　中国文化休闲业发展展望

（一）厘清产业边界，挖掘发展新动能

对于文化休闲业而言，2018年在制度环境、市场环境、社会环境等层面出现了一系列新变化和新局面。《文化及相关产业分类（2018）》的出台是政府部门优化统计工作、规范行业管理的行政举措，意味着当前阶段文化休闲业的产业边界和内涵面临着重新厘定和廓清的客观需要。随着市场化程度不断加深以及数字经济影响的持续扩大，新技术、新业态、新商业模式正在导致文化休闲业的深刻变革，文化休闲业与其他产业的交叉和融合创新不断涌现。面对宏观政策和市场形势的新变化，文化休闲业的相关从业主体应当从更好地满足人民群众的文化休闲需要出发，顺应并引领市场结构的新潮

流新变化，提升文化休闲产品与服务的供给质量，充分挖掘面向未来的行业发展新动能。

（二）依托服务贸易，扩大文化影响力

在推进"一带一路"倡议的背景下，中国文化休闲业应当依托服务贸易，进一步深化市场开放，扩大中华文明和传统文化的国际影响力。目前，中国已与多个国家共同创办丝绸之路旅游市场推广联盟、海上丝绸之路旅游推广联盟、"万里茶道"国际旅游联盟等合作机制。2018年到中国旅游的外国游客人数达3054万人次，俄罗斯、缅甸、越南、蒙古、马来西亚、菲律宾、新加坡等国成为中国主要客源市场。在实现中国文化休闲业国际化发展的过程中，应当注重将独具魅力的中国文化转化为对国际市场的独特吸引力。依托兼具中国传统特色和时代风貌的文化休闲产品和服务，有利于扩大市场、实现经济交流，也有利于通过文化休闲这一轻松愉悦的特定形式实现情感交流和"民心相通"。

（三）加强制度建设，实现休闲有保障

文化休闲活动与人民美好生活需要的满足息息相关。就文化休闲业的供给侧而言，新技术的推广应用和商业模式创新极大地提升了新时代文化休闲产品与服务的供给质量。但是，来自经济、时间、制度等方面的综合约束使得人民群众尽情享受文化休闲活动的成本依然过高，文化休闲市场的有效需求还有较大潜力可供激发。对此，应当努力贯彻《国民旅游休闲纲要（2013~2020年）》精神，尽快落实职工带薪休假制度，在制度层面探索不同行业、不同岗位采取弹性工作时间的更多可能，切实降低人民群众从事文化休闲活动的综合成本。此外，应从制度建设的角度出发，充分发挥文化事业的社会公益属性，做好文化传播和美学教育工作，市场规范与公共引导并举，使人民群众能够享受文化内涵更加丰富、审美旨趣更加高雅的休闲活动。

参考文献

宋瑞:《2017~2018年中国休闲发展报告》,社会科学文献出版社,2018。

宋瑞、冯珺:《文化和旅游融合发展:基于国民经济行业分类体系的测度与展望》,《财经智库》2019年第3期。

中华人民共和国国家统计局:2012~2018年《中国统计年鉴》。

中华人民共和国国家统计局:《2018年国民经济和社会发展统计公报》。

中华人民共和国国家统计局:《2018年全国时间利用调查公报》。

中华人民共和国文化和旅游部:《2018年文化和旅游发展统计公报》。

G.4
中国居民旅游休闲状况分析与展望

孙鹏义[*]

摘 要： 2018年，在全球经济和我国GDP增速放缓的大背景下，受益于文旅融合的顺利开局、全域旅游的深入推进、智慧旅游的加速迭代，旅游休闲消费支出实现良性增长，我国居民国内旅游休闲和出境旅游休闲人次保持较大幅度增长，居民旅游休闲总体继续保持稳步发展态势。2019年，文旅融合将释放发展新动能，并为旅游休闲注入优质内容，旅游休闲新业态、新产品将不断涌现，全域旅游示范区管理更趋高效，旅游休闲公共服务体系日趋完善，居民休闲空间和休闲时间有望持续优化，旅游休闲消费活力将进一步得以释放，我国居民国内旅游休闲和出境旅游休闲的规模将继续扩大，高质量发展的势头将得以延续。

关键词： 居民旅游 休闲 文旅融合 全域旅游

一 中国居民旅游休闲发展背景

（一）经济发展进入新阶段

自2013年以来，我国GDP增速总体呈现放缓的趋势（见图1），经

---

[*] 孙鹏义，博士，中国社会科学院旅游研究中心特约研究员，主要研究方向为旅游企业管理、旅游规划管理。

济由高速增长阶段进入高质量发展阶段，经济发展方式及经济结构等发生重要转变，第三产业在国民经济中所占比重逐年增加，其对经济增长的作用日渐增强，旅游业对GDP的综合贡献不断增大。2017年旅游业对GDP的综合贡献达9.13万亿元，按照国家统计局最终核实的2017年GDP数据82.08万亿元[①]计算，旅游业占GDP的比重为11.12%，为2018年旅游休闲业的发展奠定了良好的基础。初步测算，2018年全国旅游业对GDP的综合贡献为9.94万亿元，占GDP的比重为11.04%（见图2）。

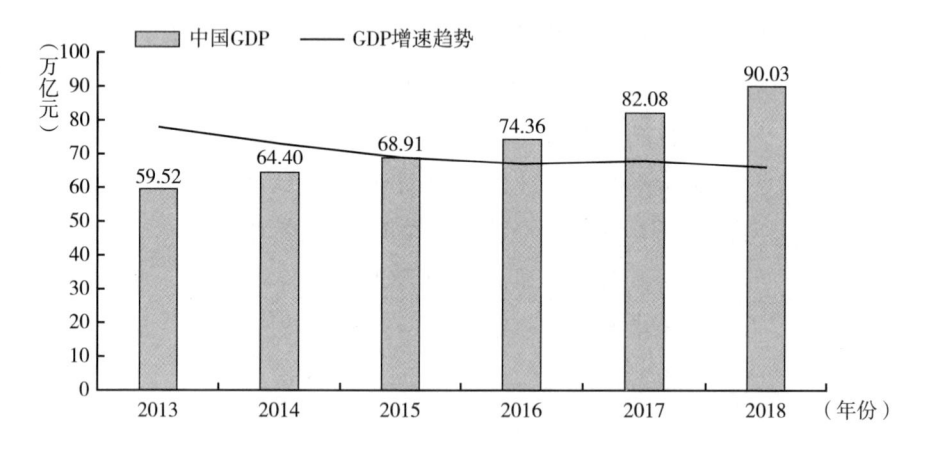

图1 2013~2018年中国GDP及增速趋势

资料来源：根据国家统计局历年《国民经济和社会发展统计公报》相关数据整理。

（二）文旅融合开启旅游休闲新时代

2018年文旅融合开局顺利。2018年4月，新组建的文化和旅游部正式挂牌。组建文化和旅游部，不仅是在行政机构上实现文化与旅游的融合，更重要的是进一步清除文化和旅游产业发展的机制障碍，消除文化与旅游原有

---

① 《国家统计局关于2017年国内生产总值（GDP）最终核实的公告》，http://www.stats.gov.cn/tjsj/zxfb/201901/t20190118_1645555.html。

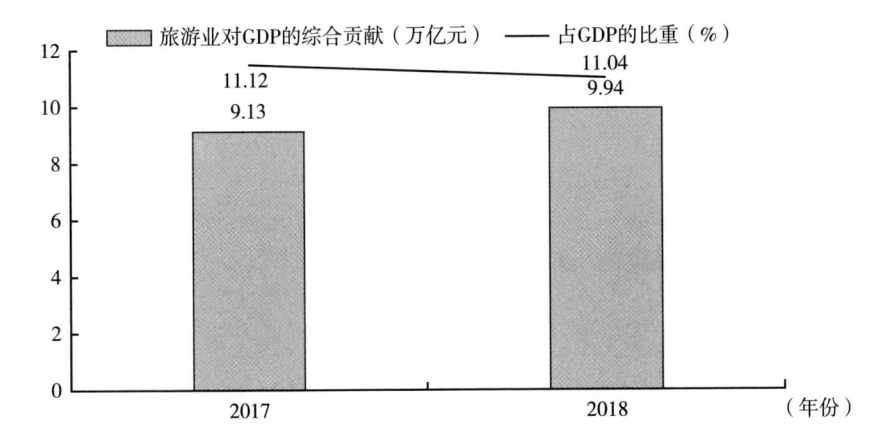

图 2　2017~2018 年中国旅游业对 GDP 的贡献

资料来源：根据国家统计局 2017 年、2018 年《国民经济和社会发展统计公报》相关数据整理。

的产业边界，促进文化事业、文化产业和旅游业之间深度融合。按照"宜融则融、能融尽融，以文促旅、以旅彰文"的工作思路，以文化拓展旅游经济发展空间，以供给侧改革促进品质旅游发展，不断增强民众的旅游获得感，促进居民国内旅游和出境旅游的持续平稳发展。

（三）旅游休闲供给侧结构性改革不断推进

2016 年底印发的《"十三五"旅游业发展规划》提出，扩大旅游新供给、优化旅游产品结构、创新旅游产品体系、推动精品景区建设、加快休闲度假产品开发、大力发展乡村旅游、提升红色旅游发展水平、加快发展自驾车旅居车旅游、大力发展海洋及滨水旅游、积极发展冰雪旅游、加快培育低空旅游等。2018 年初，中央一号文件《中共中央国务院关于实施乡村振兴战略的意见》提出，实施休闲农业和乡村旅游精品工程，建设一批设施完备、功能多样的休闲观光园区、森林人家、康养基地、乡村民宿、特色小镇；增加农业生态产品和服务供给，加快发展森林草原旅游、河湖湿地观光、冰雪海上运动、野生动物驯养观赏等产业，积极开发观光农业、游憩休闲、健康养生、生态教育等服务。创建一批特色生态旅游示范村镇和精品线路，打造绿色生态环保的乡村生态旅游产业链。2018年10月，国家发改委等13部委联合印发《促进乡村旅游发展提质升级行动方案（2018年~2020年）》，促进乡村旅游发展提质扩容，发挥乡村旅游对促进消费、改善民生、推动高质量发展的重要带动作用。

（四）全域旅游持续深化

2016年以来，国家旅游主管部门相继制定《国家全域旅游示范区认定标准》《全域旅游示范区创建工作导则》等文件，为区域旅游示范区创建提供了政策保障。特别是2018年国务院印发的《关于促进全域旅游发展的指导意见》提出，将一定区域作为完整旅游目的地，以旅游业为优势产业，统一规划布局、优化公共服务、推进产业融合、加强综合管理、实施系统营销，不断提升旅游业现代化、集约化、品质化、国际化水平，更好满足旅游消费需求，该指导意见的出台为国内旅游规模的不断扩大尤其是区域旅游业的综合发展创造了良好契机。

二 2018年中国居民旅游休闲状况分析

（一）国内旅游人次

2010年以来，国内旅游人次均保持两位数以上的增长速度（见表1）。根据国内旅游抽样调查结果，2017年国内旅游50.01亿人次，比上年同期增长12.76%。其中，城镇居民旅游36.77亿人次，比上年增长15.1%；农村居民旅游13.24亿人次，比上年增长6.8%。

2018年国内旅游55.39亿人次，比上年同期增长10.76%，国内旅游收入5.13万亿元，比上年同期增长12.30%。其中，城镇居民旅游41.19亿人次，比上年增长12.0%；农村居民旅游14.20亿人次，比上年增长7.3%。与2017年相比，2018年全年国内旅游人次增幅有所收窄（见图3）。

表1　2010~2018年我国居民国内旅游人次及增速情况

	国内旅游人次（亿人次）	同比增速（%）
2010年	21.03	10.57
2011年	26.41	25.58
2012年	29.57	11.97
2013年	32.62	10.31
2014年	36.11	10.70
2015年	39.90	10.50
2016年	44.35	11.15
2017年	50.01	12.76
2018年	55.39	10.76

来源：根据文化和旅游部《2018年文化和旅游发展统计公报》相关数据整理。

图3　2017~2018年中国国内旅游人次

资料来源：根据文化和旅游部《2018年文化和旅游发展统计公报》相关数据整理。

（二）国内旅游消费

自2010年以来，国内旅游收入同样保持两位数以上的增长速度（见表2）。

根据国内旅游抽样调查结果，2017年国内旅游收入（居民国内旅游消费支出）4.57万亿元，比上年同期增长15.92%，居民国内旅游人均消费支出913.04元，比上年增长2.80%。其中，城镇居民国内旅游消费支出3.77万亿元，比上年增长16.8%，城镇居民国内旅游消费支出占国内旅游消费

表2　2010～2018年我国居民国内旅游收入及增速情况

年度	国内旅游收入（万亿元）	同比增速（%）
2010年	1.26	23.53
2011年	1.93	53.46
2012年	2.27	17.62
2013年	2.63	15.72
2014年	3.03	15.36
2015年	3.42	12.81
2016年	3.94	15.20
2017年	4.57	15.92
2018年	5.13	12.30

资料来源：根据《文化和旅游部2018年文化和旅游发展统计公报》相关数据整理。

总支出的82.49%；城镇居民国内旅游人均消费支出1025.29元，比上年增长1.60%。农村居民国内旅游消费支出0.80万亿元，比上年增长11.8%，农村居民国内旅游消费支出占国内旅游消费总支出的17.51%，农村居民国内旅游人均消费支出604.23元，比上年增长4.83%（见表3、表4）。

表3　2017～2018年我国居民国内旅游消费支出情况

单位：万亿元，%

年度	全国居民 国内旅游消费支出	全国居民 同比增速	城镇居民 国内旅游消费支出	城镇居民 同比增速	农村居民 国内旅游消费支出	农村居民 同比增速
2017年	4.57	15.92	3.77	16.80	0.80	11.80
2018年	5.13	12.30	4.26	13.10	0.87	8.80

资料来源：根据文化和旅游部2016～2018年各年度旅游市场报告相关数据整理。

表4　2017～2018年我国居民国内旅游人均消费支出情况

单位：元，%

年度	全国居民 国内旅游人均消费支出	全国居民 同比增速	城镇居民 国内旅游人均消费支出	城镇居民 同比增速	农村居民 国内旅游人均消费支出	农村居民 同比增速
2017年	913.04	2.80	1025.29	1.60	604.23	4.83
2018年	926.16	1.44	1034.23	0.90	612.68	1.40

资料来源：根据文化和旅游部2016～2018年各年度旅游市场报告相关数据整理。

2018年国内旅游收入（居民国内旅游消费支出）5.13万亿元，比上年同期增长12.30%，居民国内旅游人均消费支出926.16元，比上年增长1.44%。其中，城镇居民国内旅游消费支出4.26万亿元，比上年增长13.1%，城镇居民国内旅游消费支出占国内旅游消费总支出的83.08%；城镇居民国内旅游人均消费支出1034.23元，比上年增长0.90%。农村居民国内旅游消费支出0.87万亿元，比上年增长8.8%，农村居民国内旅游消费支出占国内旅游消费总支出的16.92%，农村居民国内旅游人均消费支出612.68元，比上年增长1.40%（见表3、表4）。

与2017年相比，2018年全年国内旅游收入（居民国内旅游消费支出）、城镇居民国内旅游消费支出、农村居民国内旅游消费支出，居民国内旅游人均消费支出、城镇居民国内旅游人均消费支出、农村居民国内旅游人均消费支出均实现稳步增长，但增幅有所放缓，这一方面受到2018年全球经济和国内经济增速放缓等大环境的影响，另一方面也与国内居民的收入增长放缓有一定关系（见表5）。特别是农村居民国内旅游人均消费支出增速大幅收窄，说明农村居民的国内旅游消费潜力还有待进一步激发和释放。

表5　2017~2018年我国居民收入情况

单位：元，%

年度	全国居民		城镇居民		农村居民	
	人均可支配收入	实际增速	人均可支配收入	实际增速	人均可支配收入	实际增速
2017年	25974	7.3	36396	6.5	13432	7.3
2018年	28228	6.5	39251	5.6	14617	6.6

资料来源：国家统计局2016~2018年《国民经济和社会发展统计公报》。

（三）出境旅游

2018年出境旅游人次较上年增长14.72%，自2013年实现同比增长18.05%之后重新回到两位数的增速（见表6）。

表6 2010~2018年我国居民出境旅游人次及增速情况

年度	出境旅游人次（万人次）	同比上一年增速（％）
2010年	5739	20.42
2011年	7025	22.41
2012年	8318	18.41
2013年	9819	18.05
2014年	10728	9.26
2015年	11689	8.96
2016年	12203	4.40
2017年	13051	6.95
2018年	14972	14.72

资料来源：根据文化和旅游部《2018年文化和旅游发展统计公报》相关数据整理。

2018年，中国出境旅游人次达到14972万人次，中国游客出境旅游的国家和地区达到157个。[①] 同时，随着"一带一路"倡议的深入推进，中国与"一带一路"沿线国家和地区的经济联系、文化交流、旅游交流等日益紧密。截至2019年4月1日，已经有51个"一带一路"国家面向中国游客开放便利签证政策。其中，单方面允许中国公民免签入境的国家7个，11个国家与中国互免普通护照签证，33个国家对中国游客实施落地签证政策。据统计，2018年有超过3000万名中国游客赴"一带一路"相关国家和地区旅游。[②] 与2013年的1549万人次相比，增长了93.67%，年均增速达15.61%。

2018年度，中国公民出境游人次近1.5亿，中国成为全球国际游客第一大客源国，也是"一带一路"沿线国家的重要客源国。中国目前已成为泰国、越南、新加坡、马来西亚、柬埔寨、俄罗斯等"一带一路"沿线国家入境游的第一大客源国。在出境旅游的区域选择方面，赴泰国、越南、新

---

① 《"2018旅游经济运行盘点"系列报告（一）：旅游消费》，http://www.ctaweb.org/html/2019-1/2019-1-3-16-32-94384.html。
② 《〈2018"一带一路"旅游大数据报告〉在京发布》，http://ceis.xinhua08.com/a/20190425/1821828.shtml。

加坡、马来西亚、印尼、菲律宾的游客最多，其中泰国以1000万人次排在首位。此外，赴中东欧地区一些国家旅游休闲的中国公民数量呈现快速增长态势，2018年，赴波兰、匈牙利、爱沙尼亚、捷克、克罗地亚等中东欧国家的中国游客，同比增幅都在20%以上。赴传统欧洲旅游目的地如意大利、英国、希腊、土耳其等国家的中国公民数量也大幅增长，其中赴意大利500万人次，同比增长21%；英国45万人次，同比增长34%；希腊15万人次，同比增长50%；土耳其39万人次，同比增长59%。在出游时间的选择方面，中国公民大多选择春节、"十一"国庆节、"五一"劳动节等假期赴"一带一路"沿线国家和地区旅游休闲。①

三 2019年上半年假日旅游休闲分析

2019年上半年，春节、清明节、"五一"劳动节旅游市场保持旺盛发展势头。2019年春节和"五一"期间，中国旅游研究院（文化和旅游部数据中心）对全国60个样本城市开展的《中国城乡居民出游意愿调查》显示：2019年第一季度我国居民出游意愿为85.95%，旅游休闲已成居民过年新民俗；2019年"五一"小长假期间我国居民出游意愿为40.53%，出游比例较高。

根据中国旅游研究院与中国电信联合实验室的测算，2019年春节期间，全国旅游接待量达4.15亿人次，同比增长7.6%，实现旅游收入5139亿元，同比增长8.2%，"80后""90后"等年轻一代成为消费的主力军。2019年春节期间我国南方地区的旅游市场更趋活跃，游客排名前十的省份分别为广东、四川、湖南、河南、广西、山东、江苏、重庆、河北、安徽。

据中国旅游研究院综合测算，2019年清明假日期间，全国国内旅游接待量为1.12亿人次，同比增长10.9%；实现旅游收入478.9亿元，同比增

---

① 《同程旅游发布"一带一路"出境游大数据报告》，http://union.china.com.cn/txt/2019-04/25/content_40730932.html。

长13.7%。民俗文化游、城市文化休闲游、红色旅游等类型所占比例较高，短途游占总出游量的60%以上。

2019年"五一"期间，全国国内旅游接待量为1.95亿人次，按可比口径增长13.7%；实现旅游收入1176.7亿元，按可比口径增长16.1%。"五一"期间，居民国内游和出境游继续走热，全国各地旅游较为均衡，出境游多集中在东南亚、日、俄等周边国家以及我国香港、台湾地区。亲子游、乡村游、研学游等多种形式的主题旅游休闲活动受到国内居民的青睐，文化、休闲、餐饮、乡村游等消费较为旺盛。"五一"期间游客平均外出停留2.25天。另外，中国旅游研究院与银联商务联合实验室的数据显示，居民夜间旅游消费占全天消费的比例达到29.92%，相比2017年25.82%和2018年的26.00%有较大幅度的提升。

四 2019年中国居民旅游休闲展望

（一）面临更为严峻的经济形势

2019年全球经济增长动能将有所削弱。2019年初，联合国、国际货币基金组织、世界银行等机构分别对2019年全球经济形势及中国的经济增速做出预测与展望。根据联合国2019年1月发布的《2019年世界经济形势与展望》，2019年全球经济增长率预计为3.0%，将实现较平稳增长；中国经济的增长率预计将从2018年的6.6%放缓至2019年的6.3%。国际货币基金组织2019年1月发布的《全球经济展望》下调2019年全球经济增速预期至3.5%，2019年4月更新的数据再次下调2019年全球经济增速预期至3.3%；中国的经济增速预期预计将从2018年的6.6%放缓至2019年的6.2%。世界银行于2019年6月发布的《全球经济展望：紧张局势加剧，投资低迷》预计，2019年全球经济增长将放慢至2.6%，低于预期。从国内来看，旅游投资增长和居民收入增长存在下行压力，居民的财富余额增长放缓，旅游休闲消费支出预期趋于保守。另外，在出游人次、出游率和人均旅游休闲消费支出等方面，城乡居民仍存在较大差距，农村居民的旅游休闲的潜力还有待深入挖掘和培育。

（二）各项政策的有力支撑

虽然许多国际组织和机构下调了2019年的经济增长预期，但2019年中国经济仍将维持中高速增长的基本态势。2018年12月召开的中央经济工作会议确定了2019年经济发展稳中求进的工作思路，继续推动经济高质量发展。随着国家"减税降费"政策的不断推进，尤其是与居民收入密切相关的新个税起征点的调高、个人所得税专项附加扣除政策的出台，在一定范围内、一定程度上增加了居民的收入，这将继续为国内居民旅游休闲提供有力的支撑，旅游休闲消费活力有望进一步得以释放。

（三）文旅融合将释放发展新动能并为旅游休闲注入优质内容

自2018年文化和旅游部组建以来，文化事业、文化产业和旅游业融合发展步伐加快，工作思路进一步明确，融合的路径和方向日益明晰，优质旅游产品供给不断扩大。未来，我国居民旅游休闲将继续在新时代文旅融合的框架内运行和发展。2019年，文旅融合的初期效果开始显现，旅游休闲将获得发展新动能，居民国内旅游和出境旅游有望实现持续稳定发展。

（四）《国民旅游休闲纲要（2013～2020年）》落实进入攻坚之年

《国民旅游休闲纲要（2013～2020年）》（下文简称《纲要》）确定的目标是："到2020年，职工带薪年休假制度基本得到落实，城乡居民旅游休闲消费水平大幅增长，健康、文明、环保的旅游休闲理念成为全社会的共识，国民旅游休闲质量显著提高，与小康社会相适应的现代国民旅游休闲体系基本建成"。2019年是实现《纲要》确定的目标的攻坚之年、关键之年，关系到《纲要》的最终落实到位。同时，2019年需要及时总结和分析《纲要》实施过程中遇到的问题、有益的经验、调整的方向等，为下一步国民休闲总体框架的制度提前谋划。无论是《纲要》的继续深入推进，还是将来国民休闲总体发展规划的优化调整,都将深刻影响我国居民的旅游休闲发展脉络。特别是对于居民休闲时间的保障,将进一步推动我国居民旅游休闲质量的不断提升。

(五)2019年我国居民旅游休闲的规模预测

综合国内外发展环境和旅游业发展态势,特别是随着文旅融合的加速推进,2019年我国居民旅游休闲格局将有可能进一步优化。2019年3月,文化和旅游部印发《国家全域旅游示范区验收、认定和管理实施办法(试行)》和《国家全域旅游示范区验收标准(试行)》,继续推进国家全域旅游示范区验收、认定和管理工作,充分发挥国家全域旅游示范区在促进全域旅游发展中的示范引领作用。国家全域旅游示范区的管理日趋规范,将极大地拓展居民国内旅游休闲空间。同时,随着"一带一路"倡议等的深入推进,国家对外开放的力度将不断加大,居民出境旅游休闲的需求将不断被释放。

根据中国旅游研究院的预测,2019年国内旅游人次将达到60.6亿,国内旅游收入达5.6万亿元,分别比上年增长9.5%和10%。居民出境旅游人次将达1.66亿,比上年增长11%。[1]

得益于积极的旅游休闲政策,以及居民对美好生活的向往,在居民旅游休闲时间和休闲空间得以保障的前提下,2019年中国居民旅游休闲的规模有望继续扩大,并将实现高质量发展。

参考文献

景域文旅产业研究院课题组:《2019中国文旅产业发展趋势报告》,2019年1月。

---

[1] 《"2018旅游经济运行盘点"系列报告(十):2018年旅游经济运行分析与2019年发展预测》,http://www.ctaweb.org/html/2019-1/2019-1-30-15-21-65240.html。

宋瑞主编《2017~2018年中国休闲发展报告》，社会科学文献出版社，2018。
宋瑞主编《2018~2019年中国旅游发展分析与预测》，社会科学文献出版社，2018。
同程旅游：《2019中国居民"一带一路"出境游大数据报告》，2019年5月。
中国经济信息社、携程旅行网：《2018"一带一路"旅游大数据报告》，2019年4月。
中国旅游研究院（文化和旅游部数据中心）：《2018旅游经济运行盘点"系列报告》，2019年1月。

G.5
中国休闲农业发展现状、问题与对策

廖永松*

摘　要： 与世界休闲农业发展规律相似，人均GDP迈过8000美元后，我国休闲农业进入高速发展阶段。但是，受农地制度等诸多因素的影响，我国休闲农业面临着产权不稳定、经营有所亏损和可能碰触耕地红线等问题，亟须根据休闲农业发展特征，划定休闲农业区域，改革休闲农业用地制度，制定休闲农业建设标准，确保休闲农业健康发展。

关键词： 休闲农业　乡村旅游　三产融合　农地改革

一　引言

　　休闲是美好生活最重要的组成部分，不同学科的学者对休闲有不同的认识和定义。从与休闲相对应的工作角度而言，休闲是不以工资为目的的时间利用，是人力资本积累的一种形态以及人们生活满意度和幸福感提高的重要维度。技术进步和制度变迁，使人从繁重的体力劳动中解放出来，休闲观作为人的生活价值观，已影响到一个国家的经济形态。[①] 一般的看法是，人均GDP超过5000美元后就进入旅游休闲时代。但从发达国家或地区休闲农业发展的历程来看，人均GDP达到8000美元后，休闲农业才出现快速发展的

---

* 廖永松，中国社会科学院农村发展研究所研究员，主要研究方向为农村发展与政策。
① 马惠娣：《休闲：人类美丽的精神家园》，中国经济出版社，2015。

"休闲拐点":城市居民对于乡村自然景观的需求增长,促进农业多功能的开发利用。

从全球范围看,意大利在1865年成立了世界上最早的农业与旅游专业协会"农业与旅游全国协会",介绍城市居民到农村去体验农业趣味,与农民同吃住,这是休闲农业的萌芽。[1] 随着资本主义经济的发展,休闲农业随之兴起。以农业生产最基本的要素土地的丰裕程度为标准划分,发达国家或地区现代农业发展类型主要有日本、韩国、我国台湾等的土地资源短缺型和欧美、澳大利亚等的土地资源丰富型两类。不管哪种类型,随着工业化、城镇化、信息化和农业现代化的推进,农业生产成本的上升,政府都积极制定政策引导发展休闲农业等乡村新业态,以此促进农民增收、农村经济繁荣和农村生态环境改善。[2]

我国是一个人多地少的资源短缺型国家,大国小农的基本国情、城乡分割的二元经济等一系列因素限制了农业竞争力的提高和农民收入的增长。发展休闲农业与乡村旅游,是我国都市郊区、特色产品地区、农业自然资源丰富和农耕文化多样化地区拓展农业功能、实现城乡融合发展的重大举措。休闲农业是以农业生产、农村风貌、农家生活、乡村文化为基础,开发农业与农村多种功能,提供休闲观光、农事参与和农家体验等服务的新型农业产业形态,分为农家乐、休闲农园、休闲农庄和休闲乡村4种。[3] 近年来,在市场拉动、政策推动和经营主体联动下,我国休闲农业产业规模迅速扩大,已成为农村一二三产业融合发展和产业兴旺的重要载体。但是,我国休闲农业面临着产权不稳定、建设不规范、经营普遍亏损和碰触耕地红线等重大问题,因此需要系统梳理发展现状、存在的问题并提出有针对性的政策建议。

---

[1] 詹玲、蒋和平、冯献:《国外休闲农业的发展状况和经验启示》,《世界农业》2009年第10期,第47~51页。

[2] 原农业部农产品加工局:《2015中国休闲农业年鉴》,中国农业出版社,2015,第65~84页。

[3] 农业部:《休闲农业术语、符号规范》(中华人民共和国农业行业标准NY/T 2857-2015)。

二 我国休闲农业发展历程

改革开放后,伴随中国经济成长,我国休闲农业发展大致可分为以下几个阶段:①

(一)1978~1997年:缓慢发展阶段

改革开放初,中国经济开始恢复和快速发展,靠近城市和景区的农民,自发举办西瓜节、荔枝节、桃花节等节庆活动,吸引城市居民去品尝和观光旅游,这是中国休闲农业的萌芽。随着城乡经济发展,在经济发达地区、特色农产品地区,出现了农业生产和观光旅游相结合的新农村,如江苏的华西村、浙江上虞的盖北葡萄休闲观光园。1987年,一些从事乡村农家旅游发展和农村居民出游活动的社会人士在北京成立了"中国农民旅游协会"。1989年,"中国农民旅游协会"更名为"中国乡村旅游协会",标志着全社会开始关注乡村旅游。② 20世纪90年代初,以华西村建立农民旅行社为标志,农业旅游市场开始形成,一些村镇开始兴办旅游企事业,有计划地开发农业旅游资源。1995年5月,我国实施双休日制度,居民休闲需求获得了释放机会,休闲农业和乡村旅游正式进入政策制定者的视野。

(二)1998~2005年:初步发展阶段

随着人民生活水平从温饱走向小康,休闲旅游需求增加,旅游交通体系

---

① 谢安世:《我国休闲农业发展演进及"互联网+"转型研究》,《经济纵横》2017年第6期;张辉等:《我国休闲农业和乡村旅游发展现状与趋势展望》,《中国农业资源与区划》2017年第9期;杨旺生等:《江苏休闲农业发展报告(2012)》,科学出版社,2013。
② 刘德谦:《关于乡村旅游、农业旅游与民俗旅游的几点辨析》,《旅游学刊》2006年第3期,第12~19页。

不断完善，政府也不断出台扶持休闲农业与乡村旅游的政策。1998年，原国家旅游局推出"华夏城乡游"，提出"吃农家饭，住农家院，做农家活，看农家景，享农家乐"的口号；1999年推出"生态旅游年"活动；2001年出台了《农业旅游发展指导规范》，公布了首批农业旅游示范点；2002年倡导开展农业旅游，发布实施《全国农业旅游示范点、工业旅游示范点检查标准（试行）》；2004年在全国评出203个农业旅游示范点。一系列政策推动了休闲农业与乡村旅游发展，涌现出了上海孙桥现代农业科技观光园、北京锦绣大地农业科技观光园、广州番禺化龙农业大观园、北戴河集发生态农业观光园、苏州西山现代农业示范园、成都郫县农家乐、武夷山观光茶园等一大批观光休闲农业园区。

（三）2006~2015年：快速增长阶段

2006~2015年是我国经济社会"十一五"和"十二五"两个五年规划时期，以中国共产党十六届五中全会提出建设"生产发展、生活宽裕、乡风文明、村容整洁、管理民主"的社会主义新农村为标志，休闲农业进入快速发展阶段，开始注重整体规划，开展科学论证。2006年国家旅游局将当年全国旅游主题确定为"中国乡村旅游年"，宣传口号为"新农村、新旅游、新体验、新风尚"，出台了《关于促进农村旅游发展的指导意见》。2007年，《关于大力推进全国乡村旅游发展的通知》发出。2009年的"中国生态旅游年"，倡导"走进绿色旅游，感受生态文明"。2010年农业部组织编制了《全国休闲农业发展"十二五"规划》。2014年，审定了《休闲农业术语、符号规范》《农家乐设施与服务规范》两项标准。同年，国务院发布的《关于促进旅游业改革发展的若干意见》提出了大力发展乡村旅游的具体指导意见。这些举措有力地助推了休闲农业和乡村旅游发展，相继出现了农家乐、度假村、野营地、生态农业观光园、教育农园、民俗文化村、乡村俱乐部等多种形式的休闲农业与乡村旅游，休闲农业和乡村旅游成为经济社会发展的新业态、新亮点。据不完全统计，2015年全国休闲农业和乡村旅游接待游客超过22亿人次，营业收入超过4400

亿元，有从业人员 790 万人，其中农民从业人员 630 万人，带动 550 万户农民增收。①

（四）2015 年以后："十三五"时期高速发展阶段

进入"十三五"时期，中国经济发展进入新常态，人均 GDP 超过 8000 美元，农业发展跨过"休闲拐点"，休闲农业呈现出产业规模化、经营集约化、内涵多元化的发展趋势。各项扶持政策密集出台，2015 年以来每年的中央一号文件都对发展休闲农业和乡村旅游进行了部署。休闲农业的社会投资增加，经营主体多元，类型模式多样，组织体系逐步健全。与之相关的规划设计、人才培训、信息咨询和宣传推广等中介服务机构也发展起来。截至 2018 年底，农业农村部已创建了 388 个全国休闲农业和乡村旅游示范县、9 万多个聚集村，推介了 710 个"中国美丽休闲乡村"和 248 个"中国美丽田园"。2018 年全国休闲农业和乡村旅游接待游客超 30 亿人次，比 2015 年增加 9 亿人次，年均增长 11%；营业收入超 8000 亿元，比 2015 年翻了一番，年均增长 22%。据对 13.5 万家休闲农业经营主体的观测，休闲农业从业人员中农民占 93%，平均每亩农地营业收入可达 1.5 万元，从事休闲从业的农民年人均收入在 5 万元以上。休闲农业对增加农民收入、精准扶贫精准脱贫、促进农村产业融合、促进城乡一体化发展以及拓展旅游业发展空间具有重要意义。根据休闲农业和乡村旅游发展的"十三五"规划，到 2020 年，全国休闲农业将布局更优化、类型更丰富、功能更完善、特色更鲜明。

三 我国休闲农业区域布局和主要发展模式

休闲农业贯穿农村一二三产业，融合生产、生活和生态服务功能，紧密联结农业、农产品加工业、服务业，助推农业从单一的农产品生产功能向原料供应、生态涵养、文化传承、人文创意等多功能扩展，实现大农业与大旅

---

① 文中数据来自农业农村部产业发展司官方网站。

游的有机结合。根据区位、资源、文化背景等条件,我国休闲农业的区域空间布局主要有大中城市和名胜景区周边、依山傍水逐草自然生态区、少数民族地区和传统特色农区。[1] 当然,不同发展时期和不同分类标准下,休闲农业发展模式有不同的分类方式。[2] 2018年中央一号文件指出,要"实施休闲农业和乡村旅游精品工程,建设一批设施完善、功能多样的休闲观光园区、森林人家、康养基地、乡村民宿、特色小镇",把乡村民宿和特色小镇作为当前休闲农业和乡村旅游发展的重要模式。

(一)大中城市和名胜景区周边连片开发型

为满足城市多方面需求发展起来的都市农业,位于市区周围的近郊(也可能镶嵌在市区内部)和客源丰富名胜景区周边,二者是休闲农业布局和发展的重要区域,适合以政府为主建设基础设施,带动农村集中连片开发。这种模式结合周围的田园景观和民俗文化,兴建一些休闲娱乐设施,为游客提供休憩、度假、娱乐、餐饮、健身服务,主要经营类型包括相对集中联片的休闲度假村、休闲农庄、农业嘉年华、市民农园、农事体验乐园以及民宿和乡村酒店,在北京、上海、成都以及海南、云南等区域较常见。如北京朝来农艺园、上海孙桥现代农业科技观光园、苏州未来园林大世界等。此外,依托科研力量建立起来的很多农业科技园区,也从单一的生产示范功能逐渐发展出休闲和观光等多种功能,分蘖出农业观光园、农业科技生态园、农业产品展览馆、农业博览园或博物馆等经营模式,可以为游客提供了解农业历史、学习农业技术、增长农业知识等服务。

(二)依山傍水逐草自然生态区的观光养生型

山区、滨水地区与草原地区具有独特气候、植被、生态和人文资源,是

---

[1] 农业部乡镇企业发展局:《全国休闲农业发展"十二五"规划》,2011年8月23日签发。
[2] 帅娅娟:《休闲农业发展模式研究》,硕士学位论文,湖南师范大学,2008;史学楠:《中国乡村休闲经济发展研究》,博士学位论文,中央民族大学,2012;曾玉荣:《台湾休闲农业理念·布局·实践》,中国农业科学技术出版社,2015,第115~137页。

重要的特色休闲农业功能区,在保护生态环境的基础上,发展出了农业生态游、农业景观游、民俗风情游、以特色农牧渔业为主的休闲农庄和农家乐。同时,这些地区结合特色村落、小城镇建设,以新农村格局和古村镇宅院建筑为旅游标志物,开发观光旅游,涵盖古民居和古宅院型、民族村寨型、新村风貌型和古镇建筑型。如海南省利用独特资源,以共享农庄为载体发展休闲农业。此外,以独特的景观、设计加上互联网带动创建的精品民宿,逐渐成为这些地区的亮点。民宿除了增加乡村人气、提高游客消费频率,还大大提升了目的地知名度,通过熟人营销,提高入住率。如浙江松阳县的"过云山居",不少游客去松阳,就是为了在过云山居住一晚,一家民宿带动了整个松阳县的旅游业发展。

(三)少数民族地区的民俗风情型

少数民族地区具有丰富的特色民风和民俗资源,通过保护特色村庄和田园风光,以特色风土人情、民俗文化为旅游标志物,凸显农耕文化、乡土文化和民俗文化,开发农耕展示、民间技艺、时令民俗、节庆活动、民间歌舞等休闲旅游活动,丰富休闲农业和乡村旅游的文化内涵。主要类型有农耕文化型、民俗文化型、乡土文化型、民族文化型。每年七八月牲畜肥壮的季节举办的被喻为"农牧物资交易会"的蒙古族那达慕大会;黔东南地区农历三月初三侗族的播种节;农历正月至二月由寨老带领男女老少通过吹笙、跳舞、斗牛、对歌等形式进行"祭萨"活动的榕江三宝侗族萨玛节;以展示梯田、高原湖泊、雪域风光和白族、藏族、哈尼族等少数民族农村生产生活特性的云南民族农耕文化博物馆;体现黎族风情文化的海南保亭黎族船型屋民宿等都是很好的案例。

(四)传统特色农区的农家乐、观光采摘、民宿等多种形态

传统特色农区以农产品生产为主,同时立足当地农业资源、农耕文化、生产条件和自然景观,通过拓展农业的多功能性,强化农业生产过程和产品功能创意,提升文化内涵,发展出景观农业、农事节庆、观光采摘、特色动

植物观赏以及各种农业园区、主题公园等。农民利用自家庭院、自己生产的农产品及周围的田园风光、自然景观，开办以低廉的价格吸引游客前来吃、住、玩、游、娱、购等的农家乐，主要类型有农业观光农家乐、民俗文化农家乐、民居型农家乐、休闲娱乐农家乐、食宿接待农家乐、农事参与农家乐等。近年发展起来的乡村民宿覆盖云南等全国21个省份239个贫困县，仅2018年这些贫困县的民宿就增长了5倍，其中陕西和河南两省贫困县的乡村民宿分别增长了23倍和15倍，对于脱贫发挥了重要作用。

四 我国休闲农业发展中的主要问题

（一）多部门管理，缺乏统筹规划

休闲农业涉及三次产业，空间结构复杂，须根据经济社会发展的阶段性要求进行统筹规划。休闲农业既是农业，也是休闲，在管理层次上涉及农业农村部门与文化和旅游部门的职能定位以及综合协调问题。把休闲农业定位为"农业"与把"休闲农业"定位为"休闲产业"，不仅是一个由哪个部门管理的问题，更是一个影响休闲农业发展方向的重大问题。比如当前社会关注的民宿产业，在日本和中国台湾地区，民宿与乡村酒店是严格区分的。很多国家和地区发展民宿的主要目的是充分利用农户现有民房，增加农民特别是农村老人的就业机会，增强外界对农村生产、生活的了解，为农民与城市外来客搭建交流平台，因此，其在用地制度、房屋建筑、卫生、防火等方面的标准低于乡村酒店业。而当前我国的旅游民宿，是按照酒店标准管理定位的，其用地制度、建筑、道路、景观和环境等方面的要求大大高于以农民特别是小农户经营为主体的"民宿"。多部门管理就缺乏对休闲农业发展定位的一致性意见，各个部门都按各自的理解和权限制订发展规划和行业标准，比如有些地方推出休闲农业基地星级认证，片面强调旅游接待的设施设备完善及服务标准化，忽视了休闲农业的"农业特色""农民特色"，规划定位不清。

（二）基础设施不配套，价值链短

近年来，我国乡村公路、水、电、气、网、医疗、卫生等基础设施建设取得了突出成绩，但相对于城市来说，还很落后。在少数民族地区、贫困山区和经济欠发达地区，基础设施条件更差些，很难吸引城里人去吃、住、游。连接景区道路、停车场等基础设施建设滞后，垃圾和污水等农村人居环境整治历史欠账多，乡村民宿、农家乐等产品和服务标准不完善，连接休闲农业经营主体与消费者之间的信息服务不发达，经营规模普遍偏小，服务质量不高，尚未形成完整的产业链，无法取得规模效应，价值链短。

（三）建设指标少，用地成本高

按照2018年新的《农村土地承包法》，承包地必须农用，但对什么是"农用"并没有严格定义。现行的土地制度是按传统农业、工业和服务业这一行业分类标准对土地进行用途管制的，而休闲农业是三次产业的融合，既是服务业也是农业，生产过程和产品同时包含了"农业和非农业"的土地要素。不管哪种模式的休闲农业，要想获得正常的投资收益和可持续经营，必然需要建设一些基本的餐饮、农产品加工、展销、停车场、住宿、会议、休憩娱乐、科学实验设施。现有的《土地管理法》规定，这些设施用地属于非农业建设用地，需要通过征地将集体用地转变为国有建设用地才能使用。在城市建设用地指标还极为紧缺的情况下，休闲农业的建设用地难有保障。此外，即使休闲农业项目符合土地利用整体规划，在有建设用地指标的情况下，将农用地通过征、挂、拍等程序转为建设用地，用地成本大幅度增长，很多休闲农业项目难于承受。

（四）资金回收期长，经营效益不理想

在国家提倡下，休闲农业近年来成为社会的热点。在城市地产降温的大背景下，很多工商资本下乡，盲目流转土地发展休闲农业综合体，但农业投资周期长，市场波动大。根据我们的调查，休闲农业项目的盈利率很低，10

个休闲农业项目7个亏损、2个持平、1个赢利,原因是多方面的。(1)休闲农业自身属性和农地制度限制,休闲农业经营者很难提供符合金融部门要求的有效抵押品,导致其获得的银行信贷支持有限,也很难直接从资本市场融资,需要经营者雄厚的资本作为支撑,投资量大。(2)乡村旅游季节性强,客源分散,旺季客源多了接待不了,淡季客源又太少,日常费用高。(3)乡村旅游产品单一、对项目地文化缺乏深度挖掘,同质化问题严重。(4)农地产权不稳定,休闲农业缺少投资价值。(5)农产品市场风险大,"家有万贯,带毛的不算",一场突如而来的非洲猪瘟,就可以让很多养猪场关门倒闭。

(五)缺乏建设标准,存在碰触农地红线的情况

在休闲农业难赢利的背景下,一些经营者开始碰触农地红线,打"擦边球"违法用地,出现农地非农化现象。总体上,直接在农用地上建设永久住房、私人休闲农庄、会所、饮食大排档等的现象较少,大多表现为扩大设施农业用地面积,变更农业设施用途,突出表现为以下四个方面(1)在温室、大棚、葡萄架、果树下布置桌椅从事餐饮活动;(2)建设空中木屋,将建筑物腾空;(3)以建设临时生产用房名义建民宿;(4)不经用地许可程序建设游泳池、儿童乐园、会议室等非农用地设施。2018年10月以来,国家开始全面清理"大棚房",目前已拆除13.5万亩休闲农业上的各种违规建筑。应该看到,这种违规"大棚房"是各种原因造成的,大多数是多年来坚守农业的经营者积累起来的财富,是休闲农业发展的重要推动力量。"一刀切"清理"大棚房"的情况势必影响投资休闲农业的预期。

五 政策建议

(一)划定休闲农业区,配套相应的基础设施

为了引导休闲农业向集群分布、集约经营转变,农业农村部主要通过全

国休闲农业与乡村旅游示范创建、全国休闲农业创意精品推介、中国美丽田园推介和中国最美休闲乡村推介等方式,推动形成休闲农业产业区、产业带。个别地方制定了休闲农业产业带发展规划,但在国家层面尚未制定休闲农业区设置标准和管理办法。大陆可参照借鉴台湾经验,划定休闲农业区。在休闲农业区域内,认定休闲农业经营主体,制订符合休闲农业发展要求的政策措施。结合美丽乡村建设、乡村公路建设、农村人居环境整治等国家重大工程,完善交通、物流、网络、水电、安全、卫生等基础设施。充分利用旅游电商平台大数据资源,实现休闲农业经营主体与消费者之间的信息匹配和需求对接。根据区域气象特征,利用科技手段改进休闲农业生产技术,完善设备设施,提高休闲农业产品品质,增强季节性客户体感舒适度。

(二)改革休闲农业用地制度

休闲农业是经济发展后农业生产成本上升、国民休闲需求增长"推"和"拉"的结果,其目标是在保护农地的基础上,利用农业多功能性进行保护性开发。开发的目的是给予农业投资者、经营者合理的赢利空间,带动农民增收,稳定农业从业者队伍,防止农地荒芜。休闲农业融合了三次产业,其用地属性复杂,不能简单地按姓"农"还是姓"非农"的传统用地性质进行管制。休闲农业将农业生产、农民生活和农村生态环境保护纳入同一经营过程,因此需要打破现有的农地、建设用地管理制度,容许农家乐、民宿、休闲农园、休闲农庄等按新的建设材料、建设标准合理、合规、合法开发。对于通过建设用地获得的土地增值收益,可按一定比例评估征收增值收益税,专项用于农田保护。按照2018年中央一号文件《中共中央国务院关于实施乡村振兴战略的意见》的要求,"在符合土地利用总体规划前提下,允许县级政府通过村土地利用规划,调整优化村庄用地布局,有效利用农村零星分散的存量建设用地;预留部分规划建设用地指标用于单独选址的农业设施和休闲旅游设施等建设"。但在实际过程中,休闲农业用地难于得到保障,不管是《农村土地承包法》还是《城市用地分类与规划建设用地标准》，都不能很好地满足休闲农业发展的用地需求，亟待改革。在符合规划的前提下，利用农村集体经营建设用地、农村闲置房屋、"四荒地"、可用林场和水面以自办、入股等方式经营休闲农业的，可以不通过招拍挂程序直接转为建设用地。

（三）制定休闲农业建设标准，保护经营者合法权益

中国是一个人多地少的大国，保障粮食安全和农村社会稳定是头等大事，在适度放宽休闲农业用地标准的同时，对于休闲农业建设材料、建设标准要严格，做到宽严相济。既要支持发展，也要保护耕地，严防借休闲农业之名，从事房地产开发以及各种形式的非法用地行为。制定新的建设标准，基本目标是要防止农地的综合生产能力受到根本性破坏。在遇到粮食供给严重不足的特殊情况时（技术进步后，这种情况基本不存在），应能够顺利地恢复为可生产粮食的耕地。在开发的同时，要"藏粮于地，藏粮于技"，以防不测。同时，要保护经营者合法权益，稳定社会投资预期，吸引社会资本进入，保障休闲农业健康发展。大体上可按"限材料、限规模、易复垦"的要求制定建设标准。"限材料"就是使用对农地不产生永久性、不可恢复性伤害的材料，比如木制材料或新开发出的特种材料；"限规模"就是明确休闲农业项目中农用地承担休闲功能的比例上限和面积上限；"易复垦"就是允许农用地上搭建易移走或复垦的建筑物，比如移动小木屋、集装箱或者易拆除的钢结构小型住房等。

（四）培养休闲农业专门队伍，规范服务质量

休闲农业是乡村产业发展中的新事物，在政策制定、经营管理模式、服务标准等方面都还在探索试验的过程中。在公共服务上，要从规划引导入手，积极推进"多规合一"，将休闲农业和乡村旅游开发纳入城乡发展大系统中，打造产业带和产业群。完善休闲农业和乡村旅游监测统计制度，适时向社会公布统计数据，便于分析、跟踪和研究。通过宣传先进地区的发展经验、制定行业标准，引领和规范服务。加强从业技能培训，培养一批服务接

待、教育解说实用人才。打造多元化产品，制定学生下乡实习、城市居民下乡体验生活等休假制度，促进乡村休闲观光游旺季分流。在村庄规划制定和美丽乡村建设中，要提前根据休闲农业和乡村旅游要求布局农村居民点，按照发展休闲农园、农庄、民宿的要求提升食品安全、消防安全、环境保护等监管标准。鼓励学校开设专业课程，培养一批规划设计、创意策划和市场营销专门人才。在新型农民职业培训中，把休闲农业的相关知识作为重点课程。支持城里人、大学生、外出务工经商的成功人士回乡从事休闲农业开发，让"新乡贤"与农民结对子，促进现代农民的培育。

（五）提供财政金融支持，提升创收能力

不管是农家乐、民宿、休闲农园、休闲农庄还是休闲乡村，每一种休闲农业可持续发展的基点都要建立在经营主体能够赢利的基础上。从事休闲农业的经营主体，本质上是从事市场经营活动的企业，只有具备创收能力才可能承担起带动农民发家致富、提升乡村产业品质和繁荣乡村经济的历史责任。只有家国情怀的浪漫，却不能认识到乡村仍是以初中文化程度以下的农民为主、较为贫困和落后的广大区域，休闲农业的经营就难以长久。农业仍然弱质，农民仍然弱势，现代生产要素由农村向城市转移的大趋势没有变，休闲农业需要国家的财政金融支持。财政上，应创新融资模式，鼓励利用PPP模式、众筹模式、"互联网＋"模式、私募债券等方式，引导社会资本投入。采取以奖代补、先建后补、财政贴息、产业投资基金等方式进行财政支持，整合财政资金向休闲农业区倾斜。金融政策上，应加大对休闲农业的信贷支持，帮助经营主体解决融资难、融资贵的问题，建立银企对接平台，扩大抵押担保物范围，提高信贷额度。

参考文献

刘德谦：《关于乡村旅游、农业旅游与民俗旅游的几点辨析》，《旅游学刊》2006年

第 3 期。

马惠娣：《休闲：人类美丽的精神家园》，中国经济出版社，2015。

农业部：《休闲农业术语、符号规范》（中华人民共和国农业行业标准 NY/T 2857 - 2015）。

农业部农产品加工局主编《2015 中国休闲农业年鉴》，中国农业出版社，2015。

农业部乡镇企业发展局：《全国休闲农业发展"十二五"规划》，2011 年 8 月 23 日。

史学楠：《中国乡村休闲经济发展研究》，博士学位论文，中央民族大学，2012。

帅娅娟：《休闲农业发展模式研究》，硕士学位论文，湖南师范大学，2008。

谢安世：《我国休闲农业发展演进及"互联网 +"转型研究》，《经济纵横》2017 年第 6 期。

杨旺生等：《江苏休闲农业发展报告（2012）》，科学出版社，2013。

曾玉荣：《台湾休闲农业理念·布局·实践》，中国农业科学技术出版社，2015。

詹玲、蒋和平、冯献：《国外休闲农业的发展状况和经验启示》，《世界农业》2009 年第 10 期。

张辉等：《我国休闲农业和乡村旅游发展现状与趋势展望》，《中国农业资源与区划》2017 年第 9 期。

G.6
中国徒步运动发展报告

李洪波　高立慧　景银倩*

摘　要： 徒步行走是人类的本能，是人类在自然界生存的基本行为方式。伴随着生产力的发展和科技的进步，徒步由人类最本真的生存方式向一种运动方式、环保方式过渡，并与旅游相融合，转化为人们日常生活的一部分。徒步运动正呈现出大众化、时代化、强参与性等特点，同时也存在制度不完备、管理不规范、安全不到位等问题。为更好地推动全民健身事业的发展，需从多方面提供支撑。

关键词： 徒步运动　驴友　步道

一　徒步运动及其在中国的发展

（一）徒步运动

从广义上来说，"徒步"一词既相对于乘车、乘马而言，又相对于跑、疾走而言，泛指一切步行的行为；狭义的"徒步"一般专指"徒步运动"。尽管我国《吕氏春秋·有度》中就有"夫以外胜内，匹夫徒步

---

* 李洪波，华侨大学旅游学院人文地理与城乡规划系主任，教授，硕士生导师，研究方向为生态旅游、旅游休闲、休闲空间研究；高立慧，华侨大学旅游学院旅游管理学2017级硕士研究生；景银倩，华侨大学旅游学院旅游管理学2018级硕士研究生。

能行，又况乎人主"的表述，但是徒步作为一种普遍性的运动，在我国则是近年来才出现的。宋俊和在《关于徒步旅游理论与实践的初步研究》中指出："徒步运动是人们在具有保护自然环境和维护当地人民生活双重责任的前提下，借助一定的交通工具前往人迹罕至的区域，大部分旅行区域靠徒步行走的一种户外活动"。[1] 郝光安、钱俊伟在《浅析徒步运动的当代社会价值》中界定为徒步运动是指在运动环境优美的城市郊区，农村或者山野间进行的中长距离的行走锻炼。[2] 唐艳婕在《户外徒步运动对城镇居民身心健康发展的研究》中认为，户外徒步运动是指有目的的、在城市的郊区或在一项自然场地里主要靠行走去完成起点到终点的路程。[3] 金乔、贾书芳在《中国徒步旅游的发生、发展与展望》中做出如此定义，"徒步运动指有目的在城市的郊区、农村或者山野间进行中长距离的走路锻炼，是户外休闲体育活动中最为典型和最为普遍的一种"。[4]

总体来看，徒步运动就是人们在余暇时间，为了满足健身娱乐、体验探险、自我实现、人际交往等多方面的需要，在自然环境或人文环境中以徒步的形式进行的大众休闲体育活动。

（二）徒步运动在中国的发展

20世纪80年代中国开始出现"驴友"一词，一般指参加徒步、自助旅行、一般性探险、爬山、穿越等自助旅游爱好者，随后驴友论坛、驴友空间、驴友俱乐部、驴友吧、驴友之家、驴友商城等新词产生，驴友慢慢不再局限于个别区域或阶层，驴友的活动也越来越专业化和科学化，他们

---

[1] 宋俊和：《关于徒步旅游理论与实践的初步研究》，硕士学位论文，四川大学，2003。
[2] 郝光安、钱俊伟：《浅析徒步运动的当代社会价值》，第二届国际（中国）徒步论坛，2010。
[3] 唐艳婕：《户外徒步运动对城镇居民身心健康发展的研究》，《体育科技》2011年第2期，第114页。
[4] 金乔、贾书芳：《中国徒步旅游的发生、发展与展望》，第三届国际徒步论坛论文集，2012年10月12日。

的活动产生着巨大的社会经济影响。随着驴友活动在全国的兴起，徒步运动慢慢进入了人们的视野。目前徒步作为休闲运动方式，已经融入人们的日常生活，并成为一种时尚。徒步运动注重参与者的情感、心理体验，参与者能充分自我表现和证明自我存在。徒步者以一种原始的、回归自然的方式发现自我、超越自我、完成自我实现，在与自然融合的过程中磨炼意志、沉静心灵、享受文化。此外，徒步运动倡导低碳环保，为改善大气环境污染、生态环境破坏、城市交通拥挤、温室效应、能源危机等问题做出努力。

值得一提的是，2004年中国加入国际市民休闲运动联盟（IVV）组织，成立了国际市民休闲运动联盟中国总部，英文名称为 China Volkssport Association（简称 CVA），其宗旨是"倡导全民健身，推广绿色徒步"。CVA 全权负责 IVV 在中国运营的所有事务，以引领中国徒步事业为己任，传播理念、普及知识，让更多人走入户外、亲近自然、健康身心，向社会推广快乐休闲的健康生活方式及理念。该机构的成立为户外徒步爱好者搭建了一个专业化、国际化的交流平台，标志着我国徒步运动走向全民化，开启了社会化、专业化、正规化发展的新征程。

二 我国徒步运动发展环境、现状与特征

（一）国家环境政策利好

健康是促进人全面发展的必然要求，是经济社会发展的基础条件。实现国民健康长寿，是国家富强、民族振兴的重要标志，也是全国各族人民的共同愿望。党和国家一直十分重视国民健康问题，表1的统计结果显示，从2001年至2017年，国家相继颁布了有关全民健身和体育运动的相关政策与规划，这从国家层面促进了体育运动与全民健身运动的发展，有利于促进全民健身与徒步运动紧密结合。

表1 全民健身相关政策统计

时间	文件	主要内容或意义
2001.08	《全民健身计划纲要》第二期工程(2001~2010年)规划	主要目标:实现全民健身事业与国民经济和社会事业的协调发展,全面提高国民身体素质,基本建成具有中国特色的全民健身体系和面向大众的体育服务体系
2009.09	《全民健身条例》	促进全民健身活动的开展,保障公民在全民健身活动中的合法权益,提高公民身体素质
2012.02	《优秀运动员全民健身志愿服务实施办法(试行)》	主要目的:贯彻落实《全民健身条例》和《全民健身计划》,充分调动优秀运动员参与全民健身志愿服务活动的积极性,推动建立全民健身志愿服务长效化机制
2014.10	《关于加快发展体育产业促进体育消费的若干意见》	第一次将全民健身提升到了国家战略的层面,是新中国成立以来首次由国务院颁布有关体育产业及体育消费的文件
2016.05	《体育发展"十三五"规划》	①体育重点领域改革取得新突破,体制机制创新取得新成果;②全民健身国家战略深入推进,群众体育发展达到新水平;③竞技体育发展方式有效转变,综合实力和国际竞争力进一步增强;④体育产业规模和质量不断提升,体育消费水平明显提高
2016.06	《全民健身计划(2016~2020年)》	①弘扬体育文化,促进人的全面发展;②统筹建设全民健身场地设施,方便群众就近就便健身;③拓展国际大众体育交流,引领全民健身开放发展;④发展目标:到2020年,每周参加1次及以上体育锻炼的人数达到7亿人,经常参加体育锻炼的人数达到4.35亿人,体育消费总规模达到1.5万亿元
2016.10	《国务院办公厅关于加快发展健身休闲产业的指导意见》	①完善健身休闲服务体系,推动"互联网+健身休闲";②培育健身休闲市场主体;③优化健身休闲产业结构和布局;④加强健身休闲设施建设;⑤提升健身休闲器材装备研发制造能力;⑥改善健身休闲消费环境
2016.11	《关于进一步扩大旅游文化健康养老教育培训等领域消费的意见》	①培育壮大市场主体;②丰富供给内容;③拓展消费方式和渠道
2016.11	《山地户外运动产业发展规划》	①加快场地设施建设;②丰富赛事活动供给;③培育多元市场主体;④全面提升产能
2017.01	《"健康中国2030"规划纲要》	提出创新健身休闲运动项目推广普及方式,打造健身休闲综合服务体;为发展群众体育活动、倡导全民健身新时尚、推进健康中国建设做出了明确部署
2017.05	《体育总局办公厅关于推动运动休闲特色小镇建设工作的通知》	建设目标:①特色鲜明的运动休闲业态;②深厚浓郁的体育文化氛围;③与旅游等相关产业融合发展;④脱贫成效明显;⑤禀赋资源的合理有效利用

续表

时间	文件	主要内容或意义
2017.07	《"一带一路"体育旅游发展行动方案（2017~2020年）》	将体育旅游发展与国家"一带一路"倡议相结合，促进群众充分参与体育旅游活动，推动体育产品和旅游市场深度融合
2018.03	《百万公里健身步道工程实施方案》	主要目标：到2020年，力争在全国每个县（市、区）完成300公里左右健身步道建设，以此为载体，推动全民健身活动广泛开展，带动县域经济发展，助力脱贫攻坚，决胜全面小康

（二）我国经济稳步增长，旅游业持续快速发展

2018年3月李克强在政府工作报告中指出，五年来，我国经济实力跃上新台阶，国内生产总值从54万亿元增加到82.7万亿元，年均增长7.1%，占世界经济的比重从11.4%提高到15%左右，对世界经济增长的贡献率超过30%。财政收入从11.7万亿元增加到17.3万亿元。居民消费价格年均上涨1.9%，保持较低水平。我国人民生活持续改善，脱贫攻坚取得决定性进展，贫困人口减少6800多万人，易地扶贫搬迁830万人，贫困发生率由10.2%下降到3.1%。居民收入年均增长7.4%，超过经济增速，形成世界上人口最多的中等收入群体。教育事业全面发展，人均预期寿命达到76.7岁。[1] 我国体育产业发展状况良好，其增加值从2014年的0.4万亿元增长到2017年达到0.78万亿元，占GDP的比重由2014年的0.6%增长至2017年的1.0%。[2]

根据文化和旅游部发布的2018年旅游市场基本情况，2018年国内旅游人数达55.39亿人次，比上年同期增长10.8%；入出境旅游总人数达2.91亿人次，同比增长7.8%；全年实现旅游总收入5.97万亿元，同比增长10.5%。初步测算，全年全国旅游业对GDP的综合贡献为9.94万亿元，占GDP的11.04%。旅游直接就业2826万人，旅游直接和间接就业7991万

---

[1] 《2018年政府工作报告》，http://www.gov.cn/zhuanti/2018lh/2018zfgzbg/zfgzbg.htm。
[2] 结果由国家统计局、国家体育总局提供的统计数据计算得出。

人，占全国就业总人口的 10.29%。[1]

随着我国经济稳步增长，居民可自由支配收入增多，居民生活水平得到很大的改善，我国居民对健康的关注度逐渐增高。近年来，随着国家对全民健身的倡导，以及多媒体对健康生活理念的宣传，徒步运动逐渐变得时尚化和平民化，越来越多的人加入徒步运动和徒步旅游中。

（三）我国徒步资源种类繁多

根据《百万公里健身步道工程实施方案》中确定的健身步道建设内容和标准，健身步道包括登山道、健走道、骑行道等，主要开展山地运动、快走、慢跑等项目，主要建于河畔、田园、庄园、山林、郊野等区域，与公园绿地建设有机结合，交通便利，空气质量较好。[2] 由此可见，登山道、健走道等被包括在徒步步道范畴内。我国领土南北跨越的纬度近 50 度，地势西高东低，山地、高原和丘陵约占陆地面积的 67%，盆地和平原约占陆地面积的 33%。根据我国各省份公布的 A 级景区数量初步估计，我国 5A 级景区约有 247 个、4A 级景区约有 940 个，另外，国家级风景名胜区约有 250 个、国家级自然保护区约有 428 个、森林公园约有 827 个、地质公园约有 241 个。所谓"绿水青山就是金山银山"，我国的城市建设遵循这一绿色发展理念，努力在城市绿化和市民休闲空间上落实工作，打造"绿色"名片。徒步步道的建设不仅可以在自然景观中完成，还可以依托城市休闲设施建设，融入城市景观中，体现了徒步空间的融合性。总之，我国的徒步资源种类繁多，山河湖海组成的自然景观有利于徒步步道的建设，也有利于徒步活动的开展。

徒步线路按徒步资源和线路形式可分为自然类、人文类和综合类等三类，[3] 表 2 是徒步线路分类。

---

[1] 《2018 年旅游市场基本情况》，http://zwgk.mct.gov.cn/auto255/201902/t20190212_837271.html？keywords =。

[2] 《多部门关于印发〈百万公里健身步道工程实施方案〉的通知》，http://www.gov.cn/xinwen/2018 - 03/16/content_ 5274663.htm。

[3] 陈红梅：《乌鲁木齐徒步旅游发展研究》，硕士学位论文，新疆师范大学，2010。

表 2 徒步线路分类

类型		基本描述	案例
自然类	河道型	以风景河段、河流上源、河口区段作为徒步线路	漓江、楠溪江、长江源等
	峡谷型	利用峡谷独特的狭长空间作为徒步线路	三峡、虎跳峡、雅鲁藏布江大峡谷等
	山体型	以山脊线、山麓线或山坡等山体地形部位或它们的组合作为徒步线路	珠穆朗玛峰、玉龙雪山、长白山、四明山等
	环湖型	以较大的湖泊环湖岸线作为徒步线路	环哈纳斯湖、环泸沽湖、环千岛湖等
	海岸线型	沿大的海湾、海岛、较大半岛海滨岸线作为徒步线路	沿莱州湾、象山港岸线、环涠洲岛、环湄州岛等
	穿越型	从没有道路的丛林、草地或沙漠中心徒步穿越而过的徒步线路	穿越海南热带丛林、穿越长白山林带、穿越塔克拉玛干沙漠、穿越呼伦贝尔草原等
人文类	古道型	以仍留有遗迹的、在历史上有重要影响的商贸、军事线路作为徒步线路	茶马古道、丝绸之路、徽杭古道等
	古迹型	以曾在历史上产生重要影响的线状工程或沿某一线路发生的重大历史事件作为题材徒步线路	长城、京杭大运河、长征路等徒步线路
	边界型	主要以沿着国与国之间的边界作为徒步线路	中越北仑河边界、中俄黑龙江边界、中缅边界等
	民俗采风型	深入传统习俗保存较好的区域,比较自由的徒步线路	深入云南、贵州、西藏、新疆等民族传统保存较好、民族风情较浓郁区域的徒步线路
综合类	组合型	自然、人文内容兼备,但各组成部分没有明显内在渊源,中心主题不突出,通过徒步旅游串联的徒步线路	排龙—林芝—墨脱徒步线
	融合型	自然、人文内容兼备,自然、人文因素相互融合,有明显中心主题的徒步线路	"唐诗之旅"徒步线路、富春江山水文化体验徒步线路

（四）徒步运动趋向大众化

徒步运动相对于其他社会体育活动具有更加广阔的空间,这是一项老少皆宜的体育运动,参与人群具有广泛性和集群性等特征,向大众化趋势发展。根据中国徒步网发布的《中国徒步旅游发展报告（2018）》

的相关数据，徒步旅游的百度指数搜索人群横跨各个年龄层，30~39岁人群相对平稳，40岁以上人群的搜索人数逐年递增。另外，2014~2018年，女性搜索群体逐年上升，2018年女性占比首次超过男性。中国徒步网的调研数据跟百度指数数据基本吻合，在学历分布这一部分，高中及以下占14%，大学专科占33%，大学本科占37%，研究生及以上占21%；每月收入部分，5000元以下占比27%，5000~9999元占42%，10000~19999元占19%，20000元以上占12%。[①] 总体来说，徒步人群中包含各个年龄层、不同学历、不同收入水平的男性、女性群体，具有广泛性。徒步运动的方式和类型都有很大的差别，徒步运动的难度也分不同层次，呈现多样性和层次性。

徒步者的集群效应越来越明显，因某种相似特征而聚集在一起的徒步者们倾向于组成自己的"圈子"，这实际上是由共同业余爱好、消遣方式、体育活动而自发形成的亚文化圈。他们以户外网站或论坛为联系纽带，共同交流心得、分享成果、组织内部活动，每个人在圈内都扮演着特殊的角色并希望得到其他人的重视。参加徒步运动可以拓展人脉，认识各个阶层、行业、领域的朋友，大家在一种不涉及利益关系的状态下相识相知，可以卸下平日里的伪装，从而更能体现人真实的精神风貌。徒步运动相关活动可以满足人们对群体的需要，沟通人们的感情，增强团体凝聚力，在改善人体质状况的同时，丰富人的感情体验，实现对人的关怀。

（五）徒步运动发展时代化

任何一种体育文化的出现，都具备一定的时代特点，与时俱进，在发展中形成自己鲜明的时代特色，并形成自己的网络和分布特点，徒步运动也如此。随着人民生活水平的提高，对健康和自然生态有更主动的追求，必然出现与当代大众相适应的体育文化和形式，反映着时代的体育风貌。徒步运动

---

① 中国徒步网：《中国徒步旅游发展报告（2018）》，http：//www.chinawalking.net.cn/newsview.php？newsid=942。

成为当今全民健身计划活动的一部分，深深影响着全社会，成为这个时代特定的体育文化现象的主旋律。

徒步运动的组织形式多种多样，活动类型各有不同。国际市民休闲运动联盟中国总部（CVA）自成立以来，举办了许多大型的徒步活动，如十年徒步中国万里长城系列活动、十年徒步古丝绸之路、全国山地徒步大会、西藏纳木错国际徒步、中国黄河源徒步探险大会、桂林山水漓江国际市民徒步、迎新春海峡两岸同胞亲善徒步活动、环喜马拉雅国际市民徒步穿越大会等。此外，各省、市也举办很多中小型的徒步活动，如广州"传承亚运，和谐共享"徒步活动、黄山市"齐云山杯"养生徒步大会、大理"七彩云南全民健身运动会·大理徒步节"、甘南"梦寻香巴拉，亲近大自然、体验户外健身快乐"徒步活动、贵德"青海那么美，徒步去看看"徒步活动，等等。徒步者的参与方式主要是通过户外俱乐部或旅行社，这两种方式占50.31%，选择自由行的比例占21.38%，徒步形式越来越趋向于自由行。另外，参与周末短线徒步活动的人群占大多数。① 随着我国社会的发展，徒步活动经历从大型徒步活动到中小型徒步活动，再到居民自发组织的过程，具有明显的时代性特征。

（六）徒步运动的强参与性

行走是人类的一般技能，户外徒步运动的参与门槛较低，具有较强的参与性。《2018中国马拉松大数据分析报告》统计了路跑800人以上规模、越野赛及其他300人以上规模的相关赛事，规模赛事数量从2011年的22场飙升到2018年的1581场。2018年，在所有类型的赛事中，全程马拉松和半程马拉松的参赛规模最为庞大，分别为183场和394场，我国共有583万人参加马拉松赛事，全程马拉松、半程马拉松的参赛规模分别为265.65万人、

---

① 中国徒步网：《中国徒步旅游发展报告（2018）》，http://www.chinawalking.net.cn/newsview.php?newsid=942。

180.42万人。① 马拉松赛事增长趋势和赛事类型分布如图 1 和图 2 所示,中国马拉松赛事数量迅猛增长,赛事类型包含半程马拉松、越野跑、迷你跑、全程马拉松、10km、垂直马拉松、团队接力跑、超级马拉松、定向赛和其他类型,参与者可自行选择适合自己强度的赛事,民众的参与性较强。

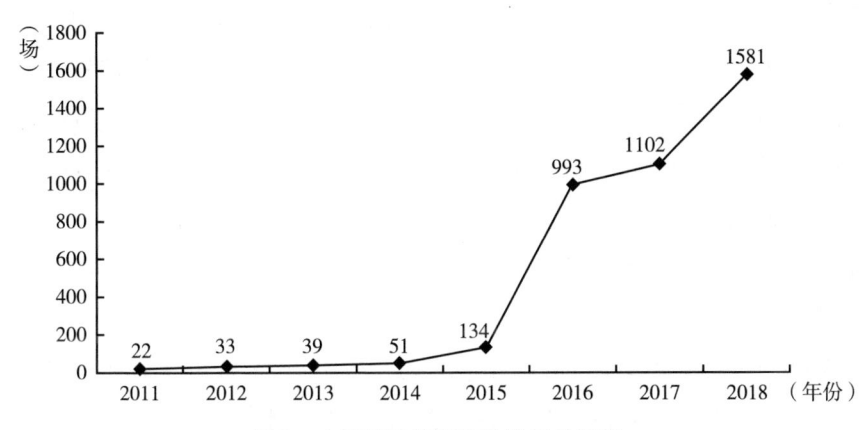

图 1　中国马拉松赛事数量增长趋势

资料来源:《2018 中国马拉松大数据分析报告》。

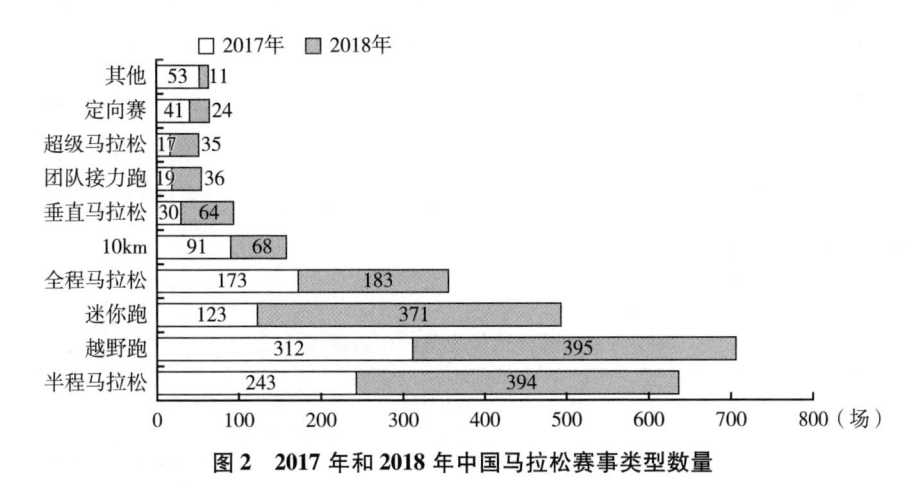

图 2　2017 年和 2018 年中国马拉松赛事类型数量

资料来源:《2018 中国马拉松大数据分析报告》。

---

① 中国田径协会官方网站, http://www.athletics.org.cn/marathon/news/2019 - 03 - 11/538760.html。

（七）徒步与旅游融合，健身与休闲目的明确

徒步旅游是一种简单、自由、自然、健康、阳光、环保的旅行方式，也是一种新的生活方式，满足各阶层大众旅游的诉求。我国徒步旅游处于初级阶段，要发展徒步旅游，就离不开步道建设。所谓步道，又称"绿道"，就是一条线型绿色开敞空间，通常沿着河滨、溪谷、山脊、风景道路、铁路、沟渠、沙漠等自然和人工廊道建设，内设可供游人或骑车人进入的景观线路，连接着主要的公路、自然保护区、风景名胜区、历史古迹和城乡居民居住点等。现已有多个省份出台了《绿道总体规划纲要》。《国务院关于促进旅游业改革发展的若干意见》（国发〔2014〕31号）中明确提出："有条件的城市要加快建设慢行绿道。"

2009年12月中国登山协会与地方政府合作，于浙江省宁海县修建了我国第一条国家步道，长约100公里（含50公里山地自行车道），路径上设计了各种标识牌、休息站、露营区、接待站、报警点、出入口、垃圾处理系统等辅助设施，适合开展徒步、露营、登山、攀岩、峡谷穿越、野外生存、山地自行车等户外运动，是我国第一条基础设施较完善的步道。徒步运动与旅游的融合，满足了广大群众对休闲与健康养身的需求。我国各大生态旅游景区和徒步步道的建设，有利于整合区域特色资源，保护区域生态资源，建设绿色经济发展"新载体"和绿色生态安全"新格局"。表3是我国部分徒步步道的建设情况。

表3 我国部分徒步步道的相关建设情况

名称	地点	建设内容
平谷国际徒步大道	北京市平谷区南独乐河镇和熊儿寨乡辖区	步道全长42公里，是沿山路改造而成的公路山路步道，是被国际市民休闲运动联盟认证的国际标准步道，集登山、徒步、山地自行车、山地越野、野外露营于一体的生态健身区
珠三角绿道网	珠三角地区	目标是建成总长约1690公里的6条区域，构成珠三角绿道网的主体框架，将绿道打造成为广东省的"标志工程"。6条区域绿道串联200多处主要森林公园、自然保护区、风景名胜区、郊野公园、滨水公园和历史文化遗迹等发展节点，连接广佛肇、深莞惠、珠中江三大都市区

续表

名称	地点	建设内容
宁海国家登山健身步道	浙江省宁海县	步道长约100公里(含50公里山地自行车道),路径上设计了各种标识牌、休息站、露营区、接待站、报警点、出入口、垃圾处理系统等辅助设施
太行山国家森林步道	串联京、冀、晋、豫四省市	线路全长2200公里,沿线有山西棋子山、太行峡谷、老顶山、黄崖洞、龙泉、蝎子沟、仙台山、北京鹫峰、八达岭国家森林公园等森林旅游地,有砖壁村、爨底下村、南庄村等古村落,主要路段由砂石路、古道组成
山西神池国家健身步道	山西省忻州市神池县	神池登山步道依托管涔山原有山间小道和护林防火通道,将山区、林区、村庄和自然人文景观连点成线,全长约50公里
金寨国家登山健身步道	安徽省六安市金寨县	步道设计总长600公里,围绕"希望之城、养心金寨"的发展宗旨,融入金寨县丰富的绿色旅游、红色革命、人文等资源要素。2015年1月被国家体育总局授予"国家登山健身步道示范工程"称号
大罗山国家登山健身步道	浙江省温州市瓯海区、龙湾区和瑞安市交界处的大罗山	步道总长约100公里,依托集山、水、滨海特色于一体的大罗山,以及古村、古寺、古洞、古石等景点。登山健身步道沿途设有观景台、露营地、农家接待站、标牌等,另外还拥有由20名专业受训队员组成的救援队

我国各省份在景区建设和城市建设中,大多会将步道纳入规划。旅游景区中有依河滨、溪谷、山脊、风景道路等自然或人工廊道建设步道,建设材料包括石制品、木材类、混凝土、合成材料等。步道是发展旅游徒步的基础性设施,需求与供给相辅相成,日益增加的群众参与将会刺激徒步步道的建设,反之,发达的步道体系将会吸引广泛的群体参与。徒步与旅游融合是一大趋势,广泛的群众参与是徒步步道建设的一个重要原因,因为人们有明确的健身与休闲目的,而徒步步道的建设有益于改善全民健身的环境。

三 我国徒步运动存在的问题与相关建议

(一)存在问题

1. 安全风险

其一,组织者风险易被忽略。在户外徒步运动的过程中,活动的领队、教练和指导员等在整个过程中发挥着极为重要的作用，工作的疏忽往往会对参与者人身安全造成巨大的伤害。特别在特难路线徒步过程中，因为户外运动知识和经验不足等问题导致的安全事件常有发生。其原因之一包含组织者风险，如活动组织者没有对出行计划进行充分的调研和考察，出行方案并不合理，对于风险辨识和判别的能力也非常的弱，遇到风险之后迅速解决问题和脱离风险的能力不够。

其二，自然环境风险的低估。自然环境风险是进行户外徒步运动过程中另外一个需要面对的风险因素。在户外徒步运动过程中，往往会存在诸多的不可预见的外在干扰因素，这些因素的出现会使得参与者陷入一种极度恐慌的状态当中，而这种情况对于参与者的人身生命安全的影响也是非常巨大的。

其三，对社会环境风险的不重视。社会环境风险指的是在参与户外徒步运动过程时，由于整个团队的体制建设和安全保障体系不够完善等因素所导致的风险事故。社会环境风险主要包括：分工不明确、缺乏团队合作精神、纪律性不强、法律体系不完善、监管力度较小和相关安全救援体系建设不全。目前我国户外徒步运动相关管理条例与办法有《登山户外运动俱乐部及相关从业机构技术等级标准》、《国家登山健身步道标准》（NTS 国家标准 0708）、《高山向导管理暂行规定》等，但是这些标准与管理办法覆盖范围有限，而户外运动的活动项目和方式远远超越此范围，未来大众性与民间性的户外运动管理条例与办法有待完善。

2. 规章制度不完备

《全民健身计划纲要》颁布以来，中国群众体育得到了快速的发展，但是相关部门的意识和观念没有及时更新，给群众体育的扩展造成了很大的阻碍。相关部门的关注点在一些大型的体育运动上，忽略了"全民"这个关键的字眼。意识的缺乏造成相关工作处理的不是很及时，进而造成了群众体育运动发展的停滞。户外徒步运动没有得到该有的重视，其发展的合理性以及规范性都有很大的不足。①

---

① 吴晓曦：《目前国内户外徒步运动存在的问题及解决建议》，《体育世界》（学术版）2018年第11期，第100＋110页。

我国是法治国家，依法治国是国家的根本要求，在依法治国的前提之下，任何行政部门都应该建立相应的规章制度来保证工作的顺利完成。然而相关的部门并没有给出相应的解决措施，从而让户外徒步运动陷入一个比较杂乱的局面。与户外运动的相关管理条例和办法有《登山户外运动俱乐部及相关从业机构技术等级标准》、《登山户外运动俱乐部及相关从业机构资质认证标准》、《国家登山健身步道标准》（NTS 国家标准 0708）、《高山向导管理暂行规定》、《外国人来华登山管理办法》、《国内登山管理办法》、《户外运动员注册与交流管理办法》（试行）、《全国攀岩运动员注册与交流管理办法》（试行）、《攀岩攀冰运动管理办法》等，但没有专门针对徒步运动的相关条例法规。缺少相应原则的约束，徒步运动的各方面就得不到很好的保障。

3. 缺乏规范化管理

与早已成熟的大众旅游市场相比，徒步运动以及徒步旅游这样新兴的出游形式，在基础设施建设方面和机制创建方面都还不完善。由于我国的徒步旅游业刚刚起步，整个市场处于自由发展的阶段，没有规范与管理，行业秩序较乱，鱼龙混杂，没有统一的入行标准。[①] 例如，很多商业徒步旅游组织在招募团队的时候没有考虑到配备专业的医疗人员和救援应急团队，导致了很多只要及时处理就可以解决的小事故由于资源配备不充分而恶化。尤其是当团队穿越一些环境较为险恶的地带时，没有专业应急人员的照应很容易给出游者的人身及财产安全造成极大的损害。

旅游组织的不专业造成了很多所谓的徒步旅行团体其实并不具备组织徒步出游资格的尴尬局面。由于一些市面上的徒步旅游团体并不能得到大家的认可，推动了民间自己组织的团体进行活动，但是民间团体可能更没有出行的保障，甚至存在更多的安全隐患，这样的恶性循环，极大不利于我国徒步旅游行业的健康发展。同时，一些狡猾商家甚至利用国内民众对于徒步旅游

---

① 张壮壮：《徒步旅游存在的安全问题及其应对措施探析》，《度假旅游》2018 年第 2 期，第 108~110 页。

的不了解趁机进行坑蒙拐骗，伤害民众对于徒步旅游业的信心，给徒步旅游业的健康发展带来极大阻碍。所以，基础设施的不完善与行业机制的不明确也是阻碍徒步旅游业更好更快发展的一个重要因素。

4. 缺乏相应的紧急救援措施

徒步运动是一种属于探索自然性质的户外运动，其危险指数相较于其他运动是比较高的。据《2017户外运动死亡报告》不完全统计，2017年户外运动事故中死亡人数为70人，其中69%为男性，31%为女性，多数死亡发生在徒步运动中。在我国，徒步的一般形式是自愿参加，没有其他的特定要求，徒步者的素质参差不齐。危险本身并不可怕，可怕的是人在危险之中却没有意识，没有相应的补救措施，危难发生的时候，逃生自救的概率将会直线下降。

（二）发展建议

徒步运动代表一种新兴的生活方式和思维观，是物质生活进步后的精神文化表征。从我国徒步运动目前的资源特点以及发展状况来看，相关的支撑体系还不够完善，未来，应从政府、行业和社会等方面做出努力。

1. 政策法规体系

目前，国内没有直接对应的法律规章制度来规范徒步运动的发展，只有《山地户外运动管理办法》《体育服务认证管理办法》《俱乐部活动组织规范》等法规与徒步运动间接关联。徒步运动的稳步快速发展离不开政策法规的保障，应尽快建立相关的政策法规体系，使有关部门有法可依。第一，按照国家法律、法规和行业有关规定，促进民间社团组织合法化，引导其依法开展活动；第二，规范参与者徒步行为，加大对徒步资源、生态环境的保护力度；第三，建立步道建设、使用和保护的法律法规；第四，通过立法，规定市场主体资格的条件及取得程序，并通过审批和登记程序，建立完善的俱乐部管理法，严格规范俱乐部生产经营行为。

2. 组织管理体系

长期以来，徒步运动在我国处于自发状态，主管部门不明确，严重制约了徒步运动的发展。需加强徒步运动的组织管理体系建设，政府部门应将徒步运动真正立项，明确主管部门、分清职责、理顺机制、坚持管办分离。建立健全规章制度，真正落实各项政策。加快行业标准化建设，尽早出台徒步用品标准、从业资质标准和培训行业标准；加强对组织徒步活动的户外俱乐部的监管以及对民间社团组织的指导，引导其规范性地开展徒步活动。各经营主体应加强联合，建立徒步行业合作机制，成立行业协会，实现行业自治，规范竞争，培养公平有序的市场环境，以促进徒步产业健康发展。各俱乐部和社团组织须加强内部管理，不断提高管理水平和业务能力，严把徒步用品质量关，提高活动组织者和领队人员的基本素质，确保活动组织的规范化。

3. 产业引导体系

徒步产业在中国还处于成长期，需要我们努力挖掘其中蕴藏的商机，把现有的徒步消费转变为徒步市场，实现徒步运动产业化。首先，需要国家充分重视，体育、旅游、税收、财政、工商等多部门应协调配合。利用政策支持、税收优惠等政策，促进市场规模的开发。加强徒步宣传教育，刺激群众新的徒步需求和消费点，丰富徒步产品，推动徒步用品业的发展。围绕徒步目的地和徒步线路发展餐饮、住宿、娱乐等相关产业，打造产业链条。制订完整的促销策略，培育并推广经典徒步线路（步道）品牌。制定有益于国际徒步者来华的入境政策，发展国际入境徒步产业。

4. 配套服务体系

徒步运动以徒步者获得舒适的步行体验和达到身心健康为基础，所以完善的配套服务体系不可或缺。其一，步道建设体系是发展徒步运动的根本保障，要充分调动政府、市场和社会力量，合理规划步道，完善配套设施，与原生态自然环境密切融合，体现当地特色文化，树立品牌意识。其二，徒步运动产生的直接原因就是网络资讯的强大平台支撑和互动即时信息交流的无障碍化，应加强网络管理，规范户外运动电子商务网站的规范性，加强户外运动企业、政府部门的信息化建设，加强信息收集工作，及时更新数据库，为徒步者获取信息和交流提供便利。其三，完善安全保障系统，建立专业人才培训系统，提供专业的指导和帮助；建立专业的救援队伍，加大户外救援设备的开发；完善徒步运动保险制度，为徒步者提供全方位的立体保障。

G.7 中国健康旅游产业进展、推进策略与未来展望*

侯胜田 刘娜娜 杨思秋**

摘　要： 近年来，中国健康旅游产业蓬勃发展，正逐渐发展成为扩大服务消费、创新经济增长点、推动供给侧结构性改革的新兴朝阳产业。作为中国传统医疗健康产业和旅游休闲产业融合发展的新业态，如何更好更快地推进健康旅游发展成为产业和学界的热点话题。本报告以健康旅游产业的演变为轴，系统梳理了中国健康旅游实践以及与其密切相关的研究、教育、政策、标准等方面的进展情况，同时对推进健康旅游发展存在的主要问题障碍进行了总结分析，并根据主要问题和障碍提出有针对性的对策建议。在此基础上，报告分析了健康旅游产业的未来发展趋势并对产业的发展前景进行了展望。

关键词： 健康旅游　产业进展　传统医疗　中医药旅游

一　引言

据世界卫生组织（WHO）预测，至2020年，医疗健康相关服务业将成

---

* 国家社科基金项目（16BGL009）——推进中医药服务贸易发展路径与策略研究。
** 侯胜田，管理学博士，北京中医药大学教授，研究生导师，研究方向为健康旅游、健康产业与组织战略；刘娜娜，北京中医药大学硕士研究生，研究方向为健康旅游、中医药健康旅游；杨思秋，北京中医药大学硕士研究生，研究方向为健康旅游、健康产业与组织战略。

为全球最大产业，观光休闲旅游相关服务业则位于第二，两者相结合将占全球GDP的22%。根据全球水疗与健康峰会（GSWS）和斯坦福研究机构（SRI）的预测，全球健康旅游产业规模以每年高于9.1%的平均增速快速增长，显著高于全球旅游产业平均增速。

随着社会经济的发展，居民的消费水平不断提高，健康需求也日益多样化，对传统的以"治""疗"为主的医疗健康服务供给提出新的挑战。另一方面，由于自然环境的恶化和社会竞争的加剧，居民健康状况不容乐观。[①]据世界卫生组织调查，全世界有超过70%的人群处于亚健康状态。人口老龄化问题日趋严重、疑难杂症发病率不断上升以及慢性病患病率逐年上升，已成为威胁中国居民健康的巨大隐患。因此，在医疗保健和休养放松双重目的的驱使下，国内外健康旅游的需求明显增加。

当前，中国健康旅游产业进入新的发展时期，相关研究也日益增多，但是现有研究缺乏对产业进展的系统梳理和对存在问题的深入探讨，如何准确地进行市场定位、明确目标群体、推进健康旅游产业快速发展成为亟待解决的问题。本报告通过梳理国内健康旅游产业演进历程，分析总结目前存在的问题并提出相应的对策建议。

二 健康旅游产业演进：起源与现状

作为新兴融合业态，健康旅游并没有一个被学术界和产业界一致认可的定义。健康旅游是传统医疗健康与休养旅游突破产业边界、融合发展的新兴业态。世界卫生组织认为，"健康不仅是没有病和不虚弱，而是在躯体健康、心理健康、社会适应和道德健康四个方面皆健全"。因此，本报告认为健康旅游是一种新兴的融合业态，指以医疗卫生和生物技术、生命科学为基础，以良好的自然环境和优秀的人文资源为依托，以维护、改善和促进社会

[①] 侯胜田、刘华云、王海星：《北京市医疗旅游产业发展模式探讨》，《首都医科大学学报》（社会科学版）2015年第1期，第39~43页。

公众健康为目的，使其达到身体上、精神上的完满状态和适应力提升的产品（货物和服务）的生产活动的集合。健康旅游是社会经济、生活环境、医疗健康、养生保健和休闲旅游等发展到一定阶段的必然产物。随着产业实践的不断深入，健康旅游产业经历了从"医疗旅游"到"医疗健康旅游"和"医养游"这一产业边界不断延伸、概念内涵不断丰富的过程。

（一）健康旅游活动的起源

温泉浴是最早的健康旅游项目之一。中国的健康旅游活动历史悠久，早在先秦两汉时期中国人就开始将温泉广泛应用于医疗和保健中，魏晋南北朝时期，温泉的利用程度进一步加深，沐浴温泉成为当时上层社会的一种高层次休闲活动，至唐代，温泉的影响逐渐扩大到平民百姓。与中国健康旅游的起源相似，16世纪左右，世界其他国家和地区的温泉旅游开始兴起，温泉疗养地大量出现。但当时的温泉疗养地比较简陋，提供的疗养服务也比较单一，消费人群只是社会的富裕阶层，直到20世纪，温泉游客由上层阶级向中层阶级和工人阶级转变，温泉旅游的功能也由单一的保健功能向娱乐功能以及综合性多功能转变。

（二）健康旅游产业的演进

20世纪80~90年代，医疗旅游开始以产业形态出现，但处于自发性发展状态，患者的需求主要以"治""疗"为主。推动医疗旅游发展的主要原因是客源国与目的地国的医疗技术差距，发展中国家的患者涌入发达国家寻求顶尖的医疗技术，部分发达国家间的患者因各自国家医疗技术特长的不同而相互流动，所以这一时期医疗旅游形式主要是跨境医疗。由于世界各地在价格、就诊等待时间、特色诊疗等方面的差异，国际医疗旅游迅速发展，所以有些研究者将医疗旅游定义为跨境医疗旅游。随着对外开放政策的实施，出境医疗旅游者不断增加，中国逐渐成为韩国医疗美容、瑞士抗衰老、日本高端体检、美国肿瘤治疗等医疗旅游优势项目的主要客源国。医疗旅游开始受到人们的广泛关注，当时的医疗旅游主要是指赴境外接受治疗的旅游活动。

进入21世纪之后,全球医疗旅游迅猛发展,市场规模日益壮大。针对当时医疗旅游市场出境多入境少的问题,为了更好地开发中国的医疗旅游市场,吸引境外患者来华接受医疗健康服务,依据中医药在促进健康方面的独特优势,本报告作者提出了"中国医疗旅游应以中医药为特色"的观点,[①]并逐渐被广泛认可和接受。中医药健康服务与旅游业深度融合,可以使旅游者在旅行过程中体验中医药诊疗服务、获取养生保健知识、体会中医药文化内涵,从而达到防治疾患、修身养性、健身康体、延年益寿的目的。最近几年来,中医药服务逐渐成为中国医疗旅游产业发展的重要推动力量,中医药健康旅游也逐渐进入国际医疗健康旅游产业和学术研究视野。

伴随着产业实践与研究的深入,医疗旅游研究者和实践者发现狭义定义会妨碍医疗健康旅游产业发展。人们的健康观念逐渐由传统的关注疾病治疗转变为保持身体、心理和社会适应三方面的良好状态。伴随着思想观念的转变,医疗健康旅游服务内容也不再局限于"治"和"疗",还包括诸多改善亚健康状态和提高生活幸福感的养生保健服务,即"养"。[②]因此,本报告作者2015年在海南召开的世界健康旅游大会上提出了"医养游"(又称"医健游",医疗健康旅游),并逐渐为业界广泛认可。医疗健康旅游是指所有以健康为主题的旅游服务,即以医疗、养生保健、体检、康复与护理为主题的旅游服务。随着健康旅游项目的落地以及产业边界的不断延展,许多国内外的组织机构踊跃参与到中国健康旅游产业发展过程中,除了医疗机构、旅游企业,也有金融机构、地产开发企业等。产业相关资源的不断流入有力地推动了中国健康旅游产业的发展。

依据依托资源类型的不同,可以将健康旅游更进一步细分。目前发展比

[①] 侯胜田:《中国医疗旅游应以中医药为特色》,《健康报》2012年12月3日,第5版。
侯胜田:《以中医药为特色的中国医疗旅游产业发展战略探讨》,《中国中医药信息杂志》2013年第12期,第1~3页。

[②] 侯胜田、刘华云、张永康:《中国医疗旅游的发展前景与挑战》,《中国医院》2013年第5期,第27~29页。

较成熟的细分领域包括中医药健康旅游、森林康养旅游和温泉疗养旅游,也出现了基于沙疗资源和水疗资源试水康养旅游的尝试。

最近几年来,中医药健康旅游、森林康养旅游和温泉疗养旅游等快速发展,为进一步推进中医药健康旅游发展,全国各地积极开展相关建设工作。2011年,北京成立中医药文化旅游工作领导小组,编制了《北京中医药文化旅游示范基地建议方案》和《北京中医药旅游产业发展总体规划和行动方案》等政策文件和标准;评选出三批36家北京中医药文化旅游示范基地;成立北京中医国际医疗旅游研究中心并积极尝试将中心平台线上运营。《海南省医疗健康产业发展"十三五"规划》、《广东省中医药健康服务发展规划(2016~2020年)》、《甘肃省中医药健康服务发展规划(2016~2020年)》和《广西中医药壮瑶医药健康服务发展规划(2016~2020年)》也相继出台。

有观点认为,森林康养旅游是从"森林浴"发展而来的,是森林浴和森林疗养在发展过程中内涵深化、外延拓展的高级阶段。为推动森林康养旅游产业化发展的新步伐,国家从产业研究和实践层面都做出了积极努力,湖南、四川、贵州、陕西等省也相继采取了措施。湖南省林科院试验林场2012年率先建立起了湖南林业森林康养中心,打造绿色健康产业新品牌。2016年湖南省制定出台了首个省级森林康养规划。四川省制定了森林康养的发展意见、基地建设标准、基地评定办法和"十三五"森林康养发展规划等,确定了63处森林康养基地。四川省林业厅于2017年6月发起"森林康养360行动",倡导市民乐享森林康养。贵州省人民政府持续举办贵阳生态文明国际论坛,2017年起专门设立"大生态+森林康养"专题研讨会分论坛,探讨贵州如何利用森林资源优势创建自己独特的绿色经济新模式。截至目前,贵州省发布了首批12家省级森林康养试点基地,建立了森林康养基地地方标准。陕西省2017年9月成立了森林文化协会森林康养联盟,协调相关企事业单位、社会团体及个人合作,搭建森林康养产业平台,传播森林康养文化,加快了陕西省森林康养产业发展步伐。

温泉疗养旅游是以康养为主要目的,以温泉资源为基础,使人在身体、心智和精神上达到优良状态的各种温泉旅游活动。根据《中国温泉旅游行业发展报告（2018）》，截至2017年12月，全国温泉企业总数达2538家（不包括港澳台地区），2017年全国温泉旅游接待总量达7.69亿人次，全国温泉旅游总收入达2428亿元，温泉旅游拉动GDP增加值约为6292亿元。根据2018年温泉康养标准起草考察活动中业界专家的反映，已经有200家左右的温泉企业开始启动中医药温泉康养项目。

（三）健康旅游产业研究与教育

伴随着产业实践如火如荼地开展，健康旅游相关的学术研究、培训和教育教学工作也取得了重大进展。学术研究方面，对知网、百度学术等数据库信息进行统计发现，2013年以来健康旅游相关文献总量多达数百篇，且数量逐年增加，呈持续上升趋势；研究方法不断创新，包括了定性、定量等不同研究方法；研究内容不断丰富，目前的成果中包含了对健康旅游现状、分类、产品开发、市场分析以及问题和策略研究等内容；北京中医药大学管理学院已经有多名研究生以医疗健康旅游为研究主题并获得了硕士学位。

针对产业发展所需复合型人才缺乏的问题，一方面，国家和各级地方政府、行业协会以及企业等组织机构积极举办健康旅游相关培训，如国家中医药管理局、国家旅游局等部委，北京、四川、广西等省份中医药或卫生健康主管部门，世界中医药联合会、北京市中医药生态文化研究会等协会组织，浙江省旅游集团、辽宁省旅游集团等都启动了健康旅游培训工作。另一方面，已有高等院校启动健康旅游本科项目或开设相关课程，如北京第二外国语大学、三亚学院、北京林业大学、桂林职业学院等高校根据自身特色与优势，积极推进健康旅游相关专业方向和课程建设工作。

（四）健康旅游重要政策与标准

健康旅游的发展离不开政策的支持，中央和地方先后发布了一系列促进健康旅游发展的相关政策和公告，为健康产业的发展营造了良好的宏观环境（见表1）。

表1 中央及相关部委关于健康旅游的重要政策

发布时间	发布部门	政策/公告	内容
2014.8	国务院	《关于促进旅游业改革发展的若干意见》(国发〔2014〕31号)	推进整形整容、内外科等优势医疗资源面向国内外提供医疗旅游服务。发挥中医药优势,形成一批中医药健康旅游服务产品。规范服务流程和服务标准,发展特色医疗、疗养康复、美容保健等医疗旅游
2015.11	国家旅游局、国家中医药管理局	《关于促进中医药健康旅游发展的指导意见》(旅发〔2015〕244号)	第一次正式提出了"中医药健康旅游"的概念,明确了分阶段的发展目标和八个重点任务
2017.5	国家卫计委、国家发改委、财政部、国家旅游局、国家中医药局	《关于促进健康旅游发展的指导意见》(国卫规划发〔2017〕30号)	国家层面第一次定义"健康旅游",明确"健康旅游"2020年和2030年在中国的发展目标
2018.3	国务院办公厅	《国务院办公厅关于促进全域旅游发展的指导意见》(国办发〔2018〕15号)	推动旅游与科技、教育、文化、卫生、体育融合发展。加快开发高端医疗、中医药特色、康复疗养、休闲养生等健康旅游

最近几年,国内与健康旅游相关的协会和学会组织如雨后春笋般发展起来。据不完全统计,相关协会组织超过50家并不断有新的协会组织成立。2016年7月5日,中国医疗保健国际交流促进会国际医疗旅游分会在清华大学宣告成立;2018年12月12日,世界中医药学会联合会国际健康旅游专业委员会在北京西藏大厦召开成立大会;2019年4月13日,中国中医药信息学会医养居融合分会在解放军总医院召开成立大会。很多省份也成立了相关协会组织,如北京市中医生态文化研究会健康旅游专业委员会、四川省中医药健康旅游协会、湖南省健康服务业协会健康旅游分会等。除协会和学会之外,一些医疗健康旅游企业和医院等组织也开始成立松散型的联盟组织。

为了规范行业行为,加强对健康旅游行业的管理和监督,各级政府和行业协会针对中医药健康旅游、森林康养旅游、温泉疗养旅游等不同领域的行业标准也相继出台。如2016年1月国家旅游局发布《国家康养旅游示范基地标准》,中国旅游协会温泉旅游分会的《国家温泉康养旅游项目类型划分与等级评定》行业标准已形成征求意见稿,并在2018年10月份按照《国家标准管理办法》的有关规定向社会各界征求意见。2018年11月,北京市中医管理局和北京市旅游发展委员会召开了《中医药文化旅游基地设施和服务要求》标准发布及宣贯培训会。该标准是全国首个中医药文化旅游相关标准，由北京市中医管理局和北京市旅游发展委员会共同制定，已列为北京市地方标准。标准适用于非医疗服务类的中医药文化旅游基地，规定了中医药文化旅游基地的基本要求、特色设施与服务要求、管理要求等内容。国家卫健委医管中心2018年也启动了《不同类型健康旅游服务机构标准研究》等科研工作。

（五）健康旅游示范工作

2016年7月，国家旅游局和国家中医药管理局联合发布《关于开展国家中医药健康旅游示范区（基地、项目）创建工作的通知》（旅发〔2016〕87号），提出计划用3年左右时间，在全国建成10个国家中医药健康旅游示范区、100个示范基地和1000个示范项目，简称"十百千工程"，这被视为从国家层面进一步推进健康旅游发展的重大举措。经过单位申请、地方初审推荐、专家评审、实地检查、公示等环节，国家旅游局和国家中医药管理局在2017年9月公布了15家国家中医药健康旅游示范区创建单位，分别是北京东城国家中医药健康旅游示范区、河北安国国家中医药健康旅游示范区、山西平顺国家中医药健康旅游示范区、吉林通化国家中医药健康旅游示范区、上海浦东国家中医药健康旅游示范区、江苏泰州国家中医药健康旅游示范区、安徽亳州国家中医药健康旅游示范区、江西上饶国家中医药健康旅游示范区、山东日照国家中医药健康旅游示范区、湖北蕲春国家中医药健康旅游示范区、广西南宁国家中医药健康旅游示范区、重庆南川国家中医药健康旅游示范区、四川都江堰国家中医药健康旅游示范区、贵州黔东南国家中医药健康旅游示范区、陕西铜川国家中医药健康旅游示范区。在2018年3月，公布了73家国家中医药健康旅游示范基地创建单位。

2017年5月，由国家卫生计生委、国家发展改革委、财政部、国家旅游局和国家中医药管理局五部委制定印发的《关于促进健康旅游发展的指导意见》（国卫规划发〔2017〕30号）提出"两步走"的发展战略：到2020年，建设一批各具特色的健康旅游基地，形成一批健康旅游特色品牌，推广一批适应不同区域特点的健康旅游发展模式和典型经验，打造一批国际健康旅游目的地；到 2030 年，基本建立比较完善的健康旅游服务体系，吸引更多的境内外游客将中国作为健康旅游目的地，提升产业发展层级。当年 6 月，首批 13 家健康旅游示范基地创建单位公布，分别为：天津健康产业园、河北秦皇岛市北戴河、上海新虹桥国际医学中心、江苏泰州市姜堰区、浙江舟山群岛新区、安徽池州市九华山、福建平潭综合实验区、山东青岛崂山湾国际生态健康城、广东广州南沙新区、广西桂林市、海南三亚市、海南博鳌乐城国际医疗旅游先行区、贵州遵义市桃花江。随后，国家卫生计生委会同国家发展改革委、财政部、国家旅游局、国家中医药局于 9 月 13 日在北京召开会议，全面启动第一批健康旅游示范基地建设工作。

为进一步发挥森林的多种功能，有效利用森林在提供自然体验机会和促进公众健康中的突出优势，更好地推动森林旅游的健康快速发展，2016 年 1 月，国家林业局出台《国家林业局关于大力推进森林体验和森林养生发展的通知》（林场发〔2016〕3 号）。2 月，森林体验基地和全国森林养生基地试点建设工作正式启动。自 2016 年 9 月以来，在国家林业局的支持指导下，由中国林业产业联合会发起，中国林业产业联合会森林医学与健康促进会先后遴选确定了四批 374 家全国森林康养基地试点建设单位、5 个全国森林康养基地试点建设县和 1 个全国森林康养基地试点建设区。2017 年 7 月，国家林业局办公室发布关于开展森林特色小镇建设试点工作的通知，国家林业局决定在国有林场和国有林区开展森林特色小镇建设试点工作，为全面推进森林特色小镇建设探索路子、总结经验。

三 健康旅游产业发展中存在的问题与对策建议

（一）健康旅游产业发展中面临的主要障碍

1. 概念认知不清，产业界定狭隘

概念界定是新兴业态研究的基础性问题，也普遍存在着意见难以达成一致的困扰。目前，在产业界和学术界，健康旅游的概念尚未达成一致，国家层面的文件中虽使用这一概念，也未对其进行统一规范。健康旅游是跨行业融合业态，涉及跨部门监督管理。产业概念界定不一、组织牵头部门不同，导致发展的目标和思路不清晰；相关部门政策文件出台众多，而具体落地实施存在障碍；行业标准出自不同部门，缺乏一致标准，造成各说各话，企业无所适从的困扰。这都在一定程度上导致了企业发展战略定位不准、目标客户不明以及推进落地失措等问题。

2. 产业融合度低，模式和产品缺乏创新

健康旅游产业是传统旅游休养产业与医疗健康行业融合的新兴业态，但是目前国内健康旅游产业在产业发展和产品设计方面都存在融合度不高的现象。健康旅游各相关产业黏合度低，行业间集群化程度不高、产业链不完整等问题突出，因而整体发展规模受限，难以形成较大规模的经济效应。另外，产品的选择以及服务的提供是影响健康旅游产业发展的重要因素。由于产业融合度低，当前的健康旅游项目普遍存在医疗健康服务和旅游休养服务脱节，产品创新程度低、雷同性强、特色不够鲜明、市场辨识度不高，低附加值的重复建设和模仿现象严重等问题。示范区和基地相关配套项目也不完备，不仅无法满足市场需求，还造成资源浪费。

3. 服务体系缺乏规范，品牌建设与营销能力不足

服务是不可见的商品，需要服务提供商以规范的服务体系对外展示。健康旅游是新兴融合服务业态，亟待在实践中规范服务、制定服务标准。任何销售主体必须构建品牌并积极进行营销才能在市场上占有一席之地，服务更是如此。国际上医疗健康旅游产业发达的国家和地区均具有特色品牌突出这一特点，如匈牙利的牙科医疗服务、瑞士的运动康复和心血管手术、韩国的整容整形等。[①] 当前，中国健康旅游产业的营销还停留在"政府搭台、政府唱戏"的阶段，健康旅游目的地和项目品牌建设能力欠缺、品牌保护意识

---

① 侯胜田、刘华云：《医疗旅游强国成功因素分析及启示》，《医学与社会》2013年第6期，第7~9页。

不强、营销能力不足,从而制约了健康旅游的进一步发展,影响了其在国内和国际上的吸引力。

4.统一协调机构缺位,专业人才缺乏

健康旅游产业是涉及医疗健康服务和旅游休养服务的新兴产业,需要各部门协调合作,而目前中国的健康旅游产业在国家层面缺少统一的协调机构,还没有形成统一的产业规划设计和行业管理监督机制。另外,健康旅游的发展需要兼具医疗健康知识或技术、旅游休养运营管理经验的复合型专业人才。跨境健康旅游的发展更需要克服语言障碍,提供双语甚至多语种服务。但目前相关复合型人才极度缺乏,如何快速高效地培养复合型专业人才是亟待解决的问题。

(二)推进健康旅游产业发展的对策建议

从健康旅游产业的特点、发展历程和现实挑战来看,本报告认为健康旅游产业的长远发展需要平衡好以下三者关系:商业模式、产品与服务体系、品牌营销。针对目前存在的问题,本报告提出以下对策建议。

1.各级政府要重视顶层设计,探索建立健康旅游产业发展统一协调机构

国家和地方政府,要做好国家和地方的健康旅游产业规划。[①] 产业布局方面,首先要注重发挥健康旅游产业的龙头带动作用,推动健康旅游与相关行业资源整合,带动林业、农业、体育运动、医药卫生、房地产以及交通运输等产业协同发展,扭转目前部分存在的盲目无序竞争局面,实现产业经济转变,形成一体化发展格局。其次,根据不同区域的资源禀赋和特色,在空间整合和业态整合方面结合医养产业、休养产业、特色小镇、田园综合体等,强化统筹协同功能,从提升国家供给侧水平、促进产业结构升级转型、培育综合型创新产业的角度,做好不同业态的功能布局和产品布局。

建议探索成立跨行业主管部门的健康旅游政府管理和协调机构,发挥其

---

① 杨璇、叶贝珠:《我国健康旅游产业发展的 PEST 分析及策略选择》,《中国卫生事业管理》2018 年第 12 期,第 942~945 页。

协调、指导和监督作用,指导和协调产业布局与企业经营行为。建议政府相关部门研究出台相关专项政策,实质性支持健康旅游产业。首先,支持健康旅游示范区、基地和项目的发展,并在示范工作基础上逐步扩大推广范围,形成层次化的发展格局;其次,通过确定健康旅游的产业地位,明确健康旅游行业的发展目标和战略任务;最后,出台财政、土地和税收等优惠政策,鼓励、支持和引导各地积极发展健康旅游。行业层面,应编制健康旅游总体发展规划,做好与政策法规的对接,推进探讨健康旅游标准化建设,做好监管和促进工作。

2. 健康旅游企业和项目要清晰市场定位、创新产品与商业模式、规范服务体系

从国家角度讲,中国应重点发展以中医药为特色、不同于其他国家的特色健康旅游产业。从企业角度讲,要灵活应用定位策略,关注市场变化、发现利基市场并依据自身定位做出及时的修正。健康旅游企业和项目的准确定位不仅能带来经济效益而且可以规避投资风险,要在激烈的竞争中获胜,就必须找到自己最理想的定位。企业要加强战略规划,探索创新商业模式和产品,为健康旅游活动的顺利开展打下坚实基础;同时,要依据自身资源和优势,在深入了解市场需求的前提下,创新开发满足目标消费者需求的特色产品。

商业模式的创新主要包括两方面:一是在企业的构成要素方面,二是在要素间关系或者动力机制方面。中国健康旅游相关企业应注重特色化发展,依托本地拥有的自然和人文资源,挖掘不同类型的鲜明特色,构建合理的健康旅游发展模式,形成多样化的产品体系、兼具规范化和个性化的服务体系。通过创新商业模式构建出具有独特价值、难以模仿的企业盈利机制,是健康旅游产业长远发展的基础和保障。[1]

服务是不以实物形式提供满足消费者需要的活动,需要在品牌和营销战略引领下制定服务标准、服务人员规章、客户关系管理制度等。健康旅游提供机构要重视服务体系建设,在提供特色健康旅游服务的同时规范服务标准。

---

[1] 侯胜田、刘华云、王海星:《北京市医疗旅游产业发展模式探讨》,《医院院长论坛－首都医科大学学报》(社会科学版) 2015 年第 1 期,第 39~43 页。

3. 塑造健康旅游特色品牌，制定专业营销推广策略

健康旅游企业首先要深入挖掘中医药等特色资源，注重加强科研投入，增强自主创新能力，增强企业自身的内涵和特色。其次，可以通过开展培训和公益宣传等方式，积极引导社会树立正确的健康旅游价值观，形成健康旅游消费自觉；举办各种活动，如中医药健康旅游主题文化节、森林康养旅游节、温泉疗养体验节、健康旅游论坛等多种形式的健康旅游主题活动，提高公众对健康旅游的认知，打造强势品牌，占据目标市场；推动"互联网＋"与健康旅游产业合作，打造健康旅游线上体验模式和线下体验基地，让健康旅游体验营销成为推动产业发展的有力武器；借助新媒体，加大国内国际营销宣传力度，提高健康旅游产品和服务，尤其是中国中医药健康旅游的知名度和美誉度，从而吸引国内外消费者。

4. 支持相关学科建设和研究，加快人才培养和配套设施建设

健康旅游发展中的障碍，归根结底还是人才问题。企业在创新探索产品与服务体系建设的同时，要加强对管理、服务从业人员的培训，进一步提高服务和管理水平。国家教育主管部门要关注新兴产业快速发展的变化，引导和支持高校建立健康旅游相关学科和课程。健康旅游产业快速发展为相关高校带来新专业、新方向的人才培养机遇，也为高校和科研机构提供了新的研究领域。要加快培养健康旅游产品研发、营销、策划、管理等综合应用型人才，特别是具备健康旅游专业知识和技能、具备国际开放视野的复合型人才。

加强和优化健康旅游基础硬件设施和服务软环境建设，构筑全方位、全过程的配套服务体系。依托高铁、民航、高速公路等开展健康旅游交通信息服务，增强健康旅游目的地的通达性和便捷性。推进"健康旅游＋互联网""健康旅游＋大数据"等项目的开展，打造智慧旅游服务，实现数据和信息共享。

（本报告的撰写要感谢北京中医药大学健康旅游研究团队所有成员十多年的持续研究积累，特别感谢张永康、刘华云、王海星、张玲华、干永和、蒋未娜、白琦瑶、袁剑、于海宁、刘娜娜、杨思秋、张若楠、李享、郑方琳等对研究团队的突出贡献。）

区域发展

Regional Development

G.8
中国休闲城市区域发展与特征研究

吕 宁 赵亚茹[*]

摘　要： 城市居民的休闲需求孕育了城市的休闲功能，满足居民的休闲需求也成为城市的基本功能之一。城市休闲化发展是城市发展水平提高的重要内容，是居民生活质量提升的必要组成部分，也是衡量城市居民生活幸福感及城市宜居度的一个重要指标。不同区域、不同城市，其休闲城市建设所处的阶段不同。基于此，本文通过构建城市休闲评价体系，以290座城市休闲化发展数据为基础，从区域视角分析我国现阶段休闲城市发展的基本特征，并根据不同类型的问题提出不同区域休闲城市建设的提升策略。

---

[*] 吕宁，北京第二外国语学院旅游科学学院副院长，副教授，研究生导师，主要研究方向为旅游与休闲经济、休闲城市学；赵亚茹，北京第二外国语学院旅游科学学院研究生，研究方向为旅游经济与休闲经济。

关键词： 休闲城市 区域发展 特征研究 提升策略

一 研究背景

改革开放四十年以来，伴随着国民经济的高速发展，大众在物质生活消费得到了一定程度的满足后，对精神文化消费提出了更多需求。作为一种重要的精神文化消费，休闲活动与大众追求舒适的生活方式之间的联系日益紧密。同时，随着居民休闲活动及其参与渠道趋于多层次和多元化，大众日常生活、休闲的常态化发展对城市功能和配套设施提出了更多新的要求。尤其是在新时代，中国社会的主要矛盾已经转变为人民日益增长的美好生活需要和不平衡不充分的发展之间的矛盾，加快推进休闲城市建设，优化城市休闲环境，提供多样化休闲供给，激发服务产业活力，合理布局休闲娱乐空间，将成为城市未来推进以人为本进程、实现城市更新和均衡发展的重要途径。

休闲城市建设有利于改善城市环境，改善大众生活质量，提高城市竞争力，增强民众幸福感和获得感。从所需的物质和理论条件看，休闲城市建设需具备多方面条件：现实基础是有稳固而又雄厚的综合经济实力，重要前提是居民普遍具备充足的消费能力，推动因素是有政策依据与理论指导。对于中国而言，城市向休闲化发展已经具备了应有的条件。首先，根据国家统计局数据，从1978年到2017年，我国国内生产总值按不变价计算增长了33.5倍，扣除价格因素，人均国内生产总值增长了22.8倍，年均实际增长8.5%，经济的高速增长为休闲城市建设奠定了良好的基础。其次，在居民消费方面，尽管严格地说，休闲消费是工业化后期或者后工业化时期才能够真正普及的一种消费类型，但是中国在总体还处于工业化中期的时候就已经开始了休闲消费浪潮，[1] 尤其是在2008年中国人均国民生产总值跨过了3000美元的门槛，更加速了城市休闲化发展进程。最后，在政策扶持方面，

---

[1] 魏小安、李莹：《城市休闲与休闲城市》，《旅游学刊》2007年第10期。

《国务院关于加快发展旅游业的意见》《国民旅游休闲纲要》《关于加快推进生态文明建设的意见》等文件为建设具有中国特色的国民休闲体系指引了方向，阐发了促进休闲发展的诸多新思路、新政策、新举措，为城市休闲发展打开了广阔空间。

无论是建设休闲城市还是推动城市休闲化发展，其核心都是以优化居民休闲生活为主旨，提升休闲空间与环境质量，提升休闲设施与服务能力，全面激发休闲消费，最终通过拉动休闲经济发展来增强城市综合实力的过程。尽管从总体看，中国已具备建设休闲城市的能力，但细化到每个区域，城市之间又是发展不平衡的。根据2017年《中国统计年鉴》测算，有约3%的城市人均GDP已经超过了2万美元，约22%城市人均GDP超过1万美元，但还有约3%城市的人均GDP未超过3000美元。由于经济基础是休闲城市建设的基础，而城市休闲化发展又受多方面因素影响，因此每一个城市现阶段的休闲特征和未来的休闲化发展方向都具有差异性，不可一概而论。在此背景下，本文选取了全国290个城市，从城市形象与美誉、休闲空间与环境、休闲经济与产业、休闲设施与服务、休闲生活与消费以及消费者对休闲城市的关注程度（旅游关注度）六个方面建立中国城市休闲指数（CLI），基于区域视角评价休闲城市建设，深入探讨我国城市休闲化的区域发展特征，并根据发展现状提出有针对性的建设策略，以期为休闲城市建设相关研究提供更多的思考角度。

二 城市休闲指数评价体系构建与数据测算

（一）评价指标构成

城市休闲指数评价指标体系是由若干个相互联系的评价指标组成的有机整体，侧重点在于考核能满足人休闲需求的经济基础、设施建设、政府职能、居民关注度等，在遵循指标体系构建基本原则的基础上，运用定性描述、定量分析、经验选择、专家咨询等方法，构建出能切实反映城市休闲发展水平的指标体系，该体系共分为如下4个层次，如图1所示。

中国休闲城市区域发展与特征研究

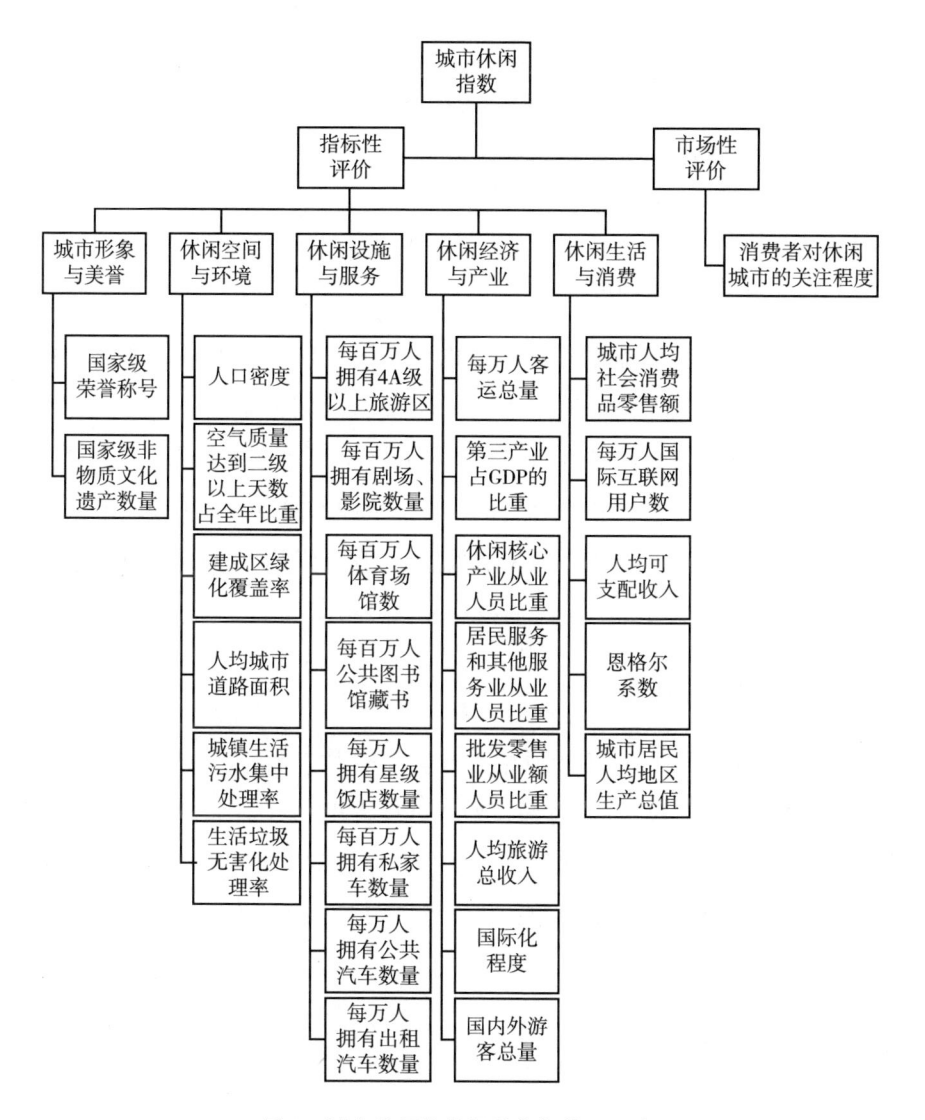

```
                        城市休闲
                          指数
            ┌─────────────┴─────────────┐
         指标性                         市场性
         评价                           评价
  ┌────┬────┬────┬────┬────┐           │
城市形象 休闲空间 休闲设施 休闲经济 休闲生活  消费者对休闲
与美誉  与环境  与服务  与产业  与消费   城市的关注程度
```

城市形象与美誉	休闲空间与环境	休闲设施与服务	休闲经济与产业	休闲生活与消费
国家级荣誉称号	人口密度	每百万人拥有4A级以上旅游区	每万人客运总量	城市人均社会消费品零售额
国家级非物质文化遗产数量	空气质量达到二级以上天数占全年比重	每百万人拥有剧场、影院数量	第三产业占GDP的比重	每万人国际互联网用户数
	建成区绿化覆盖率	每百万人体育场馆数	休闲核心产业从业人员比重	人均可支配收入
	人均城市道路面积	每百万人公共图书馆藏书	居民服务和其他服务业从业人员比重	恩格尔系数
	城镇生活污水集中处理率	每万人拥有星级饭店数量	批发零售业从业额人员比重	城市居民人均地区生产总值
	生活垃圾无害化处理率	每百万人拥有私家车数量	人均旅游总收入	
		每万人拥有公共汽车数量	国际化程度	
		每万人拥有出租汽车数量	国内外游客总量	

图1 城市休闲指数评价指标体系层次

第一层次，目标层（A）：城市休闲指数。

第二层次，系统层（B）：在第一层次下按垂直式分为指标性评价和市场性评价，它们是城市休闲指数评价的两大主要系统。

第三层次，领域层（C）：在第二层次下按平行式再分类，指标性评价包括城市形象与美誉、休闲空间与环境、休闲设施与服务、休闲经济与产

117

业、休闲生活与消费；市场性评价则包含消费者对休闲城市的关注程度。

第四层次，指标层（D）：本层次由能够直接被测量的具体指标组成，共选取了30个指标（消费者对休闲城市的关注程度的数据直接从网络获取，所以其名下无具体指标）。

（二）评价对象选取

城市休闲指数所涵盖的城市范围以《中国城市统计年鉴》为主，截至2017年底，我国大陆共有直辖市4个、地级行政区划单位334个，其中地级市294个、地区7个、自治州30个、盟3个。由于儋州市、吐鲁番市、哈密市、日喀则市、昌都市、林芝市、山南市和那曲市等8个地级市缺少公开发布的休闲城市评价数据，暂未纳入本次的评价范围。因此，本次评价共包括290个城市，其中286个地级市和4个直辖市。

（三）数据来源

中国城市休闲指数评价的原始数据全部来源于最新版《中国城市统计年鉴》各城市国民经济统计公报，各城市统计网站，各城市文化旅游等部门官方网站，各城市专业型报表，百度指数等公布的最新统计信息，确保所计算的数据准确无误和研究结果的科学性。因此，能全面地展现城市间的休闲发展竞争力。

（四）数据测算

①数据得分

第i个指标得分 $= 1 - \frac{V_i - V_{min}}{V_{max} - V_{min}}$ 第i个指标得分 $= \frac{V_i - V_{min}}{V_{max} - V_{min}}$ 首先，对单个指标设定基期年份的指标得分的最大值和最小值分别是1和0，并根据各个城市的指标值确定它在0和1之间的得分。除了有明确评分原则的指标以外，正向指标计算得分的方法如下：

逆向指标（仅用来计算"人口密度"）计算得分的方法如下：

其中，V_i 是某个城市第 i 个指标的原始数据，V_{max} 是与所有比较城市第 i 个指标相对应的原始数据中数值最大的一个，V_{min} 则是最小的一个。

②指标权重

指标权重由专家根据各指标对休闲城市的重要性进行评定。

③项目评分

每个项目最终得分为数据得分×指标权重×10。例如，某城市在"休闲核心产业从业人员比重"项目上得分为 0.75 分，最终得分如下：数据得分 0.75×指标权重 5%×100 = 3.75 分。

④休闲指数

综合基础性指标和市场性指标评价结果，城市休闲指数为各项目最终得分的加总，分值在 100 以内。

三 中国休闲城市区域发展特征分析

根据城市休闲指数评价体系，从城市形象与美誉、休闲空间与环境、休闲经济与产业、休闲设施与服务、休闲生活与消费以及旅游关注度六个方面，基于区域视角参照城市休闲指数计算结果对 290 个城市休闲化建设进行综合分析和各分项（子体系）评价。

在区域划分方面，本文所划分的中东西部以中国"七五"计划（1986～1990 年）所提出的三大经济地带为依据，其中，东部地区包括北京、上海、天津、辽宁、河北、山东、江苏、浙江、福建、广东、广西、海南 12 个省份，共 116 个城市；中部地区包括山西、内蒙古、吉林、黑龙江、安徽、江西、河南、湖北、湖南 9 个省份，共 109 个城市；西部地区包括陕西、甘肃、宁夏、新疆、四川、重庆、云南、贵州、西藏、青海 10 个省份，共 65 个城市。

（一）休闲城市发展总体特征

根据计算，城市休闲指数排名前十的城市分别为上海、三亚、北京、珠海、深圳、青岛、厦门、杭州、西安和拉萨,其中有8座城市来自东部地区,2座城市来自西部地区,并排在第9和第10名。后十位的城市分别是毕节、菏泽、内江、达州、周口、昭通、贵港、衡水、揭阳和阜阳,其中4座城市来自东部地区,2座城市来自中部地区,4座城市来自西部地区。

从东、中、西部城市各指标均值来看(见表1),目前我国城市休闲化水平整体呈现出"东部领先,中部洼地,西部赶超"的局面,这一发展格局与我国的城市区域经济发展水平有所差异,说明城市休闲化水平不仅受限于城市经济发展水平,还受到人口密度、资源禀赋、休闲环境等多种因素的影响,也验证了本文前面所提到的城市休闲化发展不仅取决于经济基础。

在城市休闲指数数值的比较分析方面,290个城市的城市休闲指数(ULI)均值为24.91,仅有109个城市超过均值水平,占36.55%,反映出我国休闲城市建设水平整体偏低。城市休闲指数最高的是上海市,最低的是安徽省阜阳市,上海约是阜阳的4倍,反映出城市之间的休闲化发展存在较大差异。

表1 东、中、西部各指标均值

指标	统计	东部	中部	西部	均值比较
城市休闲指数	均值	26.9261	23.3032	24.0126	东部>西部>中部
	标准差	7.5211	4.7001	6.2851	
城市形象与美誉	均值	3.6190	3.1853	2.4554	东部>中部>西部
	标准差	1.6415	1.4929	1.5108	
休闲空间与环境	均值	13.0656	12.7856	13.5639	西部>东部>中部
	标准差	1.7526	1.5866	1.5058	
休闲设施与服务	均值	2.1826	1.6386	2.0658	东部>西部>中部
	标准差	1.6858	1.2162	1.9411	
休闲经济与产业	均值	2.3670	1.9166	2.0692	东部>西部>中部
	标准差	1.7742	1.3051	1.5249	
休闲生活与消费	均值	3.3897	2.7096	2.3214	东部>中部>西部
	标准差	1.5450	0.9060	0.9422	
旅游休闲关注度	均值	2.3024	1.0674	1.5368	东部>西部>中部
	标准差	2.7278	1.2235	2.1480	

根据分类评价结果分析（见表2），可以发现我国城市休闲发展具有以下特征。第一，休闲城市建设的要素发展不均衡。城市休闲指数排名靠前的城市，并不是在每个方面都表现出色，绝大多数城市都存在不同程度的"短板"。如城市休闲指数排名第一的上海市，其在休闲生活与消费、旅游关注度方面排在了前十名之内，但在休闲空间与环境方面在200名之外。再如城市休闲指数排名在第十位的拉萨市，其休闲空间与环境这一要素排在第五位，但在休闲生活与消费方面有所欠缺。第二，对于经济实力较强的城市，休闲空间与环境是其城市休闲化发展的主要制约因素。伴随着城市经济的发展，大量人口前往经济较发达的城市居住以及就业，使得这些城市的人口密度加大，人均绿化面积缩减，空气质量下降，污染问题加剧，这在一定程度上制约着城市休闲化整体水平提升。第三，休闲产业与经济以及休闲设施与服务是城市休闲化发展的重要依托。休闲产品与服务的供给质量影响休闲消费的升级发展，当休闲供给不足时，城市的休闲化发展会受到阻抑。

在此需要说明的是，城市形象与美誉评价指标主要由各城市所获国家级荣誉数量决定，包括国家历史文化名城、中国优秀旅游城市、国家级文明城市等荣誉称号，所以存在较多城市获得相同分数、多城市排名并列的情况，因此该项指标不进行单独排名统计。

（二）东、中、西部地区休闲城市发展特征

1. 东部地区部分城市实力强劲、区域内差异明显

从整体看，东部地区城市居民强烈的休闲需求和较高的休闲消费能力有力地拉动城市休闲化的快速发展。城市的经济发展水平是休闲城市建设的重要基础，东部地区经济发展水平因区位和政策优势明显高于中西部地区，加之居民可支配收入较高，居民的休闲需求旺盛，这在一定程度上推动城市休闲产业结构不断优化，休闲设施与服务同步完善，进而促进整个休闲城市建设，也使得东部区域的城市休闲化水平远高于中西部地区。从区域内部看，东部地区共有116座城市，其中有56座城市排在前100名，

表 2　休闲城市发展各要素排名前十的城市

城市休闲指数排名	城市	城市休闲指数得分	休闲空间与环境排名	城市	休闲空间与环境得分	休闲设施与服务排名	城市	休闲设施与服务得分
1	上海	53.55	1	东莞	17.29	1	三亚	10.40
2	三亚	47.28	2	克拉玛依	16.69	2	嘉峪关	10.26
3	北京	46.99	3	玉溪	16.61	3	深圳	9.60
4	珠海	44.90	4	黄山	16.40	4	丽江	7.74
5	深圳	44.73	5	拉萨	15.92	5	鄂尔多斯	7.69
6	青岛	44.03	6	本溪	15.79	6	北京	7.31
7	厦门	42.53	7	鄂尔多斯	15.75	7	克拉玛依	6.93
8	杭州	40.83	8	丽江	15.67	8	东莞	6.74
9	西安	40.78	9	昆明	15.64	9	黄山	6.58
10	拉萨	40.03	10	龙岩	15.60	10	珠海	6.39

休闲经济与产业排名	城市	休闲经济与产业得分	休闲生活与消费排名	城市	休闲生活与消费得分	旅游休闲关注度排名	城市	旅游关注度得分
1	三亚	10.30	1	苏州	7.21	1	上海	20
2	舟山	9.69	2	北京	7.09	2	西安	12.86
3	珠海	9.29	3	南京	6.82	3	青岛	12.85
4	呼和浩特	9.08	4	上海	6.81	4	桂林	11.02
5	拉萨	7.97	5	杭州	6.62	5	大连	9.48
6	张家界	7.77	6	中山	6.54	6	张家界	9.47
7	北京	7.52	7	无锡	6.46	7	重庆	9.31
8	深圳	7.22	8	广州	6.42	8	成都	7.38
9	厦门	6.71	9	佛山	6.35	9	北京	6.86
10	成都	6.53	10	深圳	6.28	10	秦皇岛	6.27

占东部总参评城市的48%，高于上年的46%。同时，有38座城市排在200～290名，而2016年仅有22座城市在这一区间，说明东部地区各城市之间的差距在进一步拉大。总体来说，东部地区的城市休闲化发展特征与其经济水平特征相似，有实力超群、排在前列的休闲强市，也有处于城市休闲化发展初期的城市。

从分类评价结果看，东部地区在城市形象与美誉以及休闲生活与消费方面的表现明显优于中西部地区，但在休闲环境与空间方面，东部地区处于劣势，华北和华中地区在休闲空间与环境方面与其他区域有明显的差距。在休闲环境与空间方面，东部地区有38座城市排在200位之后，占东部总参评城市的32.76%，高于西部的20%。为城市居民和旅游者提供更加优质的休闲环境以及更加宽敞、舒畅的休闲空间是东部地区城市所要考虑的关键问题。在休闲设施与服务方面，前十名中有5座城市来自东部地区，前100名中有49座城市来自东部地区。在休闲经济与产业方面，前3名三亚市、舟山市和珠海市均为东部城市，最后20名内仅2名是东部地区城市，从排名分布上可以看出休闲设施与服务、休闲经济与产业是东部地区城市休闲化的优势要素。休闲生活与消费方面，东部地区城市表现强势，前12名均为东部地区城市，前100名中有60座城市为东部城市，占总参评城市的20.69%。在旅游休闲关注度方面，有20.34%的东部城市在100名之内，且人们关注较多的城市均为传统的旅游强市或者经济高度发达的城市，如上海市、北京市、桂林市、大连市等。

2. 中部城市各要素发展均衡，总体实力稍显落后

从整体看，中部城市休闲化发展进度较慢。首先，这与中部地区的产业结构有关。中部地区产业结构以第一、第二产业为主，重工业所占比重较大，第三产业发展相对滞后，[①] 城市发展还处于转型期。其次，中部地区剧

---

① 丁子静：《推进中部地区产业结构优化升级的对策研究》，《经济研究参考》2013年第38期。

院、体育场馆、A级旅游区等居民休闲设施建设不完善，城市休闲服务供给难以形成规模效应，难以刺激居民的休闲消费。从区域内部看，中部地区城市建设转型较慢，城市休闲化发展水平略低于东部和西部地区，但中部地区与东部地区的差距正在逐渐缩小。从区域内部看，2017年中部地区城市休闲指数均值与东部地区均值相差3.62，而上一年两个地区相差4.06。前十名无一城市来自中部地区，中部城市排名第一的是黄山市，在290个城市中排第11名，其他中部城市的城市休闲指数排名主要在100名之后。前100内有25座城市来自中部地区，占中部地区总参评城市的22.94%，低于东部地区的56座，高于西部地区的19座，但占比低于西部的29.23%；100~200名有41座城市来自中部城市，200名之后有43座城市来自中部地区。总体来说，中部地区休闲城市建设水平有待提高，需加快城市发展转型速度，重视休闲产业发展。

从分类评价结果看，中部城市在休闲形象与美誉、休闲经济与产业和休闲生活与消费方面表现尚可，但还需要在以下几个方面进行提升。第一，优化休闲产业结构，将休闲经济培育为新的经济增长点。中部地区城市休闲经济与产业的均值是1.92，与西部相差0.15，与东部相差0.45。在休闲经济与产业分项中，前十名仅有呼和浩特一座城市，且最后6名都是中部城市，因此，中部地区应大力培育休闲农业、休闲运动等新业态，助推其成为城市新的经济增长点，激发中部地区经济活力。第二，扩大居民休闲活动空间，激发居民的休闲消费潜力。在休闲环境与空间方面，黄山市和鄂尔多斯市挤入了前十名，分别位列第四和第七，排名前100的城市中有30座城市为中部城市，比上一年减少了2座。在休闲生活与消费方面，有53座中部城市排在100~200名，占中部总参评城市的48.62%，排名最高的是鄂尔多斯市，在第13位。可以看出中部城市居民的休闲消费能力大多处于中等水平，因此通过优化休闲活动空间和完善休闲设施与服务能进一步刺激居民的休闲消费。第三，以武汉、长沙等大型城市为重要着力点，撬动中部地区休闲城市发展。武汉市和长沙市城市休闲指数排名比较靠前，分别位列第27和第34，城市也拥有较强的经济实力，加之在旅游关注度上，两座城市也排在中部城市的前列，因此两座城市要带头促进休闲城市各要素之间的协调发展，不断提升休闲设施与服务，优化城市休闲功能，加大城市宣传力度，全面提高城市休闲化水平。

3. 西部休闲空间优势明显，城市休闲功能逐渐完善

从整体看，西部的休闲城市建设的某些方面超过中部地区，并且休闲空间与环境方面排在三个区域之首，这与西部城市积极融入我国"一带一路"建设以及先天的资源优势有着密切的关系。"一带一路"给西部城市发展带来新的机遇，为西部城市的发展注入了强大动力，加快了西部地区基础设施建设以及与周边国家的互联互通，西部也在"西部大开发"战略、"一带一路"倡议的支持下，逐渐缩小与中东部的差距。从区域内部看，西部地区在国家政策的支持下，城市的休闲功能逐渐完善，逐步赶超中部地区。在2016年西部地区城市休闲指数均值比中部地区低0.45，而2017年西部地区的城市休闲指数均值就超过了中部地区，并比中部地区高0.71，且部分城市的城市休闲指数得分排在前列，如西安城市休闲指数得分排在第九名，拉萨排在第十名，重庆、丽江、成都和贵阳排名也都比较靠前。西部城市有先天自然环境的优势，需要继续把握好国家"一带一路"建设和"西部大开发"等一系列利好政策，积极进行休闲城市基础设施建设，培育休闲产业，带动城市经济发展。

从分类评价结果看，休闲空间与环境是西部城市休闲化发展的优势要素。休闲空间与环境前十名中有5座城市来自西部地区，前100名中有26座西部城市，占西部总参评城市的40%，远远高于中东部的占比。西部地区部分城市受交通和地理区位限制，经济发展和休闲城市设施基础较差，休闲产业发展滞后，居民休闲消费需求较低，仅有29.23%的城市排在100名之内。在休闲生活与消费方面，西部城市还有52.31%的城市排在200名之后，这也说明了西部地区较低的城市休闲设施和服务水平无法满足居民日益增长的休闲需要，休闲生活与消费总量较低，无法拉动休闲经济增长。

四 休闲城市发展提升策略

根据城市休闲指数计算和评价结果分析，可以发现，中国休闲城市同样存在发展不均衡不充分的问题，最典型的特征就是东部城市休闲化水平普遍较高，居民的休闲需求和能力普遍较高，而中西部城市休闲发展在硬件方面还有很大的提升空间，居民休闲需求有望呈现井喷式增长，消费能力正逐渐增强。因此，根据中国休闲城市区域发展特征，在对策建议上需要根植于地区特点和休闲经济基础，从问题着手，有针对性地展开城市休闲水平提升工作。

固强。强势要素是城市休闲化保持高水平的强力支撑，提升休闲城市竞争力，首先必须做好"扬长"工作。东部地区部分城市居民休闲意识较强，休闲活动普遍，休闲设施丰富，休闲产业在城市发展中占据重要地位，形成了品牌，进而构成强大的市场吸引力。西部城市休闲空间充足，休闲环境优越，这是西部城市休闲化发展强有力的支撑，西部应巩固好在休闲环境与空间方面的强大优势。同时各个城市在巩固好强势要素的同时，还要下力气做好不断增加强势指标的工作，选择一些方面重点培育。如西部地区城市要积极招商引资，增加剧院、影院、图书馆、体育场馆等居民休闲设施，同时优化交通运输系统，加强城市公共交通建设。公共交通的数量是城市休闲发展的一个重要指标，公共交通的便利性会也加强居民出游的意愿，带动城市休闲消费的增长。此外还要加强旅游服务设施等基础设施建设，使西部城市在休闲设施与服务方面得到较快的发展。

扩优。优势要素是休闲城市建设的重要动力。某些要素的快速发展会带动整个城市休闲化水平的大幅度提高，要特别注意对这些要素的支持与培育，使其成为城市休闲化发展有力的支撑。如西部地区的贵阳市，近年来在旅游关注度方面排名不断上升，在国内外的知名度不断提升。因此城市相关部门要借势在积极挖掘旅游资源、提高旅游服务质量的基础上，采取多元化营销方式，加大海外营销力度，增强城市旅游品牌形象，从而提升国际化程度以及市场影响力。而中部地区城市建设还处于转型期,在休闲经济与产业方面拥有一定的优势,但也要着力提高第三产业占 GDP 比重。第三产业的发展程度已成为衡量现代经济发展程度的主要标志,是直接与居民幸福生活相关联的产业,也直接关系到城市休闲经济与产业发展水平。因此中部城市要重点支持与培育与休闲相关的第三产业发展,促进中部地区休闲城市建设质量整体提升。

补短。劣势指标是休闲城市建设中的短板,长期制约着城市休闲化向纵深发展。休闲城市建设是一个庞大的系统工作,从一定意义上说,补短就是增高,减劣就是增优,降低和减少短板就成为城市休闲化水平提升的关键。如东部地区在休闲空间与环境方面存在着明显的短板,因此东部地区要通过加强环境治理、改善空气质量、增加绿化面积、建设休闲步道、增加休闲空间等措施,使休闲空间与环境尽快成为东部地区的优势指标。对中部城市来说,其有较好的区位优势,有一定建设休闲城市的基础,但在休闲设施、休闲消费方面的表现一直不温不火,这在一定程度上制约着中部地区休闲城市的发展。因此中部城市要加大休闲场所建设力度,包括体育场、图书馆、剧院等居民主要的休闲聚集地,具体措施包括加大休闲场所的供给和提高休闲设施质量等。只有给予居民更多的休闲选择,才能有效提高城市休闲化水平。同时,应加强城市公共交通建设,通过提升公共交通的便利性来增强居民出游的意愿,带动城市休闲消费的增长,为提升城市休闲化发展水平营造良好的市场氛围。

突破。提升城市休闲化发展水平,首先,要注意判断城市休闲化所处阶段,对于影响城市休闲发展的重要指标实施重点突破。比如西部地区,休闲生活与消费要素是其发展的主要瓶颈,只有切实提高居民的收入水平,保障消费的基础和前提,居民才会有更强的消费意愿,才有能力支撑休闲消费。其次,积极培育居民的休闲意识,动态把握居民实际的休闲需求,通过绿色消费、休闲购物游、餐饮美食汇、便民消费等各类主题营销活动,激发居民对休闲产品的消费需求,刺激居民消费。最后,丰富休闲产业供给,促进休闲体育、休闲康养、休闲健身等休闲新业态健康发展,挖掘居民休闲消费潜力，要善于在瓶颈制约上入手，着力解决、突破问题。只有瓶颈突破了，城市休闲化水平才能得到实质性提高。

参考文献

丁子静：《推进中部地区产业结构优化升级的对策研究》，《经济研究参考》2013年第38期。

吕宁：《中国休闲城市发展报告（2018）》，旅游教育出版社，2018。

魏小安、李莹：《城市休闲与休闲城市》，《旅游学刊》2007年第10期。

G.9
京津冀体育休闲产业协同发展现状及展望

齐 飞*

摘 要： 在京津冀协同发展战略和2022年举办冬奥会的有利契机下，京津冀体育休闲产业互补发展、协同发展迎来重要机遇期。近年来京津冀体育休闲产业增加值及其占比呈现显著积极变化，各项惠民便民体育休闲举措扎实有序推进，旨在实现体育休闲产业协同发展的政策体系日趋完善，群众居民消费潜力不断释放。然而，由于经济社会发展不平衡性问题依然突出、产业发展基础不同步性明显，京津冀体育休闲产业协同发展仍受到不利影响。基于此，为有效地推进京津冀体育休闲产业协同发展，本文着重从体制机制建设和改革、更好地发挥政府和市场作用等视角提出对应的政策建议。

关键词： 京津冀 体育休闲 协同发展

一 引言

十八大以来，习近平总书记以新发展理念为指引，系统布局我国区域发展"三大战略"，其中积极推进京津冀三地协同发展就是其中之一。2015年

---

* 齐飞，北京体育大学体育休闲与旅游学院讲师，主要研究方向为休闲体育、体育旅游。

以来，随着《京津冀协同发展规划纲要》《"十三五"时期京津冀国民经济和社会发展规划》等专项规划和系列政策文件相继出台，京津冀协同发展在顶层设计的指引下进入了全面统筹推进的新时期，京津冀一体化发展开启了新篇章。与此同时，2022年北京冬奥会的成功申办，成为京津冀地区协同发展进程中的重大事件，北京和张家口联合举办2022年冬奥会有利于两地资源、环境、市场、产业、基础设施等优势互补，将推动我国冰雪运动及相关产业的快速发展。习总书记在2016年3月听取北京冬奥会、冬残奥会筹办工作情况汇报时指出，要把筹办两项赛事作为推动京津冀协同发展的重要抓手，为全面实施京津冀协同发展战略起到引领作用。由此来看，作为奥运经济的重要产业发展内容，体育产业将迎来重要发展契机。作为体育产业的重要组成部分，体育休闲产业是伴随着大众体育消费而逐渐发展起来的新兴产业业态，近年来在国家积极倡导"全民健身""健康中国"等新理念的引导下，全民体育休闲活动方兴未艾。京津冀三地各自具有独特的体育休闲消费习惯和互补性较强的体育休闲资源特色，天然具有协同发展的优势。与此同时，作为经济社会发展水平相对较高的地区，大众休闲需求近年来呈现快速增长态势，随着区域协同发展的稳步推进，必将为地区间体育休闲产业的协同发展提供丰富且极具市场潜力的消费动能。

二 京津冀体育休闲产业协同发展现状

（一）总体规模持续扩大，体育休闲发展基础日益完善

在我国，体育休闲产业是一个新兴产业，是体育及相关产业的重要组成部分，处于体育及相关产业的核心地位。依据国家统计局的分类，体育产业可以分为十一个大类，从广义看，体育休闲产业涵盖其中九大类，与表1中体育服务业的口径一致；从狭义看，则仅包含体育休闲健身活动。基于人们休闲方式的多元化和体育休闲辐射范围的广泛性，本研究采用广义的视角，即把体育休闲产业等同于体育服务业。

从表1可以看出，自2014年京津冀协同发展上升为国家战略以来，以产业协同为窗口效应的有利契机进一步改善了三地的体育产业发展环境，使得体育休闲产业发展形势持续向好。2015年北京市体育产业总产出突破1000亿元，体育服务业增加值占体育产业增加值的比重接近90%，比全国水平高出约40个百分点。为了积极响应2022年冬奥会，北京明显加大了冰雪运动设施建设力度。据统计，2016年北京市已建成投入使用冰上场地36片，其中室内场地22片、室外场地14片；现有滑雪场55个，其中正规雪场24个、嬉雪场31个。[①] 与此同时，在《北京市冰雪产业中长期发展规划（2016~2022年）》中明确提出，冰雪运动消费人口每年以25%~30%的速度增长，至2022年达600万人次以上的目标。

表1　2015年京津冀体育休闲产业发展基础

	北京市	天津市	河北省	全国
体育产业总产出（亿元）	1063.1	295.8	836.2	17107.0
体育产业增加值（亿元）	212	88.3	254.3	5494.4
体育服务业*增加值比重（%）	89.6	61.5	34.0	49.2
体育休闲健身活动增加值（亿元）	10.4	1.84	—	129.4
各类体育场地（万个）	2.01	1.62	6.48	164.2
场地面积（万平方米）	4769	3119	10228	194877
人均体育场地面积（平方米）	2.25	2.12	1.39	1.46
社会体育指导员（万人）	5	3.1	7+	200

注：*为统计口径一致，本表数据均为2015年；体育服务业指除体育用品和相关产品制造业、体育场地设施建设外的其他9大类。

资料来源：国家统计局、《北京市"十三五"时期体育发展规划》、《河北省体育产业发展"十三五"规划》、《2015年天津市体育产业总产出和增加值》、《第六次全国体育场地普查数据汇编》。

天津虽然在体育产出规模上不如北京和河北，但体育服务业增加值占比仍高达60%以上（见表1），突出显示出天津体育休闲产业发展的高质量。为了满足群众日益增长的体育休闲需求，天津市2018年发行体育惠民卡5

---

① 杨铁黎、李晓鸣：《北京市冰雪运动的发展现状与展望》，《北京体育产业发展报告（2016~2017）》，社会科学文献出版社，2017。

万张，新建改造健身园、健身广场、体育公园1200多个，新建提升北宁、天津湾等8座城市公园，其中全市最大的城市公园水西公园也开始对外开放。①从河北情况来看，无论是体育产业总产出还是体育产业增加值水平，均出现了大幅提升的新迹象。从场地设施情况来看，河北省人均体育场地面积为1.39平方米，低于全国平均水平，但无论是体育场地个数还是场地面积，整体明显高于天津和北京，这也为京津冀三地实现体育休闲产业资源的优势互补提供了重要基础。与此同时，京津冀三地也形成了与各地体育产业发展规模相适应的社会体育指导员群体，为各地体育休闲活动中的运动技能传授、科学健身指导和社区活动组织管理提供了充分保障。

（二）消费人口增长迅速，体育休闲消费潜能不断释放

根据发达国家经验，一般来说，家庭年收入越高，体育的参与意愿和参与率就越高。2018年美国体育用品和健身行业现状调查显示，低收入群体运动参与率呈现下降趋势，其中运动成本提升是重要原因。②京津冀地区作为我国经济发达地区之一，越来越多的居民家庭具备了体育休闲消费的支付能力。2018年三地人口加起来超过1.1亿人，土地面积达到21.6万平方公里，其中北京和天津两地的城镇化水平处于全国领先地位，2018年分别达到86.5%和83.2%，河北城镇化水平近年来也在稳步提升，2018年达到56.4%，较2017年高出1.42个百分点。城镇化水平的提升意味着更多居民家庭收入水平的提高，2018年北京市城镇居民人均可支配收入达到6.2万元，是全国城镇居民人均可支配收入水平的1.6倍。在收入增长的同时，居民消费支出规模和结构也在发生积极变化。2018年天津和河北两地的居民人均消费支出同比增速均高于全国城镇居民人均可支配收入同比增速，居民消费形势趋于乐观。这一点在消费结构上也有体现，以天津为例，2017年

---

① 《2018年天津市国民经济和社会发展统计公报》，http://www.tj.gov.cn/tj/tjgb/201903/t20190311_3650936.html。
② 《美国体育用品和健身行业现状调查（2018年版）》，http://www.sportinfo.net.cn/Index.aspx。

和 2018 年教育文化娱乐消费支出分别同比增长 12% 和 18.4%。与此同时，在当地居民休闲消费需求不断增长的同时，外来游客的聚集也必然带动体育休闲消费市场的增长，作为传统的知名旅游目的地，京津冀三地每年吸纳的国内游客人次不断创新高，2018 年三地接待国内游客首次突破 19 亿人次。越来越多的游客出于体育活动需求而来，体育旅游消费特征日趋明显。2018 年，京津冀共接待滑雪游客 430 万人次，占当年全国滑雪场接待总人次的 21.83%（见表 2）。

表 2 2018 年京津冀城镇化率、消费支出及旅游业发展情况

指标分类	北京 数值	北京 同比增长	天津 数值	天津 同比增长	河北 数值	河北 同比增长
常住人口（万人/‰）	2154	-0.76	1560	1.73	7556	4.9
城镇化率（%/个百分点）	86.5	0	83.2	0.22	56.4	1.42
城镇居民人均可支配收入（元/%）	62361	9.0	42976	6.7	32997	8.0
居民人均消费支出（元/%）	39843	6.5	29903	7.4	16722	8.3
入境旅游者（万人次/%）	400.4	2.0	198.3	-42.5	175.8	9.7
国内游客（亿人次/%）	3.1	4.6	2.27	9.1	6.8	18.5
滑雪游客（万人次/%）	176	5.4	44	10	210	19.3

资料来源：北京市、天津市和河北省 2018 年和 2017 年国民经济和社会发展统计公报；《2018 中国滑雪产业白皮书》。

较高的城镇化水平和不断增长的消费需求，使得居民体育休闲参与的积极性大幅提高。2018 年北京市共计开展全民健身活动 2.5 万余项次，参与活动人数 1139 万人次，[①] 比如海淀区，其社会体育管理中心共组织 30 个大项、50 余场次体育休闲活动，涉及 29 个街镇居民、机关事业单位、企业职工及家属、中老年人、残疾人、民宗侨界人士等多个群体。[②] 2017 年天津成功举办了第十三届全国运动会，加之当年陆续投入运营的 116 个多功能运动

---

① 《2018 年北京市体育工作总结》，http://www.beijing.gov.cn/zfxxgk/110036/gzzj52/2019-03/05/content_25090f8a6a294dadb2c0c4f565c5039b.shtml。
② 《海淀区体育局 2018 年工作总结》，http://www.bjhd.gov.cn/zfxxgk/auto4513_51807/auto4513_53948/auto4513_53978/auto4513/201903/t20190306_4301984.shtml。

场地和 946 个健身园，极大激发了群众体育参与热情，当年全市共举办大型健身赛事活动 120 余项，参与市民达到 200 万人，占当年城镇总人口的比重为 15.5%。① 此外，第 4 次国民体质监测报告数据显示，京津冀国民体质测定合格达标的人数比例分别为 91.6%、93.0% 和 84.1%，这也从侧面反映出京津冀参与体育健身活动的人明显较多。习总书记曾指出，京津冀地缘相接、人缘相亲，地域一体、文化一脉，历史渊源深厚、交往半径相宜，完全能够相互融合、协同发展。因此，在京津冀协同发展战略推进中，三地经济社会发展水平的稳步提升将进一步释放体育休闲消费需求，体育产业协同发展的格局将逐步显现。

（三）政策沟通、设施联通稳步推进，体育休闲产业协同合作形势良好

京津冀体育休闲产业发展除了得益于地缘相接、人缘相近的地利人和之外，近年来也受益于政策良机的"天时"。2014 年 2 月 26 日，京津冀协同发展正式上升为国家重大战略，开启了京津冀一体化发展的新篇章。这一战略为京津冀的体育休闲产业发展带来了新的契机。"通过京津冀协同发展，打造区域都市休闲体育圈和体育产业经济带"开始成为政策出台的重要背景和政策支持的重要方向。从政策出台机构的层次来看，既有国家层面的产业发展指导意见，又有京津冀旨在推进协同发展的政策文件。

具体来看，2014 年 7 月京津冀三地体育局签订了《京津冀体育协同发展议定书》。根据议定书合作内容，三地将共同推动京津冀体育产业互补和联动发展。2014 年 10 月，《国务院关于加快发展体育产业促进体育消费的若干意见》提出要壮大京津冀体育产业集群。2016 年 10 月，《国务院办公厅关于加快发展健身休闲产业的指导意见》提出，要围绕京津冀协同发展战略，以健身休闲重点运动项目和产业示范基地等为依托，发挥其辐射和带

---

① 《2017 年天津市国民经济和社会发展统计公报》，http://www.tj.gov.cn/tj/tjgb/201803/t20180312_3622447.html。

动效应，促进区域经济发展和民生改善。随着国家政策越加清晰地提出要加快京津冀体育休闲产业发展，旨在更加聚焦并支持京津冀体育休闲产业协同发展的专项政策文件陆续出台，政策的统一性取得积极进展。2016年12月，在京津冀运动休闲体验季暨京津冀冰雪运动体验旅游季启动活动上，三地体育局共同签署了《深入推进京津冀体育协同发展议定书》。2017年，国家体育总局、国家发展改革委、国家旅游局联合发布了《京津冀健身休闲运动协同发展规划（2016~2025年）》。

在京津冀体育休闲协同发展政策逐步统一的同时，旨在推进并实现京津冀交通一体化的基础设施联通也在稳步推进，如"一卡走遍京津冀"模式基本形成，京津冀三地省际客票异地互售工作取得较快进展。以天津为例，2018年交通设施协同发展取得了较好成效，京秦高速冀津连接线段正式通车，京滨铁路、京唐铁路加快推进。此外，作为2022年冬奥会的重点基础设施项目，京张铁路建设工作正在有条不紊地推进，预计2019年底通车后，将极大优化北京到张家口地区的交通环境。整体而言，在政策红利和设施联通的促进下，京津冀体育休闲产业协同发展成效显著。

三 京津冀体育休闲产业协同发展进程中存在的制约因素

（一）京津冀服务业发展水平差异化明显，体育休闲产业结构性问题突出

客观而言，从国家战略层面推进京津冀协同发展的初衷是要着力解决三地经济社会发展的不平衡问题。2014年自京津冀协同战略推进以来，天津和河北经济社会发展取得积极进展，尤其是产业结构优化态势明显。根据国家统计局数据，天津服务业增加值占GDP的比重由不足50%上升到2018年的58.6%，河北服务业增加值占GDP的比重由37.3%上升到2018年的46.2%。但横向比较来看，不难发现2018年北京服务业增加值分别高出天

津和河北两地22.4个和34.8个百分点，甚至河北省的服务业增加值比重落后于全国平均水平。与此同时，整体服务业发展水平的落后，也将制约着作为服务业重要产业内容的体育产业的发展。以天津为例，作为传统工业城市，天津第三产业发展基础较弱，近年来在环保形势趋紧和经济增长"挤水分"倒逼下，才更加重视发展服务业。当前，一系列生产性服务业仍被作为政府重点培植的优势行业，而传统服务业和餐饮、娱乐等生活性服务业发展水平参差不齐。直到2017年末，天津市第三产业就业人口比重才首次超过60%，而同期北京这一数字高达80.6%，南京为65.1%。

由于体育休闲产业更多涉及生活性服务业，服务业以及生活性服务业的发展水平直接关系到体育休闲产业的发展，京津冀三地服务业明显处于不同的发展阶段，服务业结构特征具有明显的差异性，这就使得三地因服务业结构的不同而在服务业发展的方向和业态选择上存在明显差异，从而加大了彼此协调沟通的成本，使得合作的成效大大降低，进而实质性地影响体育休闲产业的协同发展。例如，早在2003年，《北京市政府工作报告》和《关于加强新时期体育工作建设国际化体育中心城市的意见》等多个文件，均把北京定位为国际体育中心城市。在体育休闲基础设施条件上，三地差异更为明显。北京从承办1959年第一届全运会开始，承办过包括亚运会、大运会、奥运会在内的几乎所有级别的大型综合性体育赛事，是目前国内体育设施数量最多和场馆设施条件最好的城市之一。[1] 相关研究也表明，当前，在京津冀体育合作中，各地市主要根据自身体育产业需求来探索发展路径，无法形成体育产业资源信息共享、优势互补和协调发展的合作模式，因此还处于探讨、造势的阶段。[2] 与此同时，从地方整体规划来看，京津冀三地并没有形成推动区域内体育休闲产业协同发展的整体方案和具体行动计划，合作缺乏集体行动的共识。

---

[1] 肖辉：《北京体育设施布局演进与城市发展》，《体育文化导刊》2015年第10期。
[2] 何胜保：《"京津冀都市圈"体育产业结构演化与经济增长的耦合关联研究》，《首都体育学院学报》2016年第1期。

（二）区域经济发展不均衡依然突出，体育休闲需求层次差异化明显

2014年全民健身活动状况调查公报数据显示，在20岁及以上城乡居民中，近40%的人反映目前体育锻炼消费价格水平偏高；有过体育消费的人占比不足40%，全年消费总额在499元以下的人数占比为47.6%。[1] 由此来看，收入水平依然是影响体育消费的重要因素。从当前看，京津冀三地经济发展还处于不平衡的状态，根据国家统计局数据，2017年，北京市和天津市人均GDP均超过11万元，而河北省仅为4.5万元，不足京津的一半。地方经济的发展水平和居民的收入水平在一定程度上决定了消费水平，并会进一步使得消费需求呈现出分化态势。2017年，京津冀的人均消费支出不仅在总体上体现出较大差异，在各细分领域也表现出明显不同，以人均教育文化娱乐消费支出为例，北京市该项支出分别是天津市和河北省的1.46倍和2.48倍。

与此同时，在收入影响体育消费的同时，闲暇时间也制约着体育休闲消费需求。同样根据2014年全民健身活动状况调查公报的相关数据，在20岁及以上人群中，因为"没时间"而不参加体育锻炼的人数百分比最高，为30.6%。在参加体育锻炼的人群中，影响其参加体育锻炼的主要原因也是"缺乏时间"，占35.5%，其次是"缺乏场地设施"（13.0%）和"惰性"（12.3%）。近年来，我国经济下行压力较大，企业经营压力明显增加，就业人员工作时间明显增加，因工作时间延长而形成的"996现象"突出表明了这一点。北京、天津和河北近年来都面临经济结构转型和实现高质量发展的压力，加之市场竞争环境压力加大，就业人员工作时间明显增加，显然对体育休闲活动的参与热情及消费形势产生不利影响。整体来看，由于收入差距明显和闲暇时间相对较少，京津冀地区体育休闲消费需求在呈现明显差异

---

[1] 《2014年全民健身活动状况调查公报》，http://tyj.beijing.gov.cn/bjsports/xxcx/tjxx/1165218/index.html。

性的同时，越来越多的居民也更倾向于在离家不远的场馆或公园等休闲场地进行休闲活动。由于体育休闲消费习惯仍以短距离为主，这就容易使体育休闲产业呈现点、散、广的地理分布特点，产业集聚难以形成。加之体育休闲活动设施地理分布的不均衡性，大大影响了潜在消费人员与资源跨区域合理流动和优化配置，自然也就无法实现京津冀体育产业互补发展、联动发展。

四 京津冀体育休闲产业的发展趋势与政策建议

（一）加快落实体育产业协同发展政策要求，以点带面稳步推进实施方案

作为京津冀地区的重要事件，无论是京津冀协同发展战略还是2022年北京冬奥会，其成功推进和举办均需要发挥体育产业的窗口示范和引领作用。回顾习总书记关于京津冀协同发展和冬奥会筹办的指示要求，不难发现，无论是在京津冀协同发展工作座谈会上提出的要"着力加快推进产业对接协作，理顺三地产业发展链条，形成区域间产业合理分布和上下游联动机制，对接产业规划，不搞同构性、同质化发展"，还是在听取冬奥会、冬残奥会筹办工作时指出的"推动交通、环境、产业等领域协同发展先行先试，重点突破，以点带面，为全面实施京津冀协同发展战略起到引领作用"，中央对推进产业协同发展的重视始终是一贯的。

从当前出台的政策文件来看，无论是三地体育局共同签署的《深入推进京津冀体育协同发展议定书》，还是2017年国家体育总局、国家发展改革委、国家旅游局联合发布的《京津冀健身休闲运动协同发展规划（2016~2025年）》，均对推进京津冀体育产业协同发展给予了清晰的发展目标和发展思路及对应举措，现在最为重要的是要切实按照生效的具有硬约束的政策文件要求认真贯彻落实，坚持"抱成团朝着顶层设计的目标一起做"的原则，加快推进旨在实现京津冀体育休闲产业互补发展、联动发展的重点项目、体育活动及协调工作机制等软硬件基础设施的建立和完善。三地体育局

作为直接职能管理部门，有责任和义务加快京津冀体育休闲产业协同发展的体制机制建设，并尽快形成三地体育休闲产业发展的工作小组，牵头负责基础信息收集、可行方案制订、不同职能部门协调及重点工作推进监督等工作。与此同时，在协同推进区域体育休闲产业发展的同时，各个地区要着重从区域一体化视角认真沟通各自职能定位、产业发展重点及优先项目筛选安排等内容，切实在遵循本地资源要素条件和市场需求前景的基础上认真谋划、稳步实施先行先试项目或活动，通过以点带面的形式，不断拓展跨区域的体育休闲活动内容，加强三地民心相通，进而在听取并反馈居民服务需求的基础上不断调整和改善工作思路，切实让各项工作真落实、有实效。

（二）更好地发挥政府和市场作用，形成有利于体育休闲产业发展的资源条件

京津冀体育休闲产业协同发展是一项系统性工程，涉及社会的多个领域和政府的多个部门，只有实现不同领域和不同部门之间的集体行动，才能够确保有序健康推进。因此，这需要积极发挥政府和市场的作用，通过政府和市场作用的协同合作，不断为体育休闲产业协同发展创造条件。目前来看，要正确发挥政府和市场的作用亟须从以下三个方面着手推进。

一是加快推进区域体育休闲产业协同发展机制建设，组建权责明确的职能管理部门。目前来看，在京津冀协同发展层面基本形成了三地政府牵头的工作协调机制，由于京津冀协同发展牵涉的范围和领域更多更广，重点突破的工作思路容易造成体育休闲产业协同发展的工作推进被边缘化，这就需要三地体育主管部门切实从自身责任和使命出发，组建体育协调工作小组，并将其纳入三地协调发展工作机制中。只有通过管理职能部门的组建和协调机制的建设，才能真正避免解决问题找不到门路的现实难题。只有形成有效的管理机构，才能更好地推进各项政策文件预设的目标任务，不断满足人民群众日益增长的体育休闲消费需求。

二是加快京津冀体育政策、体育资源和体育消费等基础信息统计、交流

与共享工作机制建设。从当前三地体育局的官网信息来看，有关体育资源和体育消费的统计信息存在严重的不足和滞后性，落后于时代发展现实。此外，各地对于辖区内的全民健身活动状况的调查基本处于空白状态。各方面体育基本信息的缺失和严重滞后，使得相关市场主体和决策部门无法系统、全面、科学地了解和评价目前体育产业发展状况，无法把握群众体育休闲消费的特征特点，关键基础信息资源的缺失显然不利于有效决策，也无法推进体育休闲产业协同和高质量发展。值得欣慰的是，2019年4月，京津冀体育产业资源交易平台在三地体育局的共同支持下正式上线，将有效推动三地体育产业资源的公开、规范交易。

三是打破资源流动瓶颈，更加注重发挥市场配置资源的决定性作用。体育资源分布不平衡既有历史原因也有体制机制问题。以北京市为例，北京教育系统管理的体育场地有4648个，占总场地的23.15%，场地面积1313.34万平方米，占总场地的27.54%；行政机关管理的体育场地有819个，占总场地的4.08%，场地面积25.53万平方米，占总场地的0.54%；事业单位管理的体育场地有5483个，占总场地的27.31%；场地面积1491.79万平方米，占总场地的31.28%。① 由此来看，大量的场地资源集中在市场配置不到的地方，使得依托体育场地载体而发展的体育休闲产业受到明显抑制。与此同时，由于省际壁垒的客观存在，优质资源共享推进进度明显缓慢，产业增长带来的税收和就业机会很容易造成产业同质和重复建设，大大影响了互补发展、协同发展。基于此，京津冀三地政府要自觉打破自家"一亩三分地"的思维定式，从产业链视角出发形成针对自身优势、加强上下联通的产业分工体系，在此基础上通过政策引导和资源互补形成规模集聚效应，进而壮大体育休闲产业体系，使其真正发挥引领和推进京津冀协同发展的作用。

---

① 《北京市第六次全国体育场地普查数据公报》，http://tyj.beijing.gov.cn/bjsports/xxcx/tjxx/1410269/index.html。

参考文献

何胜保：《"京津冀都市圈"体育产业结构演化与经济增长的耦合关联研究》，《首都体育学院学报》2016年第1期。

肖辉：《北京体育设施布局演进与城市发展》，《体育文化导刊》2015年第10期。

杨铁黎、李晓鸣：《北京市冰雪运动的发展现状与展望》，《北京体育产业发展报告（2016~2017）》，社会科学文献出版社，2017。

G.10
浅议粤港澳大湾区休闲市场需求、供给与互动发展

唐继宗*

摘　要： 随着《粤港澳大湾区发展规划纲要》分阶段推进落实，通关与交通运输软、硬基建设施建设日趋完善，互联互通更趋便捷，约7000万人口在区内跨市的休闲需求将不断增加，并将吸引越来越多的区域以及国际入境游客进入大湾区内旅游。有限的休闲资源将使各市居民之间尤其是与节假日期间区内外游客需求的竞逐日益激烈，需要及早对未来休闲与旅游需求作出短、中、长期预测，扩大公共资源投入，增加供应，并引导境内外企业加大投资力度，分阶段配合增加休闲与旅游供应。

关键词： 粤港澳大湾区　休闲供给　休闲需求

2019年2月18日，《粤港澳大湾区发展规划纲要》（以下简称《纲要》）正式发布，标志着大湾区建设迈上新台阶。港、澳与珠三角九市文化同源、人缘相亲、民俗相近、优势互补。改革开放以来，特别是香港、澳门回归祖国后，粤港澳合作不断深化实化，粤港澳大湾区经济实力、区域竞争

---

* 唐继宗，产业经济学博士，澳门特别行政区政府经济发展委员会和旅游发展委员会委员，香港中文大学亚太航空政策研究中心成员，研究方向为旅游经济、区域经济、产业经济、法律与制度经济和民航运输等。

力显著增强，已具备建成国际一流湾区和世界级城市群的基础条件。近年来，粤港澳合作不断深化，在基础设施、投资贸易、金融服务、科技教育、休闲旅游、生态环保、社会服务等领域合作成效显著，已经形成了多层次、全方位的合作格局。

"宜居宜业宜游的优质生活圈"是粤港澳大湾区发展战略定位之一。从供给上看，粤港澳大湾区具有丰富的休闲资源，内地、国际、都市、乡村、娱乐、公园、历史、未来，各种资源纵横交错，形成休闲资源集聚区。从需求上看，粤港澳大湾区处于非常重要的经济地理区位，是中国休闲消费最旺盛最前沿之地。以这样的供给和需求为基础，在新的发展背景推动下，粤港澳大湾区将成为中国重要的休闲大区，其未来走向对于当代中国，具有重要价值。

一 经济条件与规划前景：粤港澳大湾区休闲大发展的基本条件已经具备

（一）经济发展条件

粤港澳大湾区（以下简称"大湾区"）区域面积约为56000平方公里，由9市2区组成，9市指广东省的广州市、深圳市、佛山市、东莞市、惠州市、肇庆市、江门市、中山市和珠海市，2区指香港特别行政区和澳门特别行政区。

大湾区经济及社会规模可与部分发达国家相比，是我国开放程度最高、经济活力最强的区域之一，在国家发展大局中具有重要战略地位。内需是驱动经济体经济增长的动力之一，大规模的人口数量能形成庞大的消费市场，并吸引本地和外来投资。2017年末，大湾区总人口约7000万人，大致呈现珠江口东岸城市人口较多、西岸城市人口较少的分布状态。

2018年，大湾区生产总值为108788.8亿元人民币，当中，深圳的GDP最高，而人均GDP则是澳门排首位（见表1）。

表1 2018年9市2特区主要经济指标

主要指标	深圳市	香港特区	广州市	佛山市	东莞市	惠州市
面积（平方公里）	1997	1107	7434	3798	2460	11347
人口（万人）	1252.8	748.2	1449.8	765.7	834.3	477.7
地区生产总值（GDP）（亿人民币）	24222	24131	22859	9936	8279	4103
人均GDP(万人民币)	19	32.4	15.5	12.8	9.9	8.5
三产结构（占GDP百分比）(%)	0.1:41.3:58.6	0.1:7.5:92.4	1.1:28:70.9	1.5:58.4:40.1	0.3:47.4:52.3	4.5:54.6:40.7
接待游客（万人次）	6022	6510	6275.6	4929	4141.9	5393.6
当地机场客运量（万人次）	4561	7470	6584	47	n.a.	95.7

主要指标	中山市	澳门特区	珠海市	江门市	肇庆市
面积（平方公里）	1784	33	1736	9507	14891
人口（万人）	326	66.7	176.6	456.2	411.5
地区生产总值（GDP）（亿人民币）	3633	3608.8	2915	2900	2202
人均GDP(万人民币)	11.1	54.6	15.9	6.3	5.3
三产结构（占GDP百分比）(%)	1.9:50.3:47.8	0:5.1:94.9	1.8:50.2:48	7.2:48.1:44.7	14.6:47.1:38.3
接待游客（万人次）	1333.5	3580.4	3080.7	2259	4219
当地机场客运量（万人次）	n.a.	826.1	921.7	n.a.	n.a.

注：1港元折合0.85元人民币，1澳元折合0.82元人民币。带下划线数据为2017年数据。

资料来源：整理自各地政府公布统计数据。

大湾区区内的9市制造业发达、供应链完善，是中国作为"世界工厂"的生产重镇。同时，大湾区对外贸易频繁，是全国经济外向型程度最高的地区。随着产业转型及价值链的逐渐提升，近年来大湾区更成为高新科技企业的集聚地，创投活动活跃。而两个特区作为自由港则以服务业为主体，金融、运输、贸易与旅游业等发展较为成熟。

（二）规划前景

《粤港澳大湾区发展规划纲要》是指导粤港澳大湾区当前和今后一个时期合作发展的纲领性文件，这一规划谋划了未来大湾区休闲发展的基本背景。规划提出，到2022年，粤港澳大湾区综合实力显著增强，粤港澳合作更加深入广泛，区域内生发展动力进一步提升，发展活力充沛、创新能力突出、产业结构优化、要素流动顺畅、生态环境优美的国际一流湾区和世界级城市群框架基本形成。到2035年，大湾区形成以创新为主要支撑的经济体系和发展模式，经济实力、科技实力大幅跃升，国际竞争力、影响力进一步增强；大湾区内市场高水平互联互通基本实现，各类资源要素高效便捷流动；区域发展协调性显著增强，对周边地区的引领带动能力进一步提升；人民生活更加富裕；社会文明程度达到新高度，文化软实力显著增强，中华文化影响更加广泛深入，多元文化进一步交流融合；资源节约集约利用水平显著提高，生态环境得到有效保护，宜居宜业宜游的国际一流湾区全面建成。

规划还提出了粤港澳大湾区休闲发展的具体路径，在《纲要》第八章提出要"建设宜居宜业宜游的优质生活圈"，第三节为"构筑休闲湾区"，其中具体提出，要推进大湾区旅游发展，依托大湾区特色优势及香港国际航运中心的地位，构建文化历史、休闲度假、养生保健、邮轮游艇等多元旅游产品体系，丰富粤港澳旅游精品路线，开发高铁"一程多站"旅游产品，建设粤港澳大湾区世界级旅游目的地。优化珠三角地区"144小时过境免签"政策，便利外国人在大湾区旅游观光。支持香港成为国际城市旅游枢纽及"一程多站"示范核心区，建设多元旅游平台。支持澳门建设世界旅游休闲中心，在澳门成立大湾区城市旅游合作联盟，推进粤港澳共享区域旅

游资源，构建大湾区旅游品牌，研发具有创意的旅游产品，共同拓展旅游客源市场，推动旅游休闲提质升级。有序推动香港、广州、深圳国际邮轮港建设，进一步增加国际班轮航线，探索研究简化邮轮、游艇及旅客出入境手续。逐步简化及放宽内地邮轮旅客的证件安排，研究探索内地邮轮旅客以过境方式赴港参与全部邮轮航程。推动粤港澳游艇自由行有效实施，加快完善软硬件设施，共同开发高端旅游项目。探索在合适区域建设国际游艇旅游自由港。支持澳门与邻近城市探索发展国际游艇旅游，合作开发跨境旅游产品，发展面向国际的邮轮市场。支持珠三角城市建设国家全域旅游示范区。促进滨海旅游业高质量发展，加快"海洋—海岛—海岸"旅游立体开发，完善滨海旅游基础设施与公共服务体系。探索以旅游等服务业为主体功能的无居民海岛整岛开发方式。建设贯通潮州到湛江并连接港澳的滨海景观公路，推动形成连通港澳的滨海旅游发展轴线，建设一批滨海特色风情小镇。探索开通澳门与邻近城市、岛屿的旅游路线，探索开通香港—深圳—惠州—汕尾海上旅游航线。

在这样的经济背景和规划前景下，粤港澳大湾区休闲大发展的基本条件已经具备。

二 休闲供给：丰富互补的资源带来大湾区休闲发展的有力依托

粤港澳大湾区具有丰富的休闲资源，内地、国际、都市、乡村、娱乐、公园、历史、未来，各种资源纵横交错，形成中国少见的休闲资源集聚区，成为大湾区休闲发展的有力依托。

（一）广东省的休闲供给：深厚的自然和人文资源

广东省各类型供休闲活动的物质与非物质资源多样及丰富。从自然资源上看，广东省山脉大多与地质构造的走向一致，以东北—西南走向居多，如罗平山脉和莲花山脉。平原以珠江三角洲平原为最大，潮汕平原次之，台地以雷州半岛—电白—阳江一带和海丰—潮阳一带分布较多，构成各类地貌的基岩岩石以花岗岩最为普遍，此外局部还有景色奇特的红色岩系地貌，如著名的丹霞山和金鸡岭等。丹霞山和湖光岩先后被评为世界地质公园。沿海拥有数量众多的优质沙滩以及雷州半岛西南岸的珊瑚礁。此外，全省沿海还拥有面积500平方米以上的岛屿759个，数量仅次于浙江、福建两省，居全国第三位；全省大陆岸线长3368.1公里，居全国第一位。

从人文资源看，早在新石器晚期，珠江三角洲不少先民聚居的部落已出现原始农业，在其遗址发现出土的文物中有用于开辟耕地的刀斧、石铲及用于纺织的石制、陶制纺轮。春秋战国时期，珠三角已出现铁制农具。而至东汉时期，三角洲又进入单牛拉犁、种植双季稻的先进农业时期。现代的珠江三角洲已拥有近千万亩耕地与一百多万亩鱼塘，不仅成为岭南的粮仓，其传统农业中的基塘副业亦相当发达（塘鱼产量居全省之首，蚕桑区曾为全国三大基地）。同时，珠江三角洲亦是岭南的水果基地、蔬菜基地与花卉基地，岭南五大佳果——荔枝、龙眼、香蕉、柑橙、菠萝均享誉海内外。品尝美食已成为现今人们日常休闲热门活动之一。粤菜讲究"清、鲜、嫩、滑、爽"，是中国传统八大菜系之一。粤菜因选料严格、做工精细、中西结合、质鲜味美、养生保健等特点而名扬天下。

从旅游景区看，2018年，大湾区9个内地城市共有237个A级景区。

（二）香港的休闲供给：璀璨的东方明珠

香港在粤港澳大湾区的城市发展定位是国际金融、航运、贸易中心和国际航空枢纽。被誉为购物天堂的香港，各区都有商场，到处都是商店。有些购物区云集高级商场，有些则有较多本土市集。香港的繁华与璀璨背后，隐藏着一个又一个迷人且各有个性的道地小区，可供游人深入在地人的日常生活，体会多元文化，追踪历史痕迹。不同人、不同故事造就了每一个小区不同的风貌与情怀，可提供不同的休闲体验。

维多利亚港不只是个海港，更是一个不能错过的景点。香港由昔日的小渔村，发展成为今天的亚洲国际都会，这个天然的深水避风港功不可没。今天，维多利亚港内穿梭不绝的货船、帆船、舢板以及豪华大邮轮，连同鳞次栉比的摩天大楼，拼凑出一个别具风貌的海上景观。要感受维多利亚港不同的美，可以试试登上观光船畅游其中，或者在维港两岸的观景台上观赏昼夜景色。

香港提供了多姿多彩的美食休闲活动体验。香港这个"亚洲美食之都"有逾 12000 家餐馆，美食种类超过 100 种，有茶楼、茶餐厅、大牌档、粥面店、烧味店、甜点店等道地美食；也有西餐馆、时尚餐厅等融合菜、异国料理；还有海鲜街。其中，大牌档就是路边摊的意思，在香港称作"大牌档"，这是因为过去的摊贩都有一张很大的饮食牌照。坐在露天位置，大牌档吃到的港式小炒讲求刀功好、火候够、调味准、勾芡快，通常由家常小菜演变而来，也有些大牌档提供潮州"打冷"，如豉椒炒蚬、卤水鹅颈肉、蚝烙等潮州菜式。

（三）澳门的休闲供给：世界旅游休闲中心

在《纲要》中，澳门被定位为建设世界旅游休闲中心、中国与葡语国家商贸合作服务平台，应促进经济适度多元发展，打造以中华文化为主流、多元文化共存的交流合作基地。

澳门面积虽小，却拥有丰富的历史和文化遗产。不同的宗教信仰、传统风俗和小城的现代生活息息相关。若把澳门当作多姿多彩的大展馆，各类主题的博物馆正好分门别类展示澳门的精彩多元文化，让居民和旅客可从不同角度深入认识拥有四百多年历史的东西文化交汇之地。

澳门历史城区是一片以澳门旧城区为核心的历史街区，包括 20 多座历史建筑，并由相邻的广场和街道连接而成，于 2005 年被列入世界文化遗产名录。澳门历史城区保留至今，见证了 400 多年来东西方文化在澳门融合、和谐共存。悠闲漫步在澳门历史城区，会发现多处精彩的世遗古迹，并了解这些建筑和广场蕴藏的丰富历史。

澳门是中西文化交汇的城市，传统中国文化与葡萄牙及西方文化相互影响，塑造出独特的文化氛围，美丽的历史建筑与富有昔日情怀的小城风貌，为本地艺术界带来丰富的创作灵感。澳门本地艺术作品近年如雨后春笋，年轻艺术创作者在城市的不同角落开创本地创意品牌，发展艺术空间；与此同时，澳门在富有特色的建筑古迹里开拓新的文化创意产区，致力推动本土艺术创意发展。旅客可到访创意品牌店铺选购当地原创纪念品，流连赏心悦目的当代艺术展览空间，悠闲地品味与生活结合的本地艺术文化，让澳门小城之旅更滋养心灵。

澳门旅游休闲活动蓬勃多元，迎合不同类型的休闲和旅游需求。与家人一起在澳门，可体验充满乐趣的合家欢旅程。在澳门可从室内玩到户外，到访富有教育意义的科学馆和大熊猫馆，从中学习富趣味的科学知识，观赏可爱的大熊猫；到海滩和郊野公园游玩，并参与各项有益身心的康乐活动，亲近大自然，参与亲子互动，共享天伦乐。综合度假酒店内设有儿童游乐设施，为充满活力的孩子提供另一个游戏天地。

澳门是美食之都。澳门土生菜是澳门独特的美食，用丰富的配料烹调出糅合中葡特色的佳肴，背后蕴含澳门独特的历史背景与葡萄牙航海文化。16至17世纪时，葡萄牙航海事业发达，商人经营香料贸易，商船途经非洲、印度沿岸、东南亚地区的马六甲等地始抵达澳门，将沿途各地的香料和饮食文化带到澳门，以至各地与本地的材料、菜色和煮法渐渐融入澳门的传统葡国菜。

三　休闲需求：中国休闲消费最旺盛前沿之区

粤港澳大湾区占据了中国非常重要的经济地理区位，是中国休闲消费最旺盛最前沿之地，其对于中国休闲事业和产业的引领性和示范性，是非常明确的。

（一）广东居民的休闲需求：快速成长的休闲前沿

作为中国经济的发展前沿，广东省居民的休闲需求正处在飞速成长之中。从居民的休闲状态来看，形成了各美其美的繁盛之势。居民休闲需求可通过公

园或博物馆等政府提供的免费公共品获得满足，或借由企业提供的购物、美食或娱乐获得满足。2018年广东省全年社会消费品零售总额达39501.12亿元人民币，比上年增长8.8%。分地域看，城镇消费品零售额34514.12亿元人民币，增长8.7%；农村消费品零售额4987.00亿元人民币，增长9.4%。从消费形态看，商品零售35616.53亿元人民币，增长9.1%；餐饮收入3884.59亿元人民币，增长5.6%。在限额以上批发和零售业商品零售额中，体育、娱乐用品类增长5.9%，书报杂志类下降0.5%，电子出版物及音像制品类增长0.2%。

居民休息日的休闲行为明显多于工作日。外出休闲距离总体上差别不大，但是休闲时间长度，休息日明显要更长。居民休息日休闲活动主要受家附近建成环境制约，工作日主要受单位所在地制约，休息日是休闲机会和时间成本作用占主导，工作日是休闲环境作用占主导。节假日期间，广东省居民选择出游作为休闲活动的需求正在增加。根据广东省人民政府门户网站公布，2018年国庆期间，广东省居民出游人次突破5688万人次，同比上升11.1%。国内游目的地前三位分别是湖南省、广西壮族自治区及江西省，出境游目的地前三位为美国、泰国和日本。

（二）香港居民的休闲需求：休闲是生活的必需品

香港是生活和工作节奏极快的亚洲都市，休闲是居民重要的节奏转换方式，对于调整压力具有非常重要的作用。香港特区政府统计处2013年9月至12月进行的一项主题性住户统计调查显示，就15岁及以上人士而言，他们平均每日花11.6小时用于"与个人起居饮食有关的活动"（包括睡眠），5.0小时用于"闲暇活动"，3.4小时用于"有薪酬的工作"，1.8小时用于"无酬活动"，1.0小时用于"交通"，0.6小时用于"教育及接受培训"，0.6小时用于"在香港以外进行的活动"。在周日，15岁及以上人士平均每日花11.4小时用于"与个人起居饮食有关的活动"（包括睡眠）；4.3小时用于"有薪酬的工作"，4.3小时用于"闲暇活动"，1.8小时用于"无酬活动"，1.1小时用于"交通"，0.7小时用于"教育及接受培训"，0.5小时于"在香港以外进行的活动"。休闲在香港居民的日常生活中，占据了非常重要的位置。

外出旅游是香港居民满足休闲需求的热门选项。商业机构有关未来出境旅游报告显示香港人热衷外游，在亚太区内排名第二。香港的国际出境旅游次数（不包括前往中国内地及中国澳门的旅行）预料将以每年平均3.0%的速度增长，至2021年达到680万旅次。到2021年，亚太区内所有已发展市场（日本除外）的出境旅游次数占总户数的比率将超过100%。新加坡（693.6%）、中国香港（248.9%）及中国台湾（232%）的比率远超100%，显示这些地区的家庭最热衷外游。

（三）澳门居民的休闲需求：休闲是主要的消费项

对于澳门这样的旅游休闲中心而言，休闲是居民主要的消费项。据澳门统计暨普查局公布的2017/2018年住户收支调查，按双周消费开支组别和商品服务组别统计的住户双周消费开支总数为16335澳门元，其中"外出（店内）用膳"2185澳门元（占13.4%）、"康乐及文化"759澳门元（占4.6%）。"康乐及文化"消费前三位分别是"旅游服务预订"201澳门元、"康乐及体育服务"94澳门元、"书籍"82澳门元；此外在"外地消费"1902澳门元（占11.6%），其中到珠海的消费为838澳门元。

外出旅游成为澳门居民节假日满足休闲需求的选项之一。2018年，使用旅行社服务外出的澳门居民有1578526人次，上升13.5%；其中前往中国内地（834910人次）增加10.3%，前往中国香港（238373人次）及台湾地区（179799人次）的居民亦分别上升17.2%及37.8%。此外，前往新加坡的居民（26261人次）大幅增加101.7%；前往韩国（75723人次）及泰国（46091人次）的游客量则分别出现8.9%及4.9%的跌幅。随团外游的澳门居民有526805人次，同比减少6.1%。

四　亟待整合的休闲板块：频繁跨区域互动的粤港澳大湾区需要休闲整体规划

粤港澳总体经济发展向好，居民收入持续上升，预期对休闲的需求继续增长。除日常使用小区休闲设施外，对区内其他城市的休闲设施需求也在不断增加，当天往返其他湾区内城市又或作短期停留进行购物、文化、餐饮、娱乐等休闲活动日趋普遍。

例如，2018年广东省旅游住宿设施接待过夜游客488078293人次，同比上升10.45%。其中，来自香港、澳门特区的分别占4.71%和0.63%（见图1）。

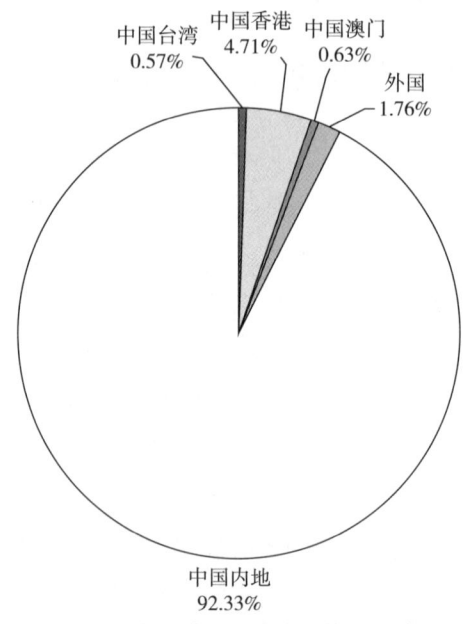

图1 2018年广东省旅游住宿设施接待过夜游客客源结构

资料来源：广东省人民政府公布的统计数据。

2018年澳门特区共接待了35803663人次旅客，同比上升9.8%。其中广东省和其他省份的游客分别占29%和41%，来自香港特区的游客占18%（见图2）。

粤港澳大湾区存在三个单独关税区，随着《纲要》分阶段落实推进，通关与交通运输软、硬基建设施建设日趋完善，区内区外互联互通日益紧密，港珠澳大桥等连接珠三角东西岸的设施相继落成，可以预见区内9市2特区约7000万人口在区内跨市的休闲需求将不断增加，并将吸引越来越多

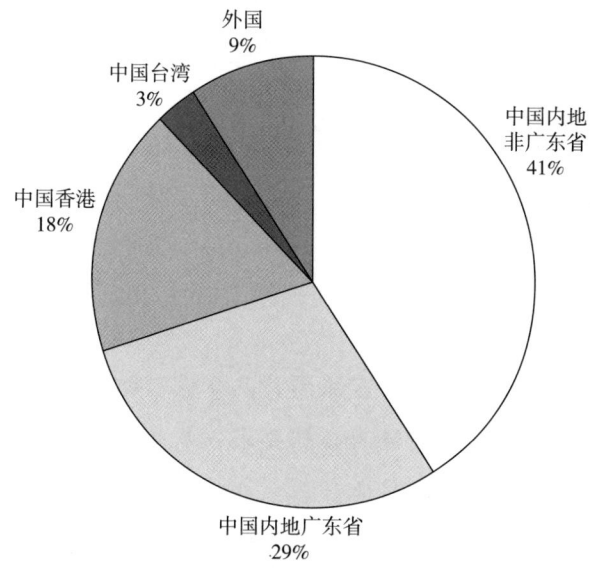

图2 2018年澳门特区接待旅客结构

- 外国 9%
- 中国台湾 3%
- 中国香港 18%
- 中国内地广东省 29%
- 中国内地非广东省 41%

资料来源：澳门特区统计暨普查局。

的区域以及国际入境游客进入大湾区内旅游。

在此背景下，粤港澳大湾区有待建立更具整体性的休闲发展观，需要从政府层面做出整体性的休闲规划，尽早对未来短、中、长期做出休闲与旅游的需求预测，扩大公共资源投入以增加供应，并引导境内外企业加大投资力度，分阶段配合落实提升休闲与旅游供应，从而推动一个新的休闲大区形成。

G.11
中国体育旅游城市影响力研究
——以上海市为例

付 冰 徐晟辉 董二为*

摘 要： 发展体育旅游是丰富旅游产品体系、拓展旅游消费空间、促进旅游业转型升级的必然要求，是开发体育资源、实现全民健身和全民健康深度融合、推动体育产业提质增效的必然选择，对于培育经济发展新动能、拓展经济发展新空间具有十分重要的意义。本研究借鉴已有研究成果，咨询体育旅游领域相关专家意见，设计了以经济影响力、文化影响力、资源影响力和传播影响力四个子系统为一级指标、由八个二级指标、四十四个三级指标构成的体育旅游城市影响力评价指标体系。通过对上海市体育旅游影响因素及主要问题的分析，建议把握住上海市新型体育旅游业态发展的趋势，有效优化上海市体育旅游业态结构，大力发展体育特色小镇旅游，打造精品体育赛事旅游产品。

关键词： 体育旅游 城市影响力 评价指标体系 上海市

---

* 付冰，大连财经学院副教授，上海体育学院博士研究生，研究方向为体育旅游和接待业人力资源管理；徐晟辉，上海体育学院硕士研究生，研究方向为指标体系研究、休闲与体育旅游；董二为，博士，上海市特聘教授（东方学者），上海体育学院教授，美国体育学院教授，博士生导师，研究方向为体育理论、休闲与体育旅游。

在供给侧结构性改革的时代背景下，体育旅游作为体育和旅游产业深度融合的新兴业态，对促进旅游业转型升级、丰富旅游产品体系、拓展旅游发展空间、推动大休闲概念、提升体育相关产业增效、促进体育消费具有十分重要的作用。从政策层面看，2016年下半年开始，国家密集出台了一系列政策促进体育与旅游融合发展，如《国务院办公厅关于加快发展健身休闲产业的指导意见》（国办发〔2016〕77号）、《国务院办公厅关于进一步扩大旅游文化体育健康养老教育培训等领域消费的意见》（国办发〔2016〕85号）、《"十三五"旅游业发展规划》（国发〔2016〕70号）、《国家旅游局、国家体育总局关于大力发展体育旅游的指导意见》（旅发〔2016〕172号）、国家体育总局和国家旅游局签署《关于推进体育旅游融合发展的合作协议》等。2018年9月出台的《关于促进上海旅游高品质发展加快建成世界著名旅游城市的若干意见》和5月发布的《上海市体育旅游融合发展规划》的通知中也都提出了要充分促进体旅结合，大力发展体育旅游。

通过上述国家和地方的指导性政策，可以看出体育旅游发展潜力巨大、前景广阔。通过体育旅游的发展促进上海市地方经济的增长，利用国内外顶级体育赛事营销城市以实现体育赛事与城市旅游发展的互动，开发体育旅游实现上海市GDP增长以及就业、物价、国际收支、企业利润、财政收入和劳动生产率等方面的良性发展，是上海建设世界著名旅游城市和建设全球著名体育城市的关键，也是上海深入推进长三角地区乃至全国旅游服务协同发展的重要途径和手段。要实现这些目标，离不开大量基于国际视野的体育旅游研究，尤其是对上海市体育旅游城市影响力的研究。只有不断提升体育旅游的城市影响力，才能带动上海市体育旅游的产业的全面发展和区域旅游经济的腾飞。

一 上海市体育旅游发展的重要意义

体育是发展旅游产业的重要资源，旅游是推进体育产业的重要动力。大力发展体育旅游是丰富旅游产品体系、拓展旅游消费空间、促进旅游业转型升级的必然要求，是开发体育资源、实现全民健身和全民健康深度融合、推动体育产业提质增效的必然选择，对于培育经济发展新动能、拓展经济发展新空间具有十分重要的意义。

（一）有利于引领上海市核心城市经济区的发展

经过近些年的开发建设，上海市已成为我国参与区域合作的重要平台。习近平主席在中国国际进口博览会开幕式上的发言中提到"开放、创新、包容已成为上海最鲜明的品格"。同时，指出为了更好发挥上海等地区在对外开放中的重要作用，"将支持长江三角洲区域一体化发展并上升为国家战略，着力落实新发展理念，构建现代化经济体系，推进更高起点的深化改革和更高层次的对外开放，同'一带一路'建设、京津冀协同发展、长江经济带发展、粤港澳大湾区建设相互配合，完善中国改革开放空间布局"。发展新兴的体育旅游也可以充分利用区域整体优势和集合效应，以上海为核心，辐射周边，做大体育旅游产业的规模，推进长三角地区体育旅游产业升级，优化体育旅游空间布局，完善体育旅游服务功能，打造以上海为中心的特色体育旅游区域。

（二）有利于增强体育旅游产业的经济综合实力

增强体育旅游产业的经济综合实力是促进上海市体育旅游经济的重要任务。通过开发新兴体育旅游业态、打造体育旅游产品和服务、推进体育旅游营销等可以增强体育旅游产业的综合实力，并加快体育旅游产业结构调整的步伐，可以实现以体育旅游产业为主导的旅游产业发展新格局。通过加快体育旅游产业的转型升级，促进上海市体育旅游产业高端化、智能化、服务化、集群化发展，建设具有国际竞争力的先进的体育旅游产业区。

（三）有利于提升周边地区的国际合作和对外开放水平，形成我国长三角地区新的体育旅游经济增长极

上海市与长三角地区以及周边邻近国家旅游资源禀赋互补性强，经济技

术合作的空间广阔,加快发展的潜力巨大。以推进上海市体育旅游产业发展为重点,全面推进长三角区域以及国际体育旅游的合作开发,有利于为深化周边开放探索经验,增强城市自身发展能力;同时有利于挖掘体育旅游对外开放合作的潜力,形成具有发展活力的新的体育旅游增长区域,为全面推动区域协调发展发挥推动与支撑作用,这也完全符合习主席对上海"开放、创新、包容"城市品格的评价。

二 上海市体育旅游城市影响力评价分析

体育旅游是以体育运动为核心,以现场观赛、参与体验及参观游览为主要形式,以满足健康娱乐、旅游休闲为目的,向大众提供相关产品和服务的一系列经济活动,涉及健身休闲、竞赛表演、装备制造、设施建设等业态。体育旅游作为产业发展在我国刚刚开始,无论在实践领域还是研究领域均存在许多空白。

体育旅游城市是以各种体育活动或有关体育的实体景观为主要旅游资源的旅游城市。体育旅游城市是旅游城市的子分类,随着我国特色体育小镇的概念发展到体育特色小镇旅游,将会成为未来城市旅游区域带的重要组成部分。

城市影响力是一个多学科共同关注的研究热点。所谓城市影响力,就是一个城市以其积聚和转化资源、创造价值、占领市场的能力为依托,为其居民提供福利并带动周边地区发展,从而在一定区域或世界范围内具备很高的知名度和吸引力,进而推动自身全面发展的能力。综上所述,本研究认为体育旅游城市影响力,就是体育旅游城市依托各种体育旅游资源,促进当地及城市周边地区经济、文化、资源等领域的发展,提升城市知名度和吸引力的综合能力。

尽管城市影响力的相关研究很多,但是针对体育旅游城市影响力评价的研究还很少,还没有一个规范系统的体育旅游城市影响力评价指标体系,因此,对于体育旅游城市影响力的评价不可随意套用一般的城市影响力评价指标。

针对当前研究存在的问题，本研究尝试通过构建体育城市影响力评价指标体系，完善国内体育旅游研究，为提升城市核心竞争力提供思路。第一步是选取评价指标并构建模型。影响力是一个城市综合实力的体现，我国学者的主流观点认为应从文化影响力、经济影响力、宜居影响力和传播影响力四方面对城市影响力进行评价。但对于体育旅游城市来讲，人文、自然旅游资源显然占据更为重要的地位。体育旅游城市的旅游资源禀赋直接影响着城市的宜居度。例如，城市绿化程度作为一项评价旅游资源的指标，对城市宜居度同样有着直接的影响。因此，本研究将体育旅游城市影响力分为四大类，分别是经济影响力、文化影响力、资源影响力和传播影响力。通过借鉴已有研究成果，咨询体育旅游领域相关专家意见，本文设计了以经济影响力、文化影响力、资源影响力和传播影响力四个子系统作为一级指标，由八个二级指标、四十四个三级指标所构成的体育旅游城市影响力评价指标体系。在完成评价指标选取以及模型构建之后，接下来需要确定各指标权重。本研究采用层次分析法，首先对专家发放问卷获得专家对于各指标重要性的成对比较矩阵，接下来带入层次分析法公式计算求得权重。最后整理得到体育旅游城市影响力评价指标体系如表1所示。

表1 体育旅游城市影响力评价指标体系

一级指标	一级指标权重	二级指标	二级指标权重	三级指标	三级指标权重	综合权重
经济影响力	0.0894	体育旅游经济支撑力	0.5252	人均GDP	0.1210	0.0057
				人均可支配收入	0.2196	0.0103
				第三产业比重	0.5385	0.0253
				全社会固定资产投资额	0.1210	0.0057
		体育旅游经济贡献力	0.4748	旅游业GDP	0.296	0.0126
				国际旅游外汇收入	0.1682	0.0071
				旅游业GDP比重	0.2840	0.0121
				入境游客数量	0.0734	0.0031
				旅游饭店客房平均出租率	0.0688	0.0029
				旅游饭店客房平均房价	0.1096	0.0047

续表

一级指标	一级指标权重	二级指标	二级指标权重	三级指标	三级指标权重	综合权重
文化影响力	0.2611	体育旅游文化支撑力	0.4622	体育博物馆数量	0.2505	0.0302
				本科及以上学历居民数比重	0.0799	0.0096
				学校数量	0.0428	0.0052
				体育人口数量	0.5131	0.0619
				城市人口平均年龄	0.1137	0.0137
		体育旅游文化贡献力	0.5378	体育文化产业园区数量	0.2970	0.0417
				体育文化节数量	0.5396	0.0758
				体育人口增长比例	0.1634	0.0229
资源影响力	0.5234	体育旅游资源支撑力	0.4806	空气质量	0.0952	0.0239
				绿化覆盖率	0.0931	0.0234
				室内体育场馆数量	0.1562	0.0393
				旅行社数量	0.0195	0.0049
				星级酒店数量	0.0190	0.0048
				地区交通可达性	0.0614	0.0154
				体育旅游发展投资金额	0.2473	0.0622
				体育旅游业从业人员数量	0.1542	0.0388
				职业运动队数量	0.1542	0.0388
		体育旅游资源竞争力	0.5194	国际体育赛事数量	0.2584	0.0702
				体育旅游线路数量	0.0927	0.0252
				体育旅游景区数量	0.1511	0.0411
				国家级体育旅游奖项数量	0.0848	0.0231
				城市体育明星数量	0.0848	0.0231
				体育旅游资源稀缺度	0.1073	0.0292
				体育旅游资源适游期	0.1282	0.0349
				体育旅游资源使用范围	0.0927	0.0252
传播影响力	0.1261	体育旅游传播支撑力	0.4806	网民数量	0.0980	0.0059
				媒体数量	0.3491	0.0212
				体育、旅游专业在读学生数量	0.1843	0.0112
				体育、旅游专业教师数量	0.1843	0.0112
				体育、旅游院校数量	0.1843	0.0112
		体育旅游城市知名度	0.5194	国内知名度	0.3201	0.0210
				国际知名度	0.3201	0.0210
				研究关注度	0.0695	0.0046
				体育旅游新闻量	0.2903	0.0190

资料来源：《中国统计年鉴》（2014～2018）、《中国旅游统计年鉴》（2014～2018）、《上海统计年鉴》（2014～2018），部分缺失数据选择同类数据替代。

由图1所示，2014~2017年，上海市体育旅游城市影响力整体呈上升趋势，2014~2016年影响力呈线性增长，三年内上海市体育旅游城市影响力增长12.81%，2017年影响力增长速度放缓，较2016年仅增长0.85%。

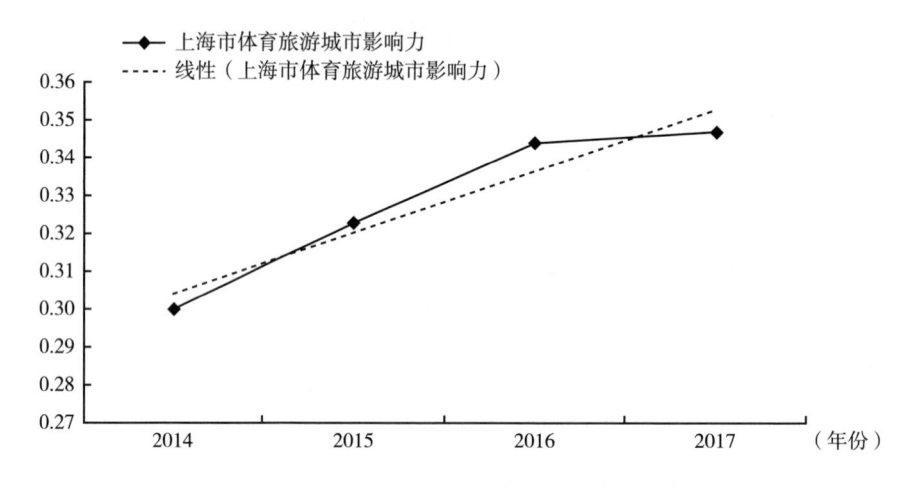

图1　2014~2017年上海市体育旅游城市影响力

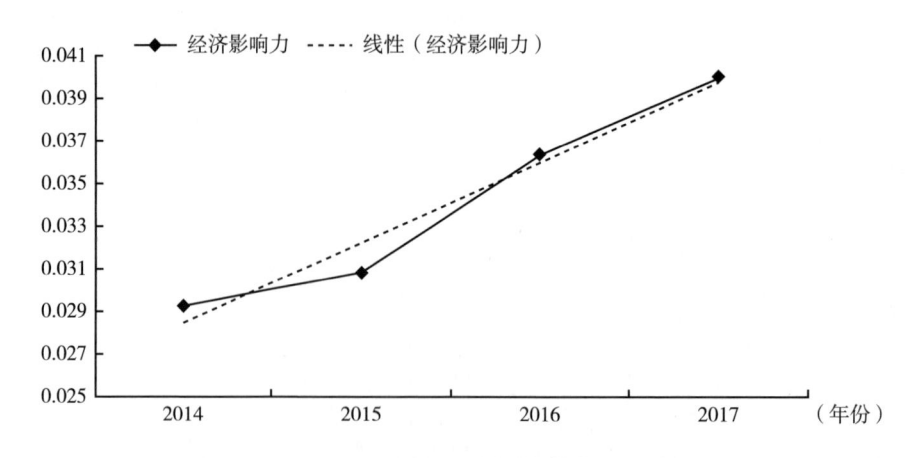

经济影响力方面，由图2可知，2014~2017年上海市体育旅游城市经济影响力发展速度快，四年间提高26.81%。人均GDP、人均可支配收入、旅游业GDP等指标均有不同程度的提升。

图2　2014~2017年上海市体育旅游城市经济影响力

文化影响力方面，由图3可知，2014~2017年，上海市体育旅游城市文化影响力基本保持增长，四年间增长12.68%。但值得一提的是，尽管上海市文化影响力持续提高，但上海市主要文化机构数却逐年减少，从2014年的17291家减少至2017年的11800家，其中新闻出版机构减少幅度最大，四年间减少了47.08%。

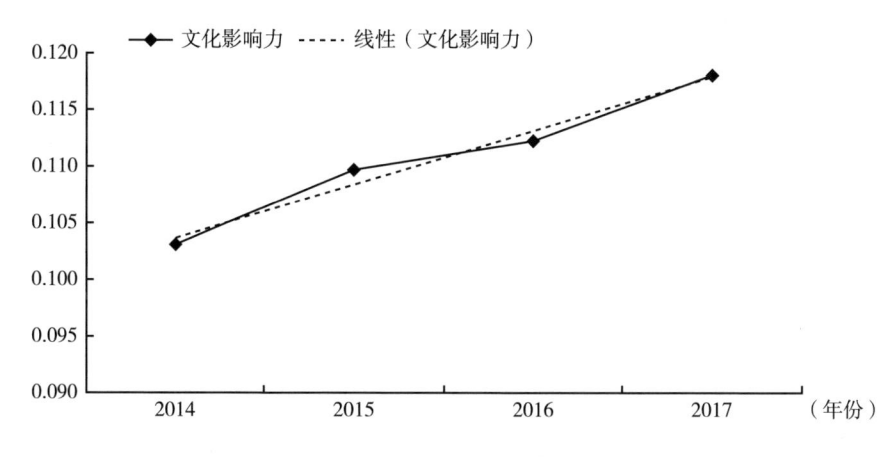

图3 2014~2017年上海市体育旅游城市文化影响力

资源影响力方面，由图4可知，2014~2017年，上海市体育旅游资源影响力呈持续上升态势。建成区绿化覆盖率从2014年的38.4%上升到

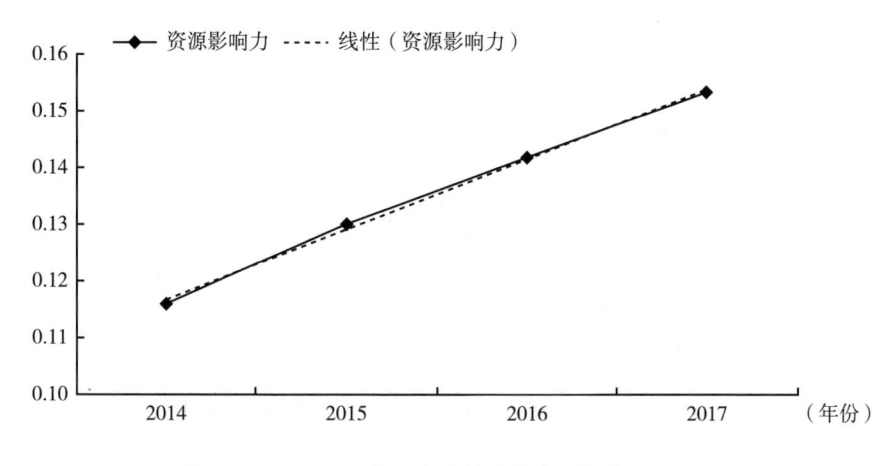

图4 2014~2017年上海市体育旅游城市资源影响力

39.1%，体育旅游景区数量从92个上升至113个，优秀运动员数量从766个升至1171个，其他资源影响力三级指标均有不同程度的增长。

传播影响力方面，由图5可知，2014~2017年，上海市体育旅游传播影响力呈线性增长趋势。网民数量，数字媒体数量，体育、旅游专业在读学生数量等相关指标均有显著增长。但值得一提的是，上海市学术研究关注度四年来持续下降，四年间下降了15.54%。

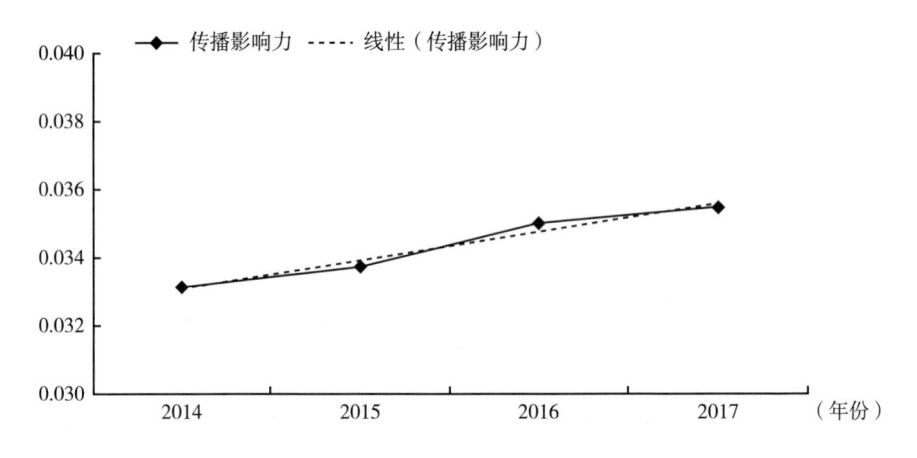

图5 2014~2017年上海市体育旅游城市传播影响力

三 上海市体育旅游未来发展及展望

体育旅游在我国是新兴的事物，在发展规划上与西方发达国家相比还存在一定的差距，但是随着政府的大力支持和人们旅游需求的增长，必然会取得长足的发展。通过对上海市体育旅游影响因素及存在的主要问题进行分析，可以针对上海市体育旅游发展的现状，做出合理的规划，采取相应的措施。

（一）要把握住上海市新型体育旅游业态发展的趋势

本区域可以重点发展的新型旅游业态形式主要为高端运动俱乐部、运动主题公园、体育特色小镇旅游、专业竞技赛事运动、体育文化节庆等，并且可以通过体育旅游重点项目的带动，辐射整个上海区域旅游业。

（二）有效优化上海市体育旅游业态结构

以本区域现有和潜在的体育旅游业态为线索，从旅游餐饮业、旅游饭店业、旅游交通运输业、旅游文化娱乐业、旅游购物业、旅行社业、景区（点）业等方面对上海市体育旅游业态发展进行更为全面的发展，提出具有针对性的体育旅游业态发展及结构优化的策略。

（三）大力发展体育特色旅游小镇

体育特色旅游小镇将成体育产业发展新动力。2017年5月，国家体育总局下发《关于推动运动休闲特色小镇建设工作的通知》，正式启动了运动休闲特色小镇建设工作。运动休闲特色小镇是在全面建成小康社会进程中，助力新型城镇化和健康中国建设，以运动休闲为主题打造的具有独特体育文化内涵、良好体育产业基础，集运动休闲、文化、健康、旅游、养老、教育培训等多种功能于一体的空间区域、全民健身发展平台和体育产业基地。

体育特色小镇旅游是以运动休闲为主题的空间区域，突出"体育产业+主题旅游"的特点，具有独特体育文化内涵、良好体育产业基础，集运动休闲功能、旅游度假功能、体育赛事功能、文化展示功能、教育培训功能等于一体，同时也是全民健身发展的平台。未来，体育特色旅游小镇将吸引年轻运动势力，打造赛事IP，发展多维度"体育+"旅游产业。比如上海青浦区金泽镇是长三角一体化发展示范区，是环淀山湖协调发展的核心功能区。其以上海市美帆俱乐部为中心发展水上运动，同时发展其他和体育运动有关的旅游项目，可打造对长三角产生强大辐射与吸纳效应的典型体育特色旅游小镇。我国居民日益增长的体育运动需求与旅游需求会成为体育特色旅游小镇快速增长的市场需求基础，体育小镇的兴起也会进一步推动体育旅游的热潮，推动我国旅游市场向休闲深度游转型。

（四）打造精品体育赛事旅游产品

以国际精品体育赛事为平台，打造融合体育赛事、歌舞、杂技、多媒体于一体的体育赛事旅游吸引物。围绕赛事举办场馆，打造商、旅、文、体联动发展的体育赛事旅游集聚区。比如，打造集观赛、运动休闲、观光旅游、精彩演出、车迷交流于一体的上海 F1 主题体育狂欢节，谋划 F1 车迷营地等活动。赛事旅游成为体育旅游市场发展新风尚。赛事旅游分为观赛旅游和参赛旅游。观赛旅游一般以职业化水平高的体育赛事为主要旅游吸引点，吸引大批旅游者去举办地观赛。参赛旅游产品一般是职业化水平不高的赛事项目，适合普通人参与，例如马拉松等。应注重观赛前和观赛后旅游产品的开发与服务，要做到不仅靠观赛，而且要通过赛事吸引游客早到旅游目的地并用其他旅游产品留住他们。

综上所述，开发上海市体育旅游应做到理论与实际相结合，要具有较高的前瞻性和创新性，这对今后上海市体育旅游项目策划生成、体育旅游精品项目建设、体育旅游目的地体系建设、旅游项目体制创新应具有战略指导意义。同时，在世界级体育旅游品牌打造、体育与旅游融合、体育休闲度假建设、体育生态休闲开发、体育旅游新业态培育等方面实现新的规划突破，对丰富上海市体育旅游产品体系，推动新型体育旅游产品体系建设，加快推动上海体育旅游产业的转型升级具有重要的影响。在具体运作过程中，还要解决可能遇到的税收、土地政策、发展专项资金、市场宣传以及企业经营管理等相关问题。

参考文献

崔瑞华、徐静、王泽宇、钟敬秋：《中国沿海地区滨海体育旅游竞争力评价》，《辽宁师范大学学报》（自然科学版）2018 年第 1 期。

国家旅游局：《中国旅游统计年鉴》，中国旅游出版社，2014～2018。

刘华芝：《体育旅游目的地竞争力的评价指标体系研究》，《管理观察》2015 年第

28期。

刘彦平：《城市影响力及其测度——基于200个中国城市的实证考察》，《城市与环境研究》2017年第1期。

上海市统计局：《上海统计年鉴》，中国统计出版社，2014~2018。

沈丽玲、应淑娟：《体育旅游产业特征及发展策略》，《当代体育科技》2018年第28期。

王海涛、武辉林：《河北省创新型城市建设评价指标体系研究》，《河北省科学院学报》2018年第4期。

中华人民共和国统计局：《中国统计年鉴》，中国统计出版社，2014~2018。

G.12
城市休闲发展对比研究：
以布宜诺斯艾利斯和杭州为例[*]

蒋 艳[**]

摘 要： 一方面，布宜诺斯艾利斯和杭州都是著名的休闲城市，均处于亚热带地区，气候类似，都具有浓厚的浪漫文化气息和悠久的休闲文化基因；另一方面，两个城市的休闲发展也存在很多差异，如发展风格和关注点不同。杭州市政府在休闲发展中扮演了重要角色，并进行大量基础设施建设，以吸引游客；布宜诺斯艾利斯虽然城市休闲发展基础雄厚，但旅游基础设施投入相对不足，且更关注当地居民需求。两座城市面临的经济环境不同，休闲环境的安全性也有差异，两者对外界的姿态也不同。从这些对比中，可获得诸多启示。

关键词： 城市休闲发展 布宜诺斯艾利斯 杭州

随着社会经济发展，休闲城市建设成为提升城市竞争力和释放居民消费潜力的重要途径。阿根廷的布宜诺斯艾利斯（以下简称布市）和中国的杭

---

[*] 资助项目：2018年度浙江外国语学院国别和区域研究中心课题重点项目"城市休闲空间文化氛围营造研究——以阿根廷布宜诺斯艾利斯为例"。
[**] 蒋艳，管理学博士，浙江外国语学院国际经济与旅游管理学院旅游系副教授，中国社会科学院旅游研究中心特约研究员，研究方向为城市休闲与旅游文化。

州都是著名的旅游城市，也都符合蒋艳和王诚庆提出的狭义休闲城市的概念，即休闲功能突出、休闲产业发达、休闲活动普遍。两座城市分别处于地球两端，来自完全不同的文化背景，城市休闲发展存在巨大差异。总体上，相比中国其他城市，杭州和布市具有更多的相似性，也具有更大的对比价值。本报告通过对这两座城市休闲发展进行对比分析了解其特征，为两座城市及其他城市的休闲发展提供参考。

一 两个城市休闲发展的相似之处

（一）地理位置相似、气候类似

两个城市均处于亚热带地区，四季分明，都是沿海城市，拥有较深港湾，杭州是钱塘江和杭州湾，布市是拉普拉塔河河口；杭州在港湾深处，而布市海洋性气候更明显，在气候上更接近于宁波。

杭州是亚热带季风气候，夏季湿润、冬季干燥、春秋宜人，冬夏温差更大，近年冬季甚至出现暴雪，夏季则出现较长时间的酷暑天气。而布市属于亚热带季风性湿润气候，四季气候差异相对较小，但是一天之内的气候变化相对较大。尤其在夏天，时常出现清晨暴雨几小时后天晴的情况，这也使得布市的天空比较清澈。

布市的名称 Buenas Aires，本身就是好空气的意思。杭州在地理上虽然具有很好的气候条件，但近年受到全国性雾霾影响，空气污染成为杭州城市休闲发展的阴影。地方政府投入了大量人力物力来治理空气污染，并将其纳入考核。经过努力，2018年底杭州主城区雾霾天数同比减少23天，环境空气优良率为75.4%，与2017年同期持平。但雾霾治理仍将是未来的重要挑战。

从休闲角度来看，游客感知到的城市空气、温度、气候等，都会影响其城市休闲体验。总体而言，布市的气候体验优于杭州。杭州除了继续治理空气污染外，还需完善取暖设施，提高冬季舒适度。杭州作为南方城市，暖气并不普及，酒店等旅游公共场所大多使用空调，室外则缺乏御寒设施。布市的室内暖气比较普及，而且有些室外场所，如酒吧的院子，也有取暖设施。

（二）都是著名的旅游城市

杭州是中国著名的休闲旅游城市。在很长时间内，杭州和苏州被中国人合称苏杭，并有"上有天堂，下有苏杭"的美誉。近年来，杭州一直打造的城市形象是"东方休闲之都，品质生活之城"。杭州在打造休闲城市形象方面不遗余力，并且取得了很大成就，也获得了很多游客的认可。杭州游客接待量逐年上升，2018年达到18403万人次，同比增长13%；全市实现旅游总收入3589亿元，同比增长18%。杭州的海外影响力也在持续提升，2018年入境旅游420.5万人次，同比增长4.5%；旅游外汇收入38.3亿美元，同比增长8.1%。

布市则一直都是颇受国际游客欢迎的旅游城市。根据布市官网的资料，布市2018年接待的游客总计8045196人次，其中国内游客4601235人次，国际游客3443961人次。国际游客中，巴西游客822676人次、欧洲游客671973人次、乌拉圭游客499936人次、北美游客331128人次、智利游客240795人次、其他美洲国家游客638559人次、剩余其他国家游客238894人次。可见，到访阿根廷的国际游客大多来自周边南美国家、欧洲和北美。2018年布市国际游客收入18.39亿美元，同比增长3.08%。

（三）都是浪漫的文化之都

杭州和布市都是浪漫的休闲城市，都充满文化内涵。

杭州曾试图打造爱情之都的形象。这种构思源于几大爱情故事，如苏小小传奇、白娘子传奇和梁山伯与祝英台。后两个是虚构的故事，但是流传极广，在民间被不停演绎并且传播广泛。这两个故事之所以被放在杭州，是因为与杭州这座城市本身的气质非常吻合，但这些都是悲剧性的爱情故事，将爱情主题转化为具体的旅游产品存在困难，但杭州的浪漫形象仍然深入人心。这种浪漫形象本身也和江南水乡的地域形象密切关联。在中国古代，曾有四大地域分割，包括西域、塞外、关东等，但那些让人产生浪漫联想的地名都已消失在历史长河中，只有江南这个名称保留下来，且有具体的区域范围，即长三角流域。这个区域整体呈现富裕、优美、浪漫的形象。杭州作为长三角重要的江南城市，更成为浪漫的象征。在很多中国人心目中，杭州就像天堂，这本身也是一种非常积极、浪漫的联想。杭州也是一座充满文化的城市，文化元素遍布城市各个角落。如街头雕塑的日益增多、遗产文化的重新利用、传统社区的有机更新等，这些都变身为各种充满文化情调的休闲场所。

布市被认为是全球最浪漫的城市之一，也是全球很多游客向往的城市。布市的浪漫体现在城市的很多文化细节中，如性感热辣的探戈表演。这种表演不限于舞台，还出现在市区街头。探戈是一种近乎全民的文化。在博卡区餐馆门口，在音乐伴奏中，普通民众翩翩起舞的场景屡见不鲜。在街头各个角落出现的，不仅有探戈，还有各种音乐艺术表演，包括歌唱和乐器演奏。这些表演往往出现在一些热闹的商业广场，以及公交车、地铁、火车及其站台上。这些艺术表演让整座城市充满浪漫气息。布市的浪漫还由它的人民来传递。阿根廷人的热情奔放本身也营造了整座城市的浪漫之感。很多活动，尤其节庆活动，民众的互动参与让整座城市的浪漫休闲气息得以充分呈现。总体上，布市的城市气质是一种充满文化气息的浪漫。除了大量的室外音乐艺术、节庆文化活动，还有遍布街头的建筑文化和涂鸦艺术，以及博物馆、美术馆、文化中心等各种文化场所。浪漫是布市的气质，文化是布市的内涵，这两种特质结合起来，构成对游客的巨大吸引力。

（四）都有休闲文化基因

柳永有词曰"钱塘自古繁华"，正是上千年的富裕、和平，造就了杭州的悠闲平和的城市气质。虽然杭州正在朝着大城市的方向发展，杭州的休闲中带着奋进，但仍然改变不了城市的休闲底色。

布市的休闲文化基因源于优越的自然环境和长期的国家富裕。阿根廷这片富庶的土地，农业资源丰富，在很长一段历史中，居民无需太多努力就可以生活得很好。加上阿根廷移民绝大部分来自西班牙和意大利，这两个民族都非常重视休闲生活。这些移民到达阿根廷后，在阿根廷富足资源的滋养下，更是将休闲气质发挥到极致。

总体上，布市比杭州具有更显著的休闲气质，这源于布市在历史上更为富足的状态。阿根廷曾是世界上最富裕的国家之一，且没有经历过战乱。而杭州作为中国的城市，曾在20世纪初经历过战争，在半个世纪前经历过贫穷和饥饿，这种记忆尚不遥远。布市更显著的休闲气质还源于居民的西语文化背景比杭州居民的中国文化背景更推崇休闲。阿根廷文化中，休闲是生命的重要内容，而中国传统文化总体上仍然推崇艰苦奋斗，甚至在过去将休闲等同于游手好闲。

二 两个城市休闲发展的相异之处

（一）城市休闲发展的风格不同

1. 布市代表着南美的热情动感浪漫，侧重于艺术

第一，布市在艺术上的巨大成就源于其厚重的历史积淀，即深厚的欧洲文化。大量人才来自欧洲，他们发挥聪明才智，在布市建设了非常多美丽的建筑。很多建筑原材料都来自欧洲各个国家。在建设布市时，也模仿了欧洲风格，这使得布市看上去就像欧洲城市。他们在艺术上的成就同样是在欧洲艺术的基础上发展起来的。

第二，布市的移民大多来自西班牙和意大利，这两个都是热情奔放的民族，他们的休闲风格构成了阿根廷（包括布市）休闲的基调。

第三，阿根廷人民在经历过黑暗十年（dark decade）之后对于自由的极度推崇，也为城市艺术文化发展提供了土壤。布市虽然正在面临经济危机，但是其艺术生活仍然极度活跃，也有庞大的民众基础。比如CCK经常有免费的音乐会表演等，而且几乎每场都爆满。

2.杭州代表着东方的优雅娴静浪漫,侧重于文学

杭州文化在中国传统文化的框架之下,代表着一种东方浪漫。相比西方浪漫的热情直白,东方浪漫是一种内敛委婉。杭州的城市休闲会努力营造一种意境,包括江南山水意境,其中最典型的是杭州的江南园林。江南园林是中国传统文化中将意境营造做到极致的典范。

诗词在其中推波助澜的作用不可小觑。诗人和词人代表着当时中国最高的审美水平,他们也影响了很多人的审美偏好。比如杭州西湖十景中的断桥残雪,就是告诉人们断桥的雪景最美。所以,每当杭州下雪,就有很多人涌向断桥观雪。

总体上,杭州的城市休闲风格偏向静态。意境需要静静品味,比如游园;休闲活动需要安静享受,比如喝茶。而这些休闲背后代表的中国文化,对外国人既充满吸引力,也充满困惑。因为意境需要休闲者配合想象,这需要有足够的中国文化基础,这也是很多外国游客感受不到的原因。毕竟与他们的原生文化背景截然不同,他们很难感受到意境中的微妙之处,也不一定喜欢。

(二)城市休闲发展的侧重点不同

杭州的城市休闲发展是政府主导型。在当下发展阶段,政府更重视的是通过打造休闲城市来发展经济,对于不能带来更多经济效益的休闲项目建设兴趣不大。因而,在某种程度上,杭州的城市休闲建设是游客导向型。"休闲"是杭州的城市形象,但其目的在于吸引更多游客。客观上,休闲城市建设本身给当地居民带来了正面效益,但这并不改变政府在城市休闲发展中的重心。总体上,游客比居民更重要。杭州在为游客服务方面,做出了最大的努力,包括推出专门的旅游巴士,沿线都是旅游景点,价格仅比普通巴士贵一点,基本上差不多。同时,休闲空间和休闲活动大多从游客角度出发,却容易忽略当地居民的休闲体验,甚至可能侵占居民日常生活的空间。大量历史街区的重新打造,营造了优美的休闲氛围,结果是吸引了很多游客,居民却大量搬离了这些街区,如清河坊历史街区、小河直街历史街区等。杭州

的休闲城市发展有大量的外力介入，且缺乏时间沉淀，其负面结果是，在一些优美的城市休闲空间，历史传统根基被拔起，甚至断裂。

布市的城市休闲发展则立足于当地居民，参与主体也是当地居民。城市休闲空间由当地居民创造，也归当地居民使用，这是至今仍在生长的文化传统。很多休闲活动，包括很多节庆活动，更多是一种文化惯性和自发行为。比如有很多免费的艺术文化活动，除了定期的艺术文化场所展览和表演外，还有诸如 2018 年的博物馆之夜和教堂之夜、2019 年的了解阿根廷古迹活动等大型文化艺术活动。很多文化场所免费向所有人开放，甚至提供专门导游服务，参与人群众多。此外，在脸书（Facebook）上几乎每天有各个艺术文化场所提供的不定期活动，所有人都可以选择自己喜欢的活动，并邀请朋友参加。这些非常有意义的休闲活动，都能帮助当地居民更加了解这座城市。总体上，布市更多关注当地居民的需求，而对游客需求关注相对较少，极少有专门针对游客的活动。帮助游客了解城市的旅游巴士，价格昂贵，是普通巴士价格的几十倍。

（三）城市休闲发展基础设施投入不同

1. 杭州城市休闲发展基础设施投入巨大

杭州的城市休闲发展由政府主导，政府拥有巨大的财政支配权。杭州在发展成为"东方休闲之都，品质生活之城"的既定目标之下，相应建设就会快速跟上，不容易出现资金短缺的情况。杭州在确定目标后，有一些比较大规模的城市休闲建设内容，最主要的是西湖西进、京杭运河沿岸建设和河道整治。在此基础上，近几年建成各类绿道 3036 公里，并且初步形成杭州特色绿道品牌，杭州在绿道建设方面的成就已得到了中国官媒的认可和宣传。

除了这些大规模的城市基础设施建设外，还有一些细节上的投入，而这个投入量也非常巨大。比如，杭州的景区环境和城市街道都非常平整洁净。而维持整洁的环境，不但需要大量的基础设施建设，还需要很多清洁人员。

为了方便居民和游客，杭州推出城市公共自行车，遍布城市各个角落，密度极大。根据杭州市公共自行车交通服务发展有限公司官方网站（http：//www.ggzxc.cn/）的数据，2019年3月26日租用量为338568人次，可见公共自行车的普及程度。使用者需要付信用保证金200元，一小时内免费，超过一小时，每小时1元人民币，最多5元。

杭州的游客信息建设也非常完善。有很多专门的游客信息中心，有工作人员提供旅游信息咨询，这些信息主要是杭州城市总体的旅游休闲信息。在各个景区也可以很方便地拿到该景区的旅游信息指南，或者是周边关联景区的旅游信息指南。

杭州的城市休闲发展目前看来非常成功，游客逐年增加，经济回报巨大。这是一个良性循环，当拥有更多资金时，可以更好地建设城市，更有能力吸引更多相关人才，为游客提供更好的休闲服务。城市知名度和吸引力进一步提升，城市拥有更多发展的资本。

2. 布市城市休闲发展基础雄厚，但旅游基础设施投入不足

布市原先的城市建设为当下的休闲发展提供了物质基础，包括大量美丽的建筑等。在社会需求的推动下，艺术文化活动也非常丰富，但是，总体而言，相关基础设施建设相对较弱，包括城市道路维护、绿色自行车建设、游客信息中心等，和杭州相比明显偏弱。

相比杭州整洁的城市道路，布市街道相对不平整，更不够干净，而且巨大体量的垃圾箱带来视觉上的负面冲击。布市也有公共自行车，称为小黄车，但是小黄车的数量很少，全市仅有190个公共自行车点，主要集中在市区和巴勒莫（Palermo）等部分城区，需要去公共自行车公司申请账号并下载App才能使用。据个人观察，小黄车的维护存在问题，有一些小黄车无法使用，甚至还有车位被占用的情况。骑行也不够安全，很多街道没有自行车道，骑车的话要么绕开这些街道，要么和汽车共用车道，这些都影响了小黄车的使用。总体上，小黄车的使用人次明显低于杭州公共自行车。

布市在为游客提供信息上也明显逊色于杭州。全城有9个游客信息中心，每个信息中心都很简单，提供的信息极其有限，最重要的资讯就是每两个月更新一次的布市旅游地图小册子，简要提供地图、旅游景点、地铁线

路、游客信息中心地址等信息。游客信息中心的上班时间大概都是早上9点到下午6点。相比布市发达的夜生活，游客信息中心能够为游客提供的帮助有限，且时间很短。布市也推出城市App，只是为游客提供一些最简单、非常有限的旅游资讯，以及一些旅游产品。如果需要更多资讯，还需要付费阅读。

（四）城市休闲发展面临的经济环境不同

这两座城市都自带慵懒的悠闲气质，也会自觉营造城市休闲氛围，但在当下也都面临着经济环境的挑战，但两座城市的经济挑战完全不同。

对杭州而言，随着城市吸引力的增加，大量外来人口涌入，尤其是引入的人才都是来自全国各地的精英。他们带给城市的是生产力和创造力，也带给城市原住民更大的竞争压力。当城市进入经济发展的快速上升通道时，人就会面临巨大的竞争压力，很多人的休闲时间也会被压缩。笔者曾采访过一些新杭州人，他们会带来自己的文化，而这种文化可能和杭州休闲文化气质完全不符。所以，杭州面临着当地休闲文化被更多外来文化带向高强度工作的状态。如何在努力进取中保持悠闲的生活态度，是很多杭州人面临的问题。总体上，杭州经济处于上升阶段，虽然暂时整个城市的休闲文化会因更大的竞争压力而被挤压，但从长远来看，这将有利于把整座城市带向一个更为广阔的城市休闲发展空间。

不同于杭州的经济上行压力，对布市而言，对于城市休闲气质的冲击可能源于当下巨大的经济下行压力。当年的富足生活慢慢地开始成为回忆，越来越多的人走向贫穷。根据阿廷国家统计和普查局（Instituto Nacional de Estadistica y Censos，INDEC）官网数据，[①] 2018年下半年，阿根廷的贫穷率达到32%，阿根廷贫困儿童比例更是高达46.85%。就老年人（65岁以上）而言，阿根廷养老金的增加完全被通货膨胀所吞噬。2018年阿根廷第四季

---

① 阿廷国家统计和普查局（Instituto Nacional de Estadistica y Censos，INDEC），https://www.indec.gob.ar/index.asp。

度国内生产总值同比下降了 6.2%。考虑到阿根廷人口可自由流动，布市的贫穷率可能更高，街头随处可见无家可归的流浪者。

越来越多人感受到了经济不景气带来的生活水准下降。虽然两座城市都提供大量免费的休闲产品，但休闲本质上是富足的副产品，当经济条件下滑到某个水平时，休闲就变成了奢侈品。对很多普通民众而言，最直接的表现是，他们会减少休闲开支。部分居民甚至需要增加工作时间，以获得足够的收入来维持生活。布市经济下滑带来的休闲生活压缩，直接带给了民众巨大的不适，经济危机将给整个城市休闲发展带来深远的负面影响。

（五）城市休闲发展时面对外界的姿态不同

1. 国际化

杭州虽然在中国非常有名，但国际知名度不够高。2016 年举办 G20 后，杭州的国际知名度增加，但距离国际城市还有距离。但不管是政府管理，还是学界研究，都在积极推动杭州国际化，包括城市标牌使用多种语言等。杭州市政府明显有吸引国际游客的倾向，所以，派遣专家级文化代表团到海外推销杭州城市形象。如在 2018 年底布市 G20 前夕，杭州代表团到布市进行城市形象推广，并选择了市中心非常受欢迎的博尔赫斯文化中心（Centro Cultural Borges）。代表团成员都是杭州传统艺术领域的专家，其间杭州艺术学校的老师表演古筝、王星记董事长展示扇子制作、西泠印社艺术家和当地参观者互动等，这只是杭州城市国际化推广的其中一项内容而已。

相比杭州比较迫切地希望推进国际化，布市对此完全没有概念，这和两个城市在面对外来游客时的姿态有关。杭州的心态代表着全中国的心态，希望走向世界，和全世界接轨。而布市是移民城市，居民大多是欧洲移民及其后裔，大概 10% 的阿根廷居民拥有欧洲护照。而且，作为南美联盟成员，南美成员国之间居民可以自由往来。所以，对阿根廷人而言，没有那么强烈的想要国际化的概念。布市作为阿根廷的门户，也是重要的国际旅游城市，但整座城市基本上都使用西语，仅有不多的一些博物馆使用西语和英语双语。至于城市路标等，全是西语，英语使用程度之低，甚至低于杭州，更不要说上海、北京等城市。这可能和布市的主要客源市场是西语国家有关，也可能和西语世界对于自身语言的坚守有关。

2. 信任度

杭州作为中国相对比较富裕的城市，民风淳朴，对外界的信任度相对较高。但整个中国社会的发展起点较低，杭州作为中国城市，未能幸免。整体社会信任度的提升是个系统工程，无法一蹴而就。这种社会状态会影响城市休闲发展的各个方面，包括对于押金的处理态度、支付方式等。总体上，杭州的城市信任度在发展中国家属于较高水平。

布市作为曾经的发达城市，经历过几次大型的经济危机，经济危机使得信任度处于下降状态。在日常生活中，很多民众表现出友好和信任，但是，涉及深层交往，不信任开始呈现，所有这些不信任可能给休闲活动带来负面影响。首先，对外来人员或者说短期停留游客不信任，所以，同为租房，短期和长期的价格差异极大。其次，偏好现金支付，如果使用信用卡，需要提供护照等身份证明。这种不信任感和整个社会诚信水平的下降紧密相关，最严重的信任危机是偷窃现象普遍。

3. 城市休闲费用

两座城市居民对外来游客都很友好，但总体上，杭州对外来游客更加友好和开放，这主要体现在城市休闲旅游收费上。某种程度上，如何收费，代表着一座城市的气度和面对外界的姿态。杭州的休闲旅游收费对所有人都一视同仁，不会对外国游客额外收费。很多休闲场合都是免费开放的，以西湖景区和大运河景区为代表，西溪湿地的部分区域也免费开放，很多博物馆也免费。所以，杭州重要的旅游景区基本上都免费开放，更不要说那些历史街区，全部免费参观。所有这些免费的休闲场所，为所有人提供了广阔的休闲选择，也让他们有机会更多了解这座城市，而不必支付额外的入场费用。

但在布市，大部分博物馆都收费，有些小众博物馆的收费还偏高。而且，在很多领域都存在双重价格，比如坐24小时旅游巴士，阿根廷居民收费590比索，而外国游客收费990比索；某一犹太教堂博物馆外国游客收费400比索，而居民收费80比索；哥伦布剧院外国游客收费650比索，而居民收费250比索。剧院附近的探戈表演，内外差别也是极大：晚餐和酒水的探戈表演，外国游客收费3700比索，居民则为1850比索；包括酒水的探戈表演，外国游客收费1800比索，居民则为900比索。这种歧视性价格体系难免不会给其他国家游客带来负面体验。

（六）城市休闲环境的安全性存在差异

安全是城市休闲环境的重要构成，缺乏安全，就无法真正放松，更谈不上休闲。

杭州是中国最安全的城市之一。在中国，城市本身就是比较安全的区域，而且越往市中心越安全，所以，在杭州旅游，基本上不必担心安全问题。当然，在火车站等人流量较多的区域，容易出现偷窃等安全问题。总体上，偷窃应该是城市面临的最大安全问题。只要在市区，就不太可能碰到抢劫，所以，游客可以放松行走在城市各个角落。但是，在人烟稀少、人迹罕至的区域，在晚上仍然要小心。

布市是阿根廷相对比较不安全的城市，但仍然在可控范围内。近年布市处于经济危机中，客观上也降低了整个社会的安全系数。在城市的不同区域、不同时间段，安全系数也不同。一般而言，游客不会踏足某些比较不安全的区域。比较危险的旅游区是博卡（La Boca）区，它是布市重要的休闲旅游区域，政府投入了大量警力，所以旅游区内的治安基本没有问题，但游客需要把活动范围控制在旅游区内，且在天黑前离开。历史街区圣代莫（San Telmo）区在夜晚同样危险系数会上升。哪怕在所谓最安全的巴勒莫（Palermo）区，到了晚上，仍然要避开行人稀少的街道。

总体上，杭州的治安状况优于布市。两座城市最大的治安问题都是偷窃，而布市比杭州多的治安问题是抢劫，尤其在某些治安不理想的区域，或者在社会动荡的时期。但目前治安问题还不构成布市城市休闲的重大阻碍，因为布市的休闲区域不涉及全城。

三　结论

布市和杭州都是著名的休闲旅游城市，地理区位相似，气候也类似，都具有浓厚的浪漫文化气息和悠久的休闲文化基因。但是城市休闲发展也存在很多差异如发展风格和关注点不同。杭州在休闲发展中，政府扮演了重要角色，并进行大量基础设施建设，以吸引游客。而布市虽然城市休闲发展基础雄厚，但旅游基础设施投入相对不足，且更关注当地居民需求。两座城市面临的经济环境不同，休闲环境的安全性也有差异，两者对外界的姿态也不同，如信任度。杭州追求国际化，而布市本就是座国际城市，由大量移民构成。很多历史、经济等原因，造成了两座城市休闲发展的差异。总体而言，杭州如新秀，城市休闲发展充满活力；而布市则如没落贵族，但其深厚的艺术文化底蕴仍然为城市休闲发展提供基础。两者发展各有优点和问题，如能在立足自身特质的基础上，不断学习调整，两座城市的休闲发展还有很大空间。

参考文献

何晟：《今年前十一个月，杭州雾霾天数同比减23天》，http：//hangzhou.zjol.com.cn/jrsd/shms/201812/t20181225_9076295.shtml。

蒋艳、王诚庆：《休闲城市建设的理论与实践》，《2011年中国休闲发展报告》，社会科学文献出版社，2011。

《金融、旅游》杭州市统计局，http：//tjj.hangzhou.gov.cn/content-getOuterNewsDetail.action? newsMainSearch.id=4d8a2c526cf148d1bc79565501399de7。

刘园园：《践行"两山理论"的"绿"色发展之"道"杭州绿道建设助力打造"美丽中国"样本》，《杭州日报》2019年03月26日，第A10版。

楼嘉军、徐爱萍：《中国休闲城市建设现状分析与展望》，《2017~2018年中国休闲发展报告》，社会科学文献出版社，2018。

中商产业研究院：《2018年杭州旅游业数据统计：旅游收入超3500亿元同比增长18%》，http：//www.askci.com/news/chanye/20190223/0905341142205.shtml。

G.13 世界遗产地城市居民公共休闲生活质量及其影响因素

——以西湖为例*

张海霞　张晟**

摘　要： 世界遗产地的休闲空间承载着"主—客"生活质量的追求，而快速城镇化、旅游全球化使许多世界遗产地休闲空间成为越来越稀缺的资源。西湖案例研究表明，世界遗产地居民休闲生活具有行为的景观依赖性、参与的年龄分化性、需求的文化倾向性。西湖遗产地居民休闲生活质量整体较高，"东热区"与"西冷区"居民休闲需求与价值认同差异大，但休闲生活行为表达具有一致性，旅游发展、空间配置与个人特征是影响居民休闲生活质量的主要因素。西湖遗产地亟须加强"西冷区"休闲空间培育，以西延战略缓解主客空间争夺；加强运动休闲供给，改善居民保健型休闲生活质量；继续优化城市公园群，提升居民享受型生活质量；全面提高文化休闲品质，提升居民学习型休闲生活质量。

关键词： 公共休闲　生活质量　世界遗产地　旅游影响　西湖

＊ 基金项目：国家自然科学基金（41501165）。
＊＊ 张海霞，浙江工商大学旅游与城乡规划学院副教授，硕士生导师，研究方向为公共休闲与旅游规制；张晟，浙江工商大学旅游与城乡规划学院硕士研究生。

一 引言

休闲本质上是社会活动四大向度中的"情感性"社会现象，是人类追求生活质量的个人行为。快速工业化和城镇化背景下时空压缩妨碍了公共休闲供给的需求可获性，造成休闲幸福感下降。不过，公共休闲供给强度并不一定与休闲者幸福感正相关，均衡导向下的公共产品供给与幸福有时具有非直接对应关系，如我国公共休闲设施供给与居民休闲幸福感出现城乡倒挂，又如韩国与澳大利亚在公共休闲时间供给与休闲满意度的不对称差异。要形成科学有序的休闲空间建构与社会调控机制，服务于休闲活动自身的情感取向，就需厘清公共休闲供给与休闲生活质量的内在关系。

世界遗产地的公共休闲空间承载着"主—客"社群生活质量的追求。快速城镇化、旅游全球化使许多目的地公共休闲空间成为越来越稀缺的资源，而"主—客"共同依赖下的休闲生活空间（面向本地居民）和旅游生产空间（面向外来游客）出现重叠，如果空间关系处理不当，就会引起不同维度、不同程度的主客休闲生活质量的下降，出现类似法国世界遗产城市Mont-Saint-Michel仅50位居民选择留岛的现象。

杭州市是典型的主客共享型旅游目的地城市。2006年被世界休闲组织授予"东方休闲之都"称号，彼时常住人口为773万人，年旅游接待游客总量为3864万人次，主客比为1∶5。随着2011年西湖进入世界文化景观遗产名录、2014年京杭大运河进入世界文化遗产名录，旅游成为形塑杭州经济与社会的重要力量，2018年常住人口增长至981万人，年接待游客总量已达到18403万人次，主客比提高至19∶1[1]（见图1）。由于游客的本地社会影响持续扩大，如何在公共休闲空间建构中实现主客共享共融、有效保障居民休闲福祉已成为杭州需要破解的现实问题。

本文聚焦西湖世界文化景观遗产地，考察遗产地居民休闲生活质量及其

---

[1] 资料来源：《杭州市国民经济和社会发展统计公报》，2006~2018。

世界遗产地城市居民公共休闲生活质量及其影响因素

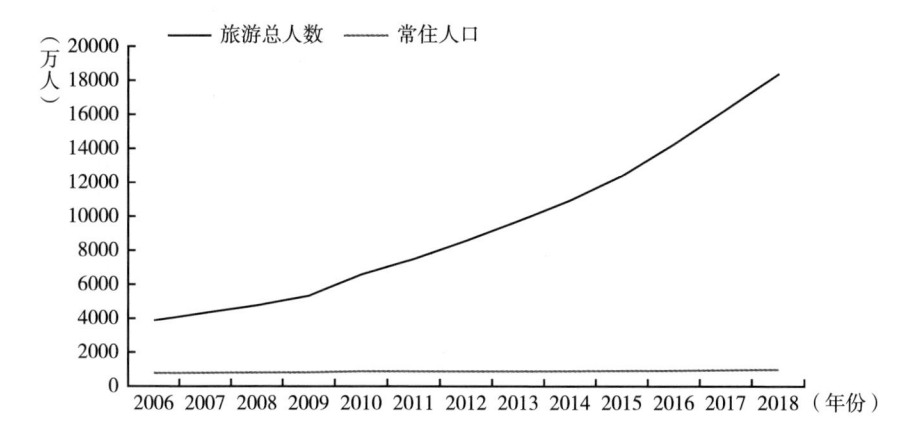

图1 2006~2018年杭州市旅游人数与常住人口变化趋势

资料来源:《杭州市国民经济和社会发展统计公报》(2006~2018年)。

影响因素。具体研究时,我们于2018年9~11月,对西湖遗产地范围内27个门户社区进行抽样问卷调查,共发放问卷1350份,回收有效问卷1237份,有效问卷回收率为91.63%。根据游客拥挤程度将西湖世界遗产地分划分为"东热区"和"西冷区",此次调查中西湖"东热区"样本占51.6%,"西冷区"占48.4%,样本分布见表1。本报告对休闲行为避让度、休闲生活满意度、休闲价值认知等变量的测度,均采用了李克特五级量表。

表1 本次调研的样本分布

	社区名称	样本数(个)	样本百分比(%)	分区
1	安吉社区	49	4.0	"东热区"
2	宝石社区	50	4.0	"东热区"
3	长寿社区	48	3.9	"东热区"
4	东坡路社区	46	3.7	"东热区"
5	东山弄社区	50	4.0	"东热区"
6	栖霞岭社区	50	4.0	"东热区"
7	求是社区	50	4.0	"东热区"
8	曲院社区	50	4.0	"东热区"
9	上保社区	45	3.6	"东热区"
10	曙光社区	50	4.0	"东热区"
11	太庙社区	50	4.0	"东热区"

续表

	社区名称	样本数(个)	样本百分比(%)	分区
12	吴山社区	50	4.0	"东热区"
13	玉泉社区	50	4.0	"东热区"
14	白塔岭社区	26	2.1	"西冷区"
15	复兴街社区	41	3.3	"西冷区"
16	海月桥社区	46	3.7	"西冷区"
17	环西社区	49	4.0	"西冷区"
18	金沙港社区	25	2.0	"西冷区"
19	净寺社区	50	4.0	"西冷区"
20	九溪社区	46	3.7	"西冷区"
21	灵隐社区	50	4.0	"西冷区"
22	满觉陇社区	34	2.7	"西冷区"
23	美政桥社区	45	3.6	"西冷区"
24	三台山社区	50	4.0	"西冷区"
25	水澄桥社区	45	3.6	"西冷区"
26	玉皇山社区	46	3.7	"西冷区"
27	紫花埠社区	46	3.7	"西冷区"
合计		1237	100.0	

注：西湖世界遗产地核心区苏堤以东的社区划定为"东热区"，苏堤以西世界遗产地核心区及缓冲区均划入"西冷区"；西湖东南区的紫花埠社区、水澄桥社区、白塔岭社区、复兴街等社区游客到访量较低，亦划入"西冷区"。

调查结果显示，西湖世界遗产地的居民每周平均参加4.08次休闲活动，其中50.08%的居民每周参加休闲活动1~3次，日均1.39小时。从"工作-生活平衡"关系上看，除8小时工作时间、8小时睡眠时间外，西湖遗产地居民的8小时生活时间中仅有17.38%用于休闲活动。居民休闲活动组织方式以"与家人在起"为最多［包括"夫妻同行"，（29.6%）、"与孩子"（27.6%）、"与父母"（17.4%）和与亲人（9.2%）］，其次为"与朋友一起"（62.6%），休闲活动参与具有明显的社会交往取向。[1]

---

[1] 有学者主张，休闲的社会交往功能尤其在遗产类休闲空间更加突出。参见 Lingqiang Zhou, Haili Shen, Mao-Ying Wu 等发表于 International Journal of Heritage Studies ［2019, 25（6）：565~581］的论文"Benefits of visiting heritage museums: Chinese parents' perspectives"。

二 西湖世界遗产地居民休闲生活特征

（一）休闲行为的景观依赖性

西湖及环湖公园、特色街道、环湖滨水区是世界西湖世界景观遗产的核心要素。从休闲行为上看，公园休闲（52.9%）、沿街漫步（35.6%）、临水漫步（24.7%）和室内休闲（24.5%）也是西湖遗产地居民最惯常的休闲行为，具有显著的遗产景观依赖性（见图2）。

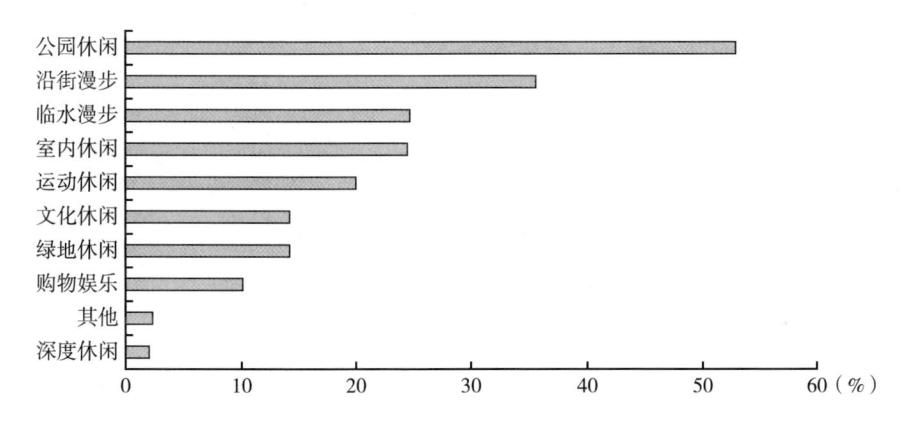

图2 西湖世界遗产地居民的休闲行为结构

一是惠民利民的公园景观群。为改善人居环境，美化城市景观，推动公园管理逐渐走向规范化、品质化，杭州市常年开展"最美公园""最差公园"建设评比活动，每年推出的优秀A类公园（景区公园）和B类公园（城市公园）名单，有效引领了杭州城市景观的提升，进一步夯实了杭州作为世界园林城市的形象地位。加上，公园免费和市民卡等配套惠民政策的实施，让公园休闲成为市民生活获得感的重要来源。西湖世界遗产地及其周边是杭州市公园景观的主要集聚地，不仅有备受主客欢迎的白塔公园、太子湾公园、花港观鱼公园、柳浪闻莺公园、学士公园、杭州动物园、杭州植物园等A类公园，也有诸如游客到访量大的一公园、二公园、三公园、四公园、五公园、六公园等小公园，成为西湖居民最主要的休闲选择。

二是主客协调的商业休闲景观。近年来，西湖遗产地周边休闲商业业态不断升级，商业休闲环境不断完善，既有"东热区"外来游客喜爱的湖滨商业街、河坊街等旅游特色街，也培育发展了本地居民偏好的延安路、北山街、南山路、南宋御街、青芝坞、梅家坞等休闲商业街，居民聚会、商务洽谈等社交性休闲活动的品质有了较大提升。

三是丰富的亲水休闲景观。西湖因湖而名、以湖为魂，因此西湖居民自古与湖相伴，而湖面和河道、桥亭等亲水休闲景观也已嵌入西湖居民日常生活。如图2所示，闲暇之余，依赖湖景观的临水漫步、环湖慢跑等亲水性休闲活动成为西湖居民休闲生活的重要内容。

（二）休闲参与的年龄分化性

其一，室内休闲的年轻化。分析西湖遗产地居民休闲活动参与的年龄结构可发现，室内休闲活动呈现年轻化的特点（见图3）。其中，少年儿童（18岁及以下）以读书、看电视、室内游戏等室内活动为最主要的休闲生活样态，户外活动、运动休闲的参与率均较低。显然，少年儿童的运动性休闲参与不足。

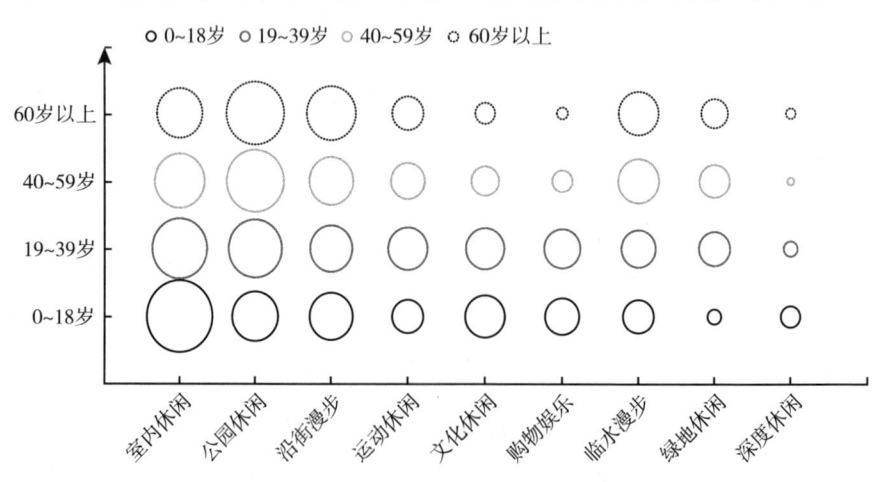

图3 西湖世界遗产地居民休闲参与的年龄结构

说明：其他类休闲活动样本较少，此处不再做占比（2%）的分类表达。

其二，环境友好型休闲的老龄化。少年儿童和中青年是未来社会创新发展的主力军，然而调查显示（见表2），西湖遗产地居民的环境友好型休闲具有老龄化特征，少年儿童和中青年的绿地休闲、临水漫步、公园休闲等环境友好型休闲参与度明显偏低。

其三，深度休闲参与的社会性缺失。遗产地各年龄段居民的志愿者、义工等深度休闲活动参与度极低，其中以中青年（19~39岁）为最低。青少年居民占所有参与人的比重为6.5%，而退休居民仅占1.5%，居民深度休闲的社会性缺失，反映了本地居民对遗产地旅游的支持度不足。

另外，休闲参与的资源匹配不足。如表2所示，西湖居民休闲行为图谱中，尽管具有景观依赖性，但休闲行为与最具吸引力的山、湖等自然资源的匹配度尚不高，如公园休闲、绿地休闲、临水漫步、运动休闲等活动的参与度还有提升空间。

表2 西湖世界遗产地居民休闲行为的年龄分布

单位：%

	0~18岁	19~39岁	40~59岁	60岁以上
沿街漫步	32.3	30.7	33.3	41.6
室内休闲	74.2	51.5	42.5	35.2
公园休闲	35.5	48.0	55.6	56.4
绿地休闲	3.2	16.5	15.6	12.1
临水漫步	16.1	19.8	28.3	26.9
运动休闲	16.1	25.6	18.9	16.1
购物娱乐	19.4	21.8	6.7	2.0
文化休闲	25.8	24.1	12.5	6.4
深度休闲	6.5	3.3	0.8	1.5

注：各年龄段"其他"类休闲行为样本占比小，不做分类表达，本文其余表格同样处理。

（三）休闲需求的文化倾向性

尽管客观层面，居民休闲行为具有景观依赖性，但居民主观休闲需求表

现出较为明显的文化性特征（见图4）。城市公园（58.4%）、西湖景点（36.8%）、文博场馆（27.0%）、城市街道（26.3%）等对城市形象塑造、文化内涵提升具有积极作用的居民休闲空间需求较高。

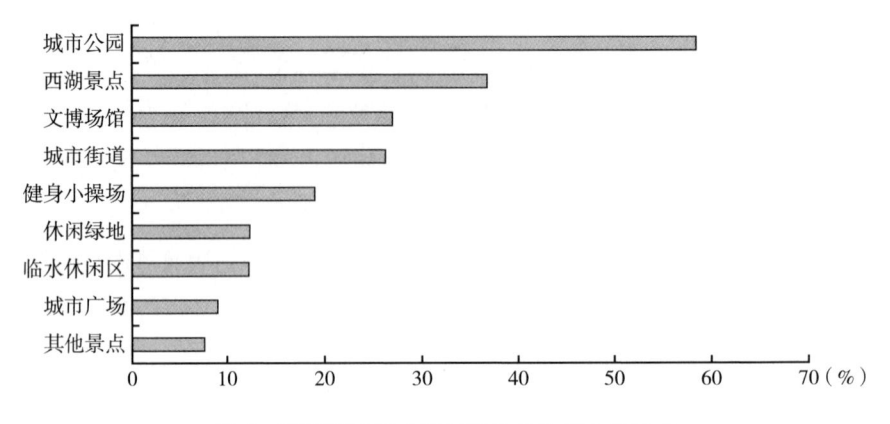

图4 西湖世界遗产地居民公共休闲空间需求

一是城市公园。城市公园是西湖居民休闲参与的第一大类（见图2、图4），居民对其的休闲需求远高于其他类型，是承载居民休闲生活质量最重要的休闲空间类型。

二是西湖景观。由于游客拥挤，西湖景点并非西湖本地居民日常休闲的主要去处，但居民对西湖景点休闲有较大需求。西湖不仅是世界的西湖、中国人的西湖，更是西湖人的西湖，西湖之于西湖居民更是文化认同、地方感的寄托之所在。① 为本地居民寻找释放景区休闲需求的空间也是遗产地的社会责任。

三是文博场馆。近年来西湖世界遗产地发展形成了大批文博场馆，西湖博物馆、西湖博览会博物馆、胡庆余堂中药博物馆、中国丝绸博物馆、南宋

---

① 此点可以解释2019年《西湖风景名胜区总体规划（2021~2035）》在公示期，新规划拟在西湖以西推进公交慢行系统，因限制了本地居民自驾车的可进入性而引起本地民众热烈讨论的根源。本地居民在休闲场所选择中虽客观上有群体性避开西湖旅游热点区的特征，但是西湖景区主观上凝聚了本地文化认同和地方感，而本地居民的可进入权利是认同形成的基础。

官窑博物馆、中国印学博物馆、都锦生织锦博物馆、杭州世界钱币博物馆、西湖美术馆、浙江图书馆、杭帮菜博物馆等文博场馆，是居民最期待享有的三种休闲空间类型之一。

（四）休闲生活质量普遍较高

根据调查设计，以居民对休闲空间重要性认知考察休闲价值，以居民休闲满意度考察休闲空间供给的实际功效。① 如图5所示，除宗教寺庙、体育场馆、健身小操场外，西湖遗产地居民对公共休闲场所的价值认同普遍较高，13类休闲空间中10类休闲满意度高于休闲价值认同度，西湖遗产地公共休闲空间质量总体良好，并形成了三个簇群。

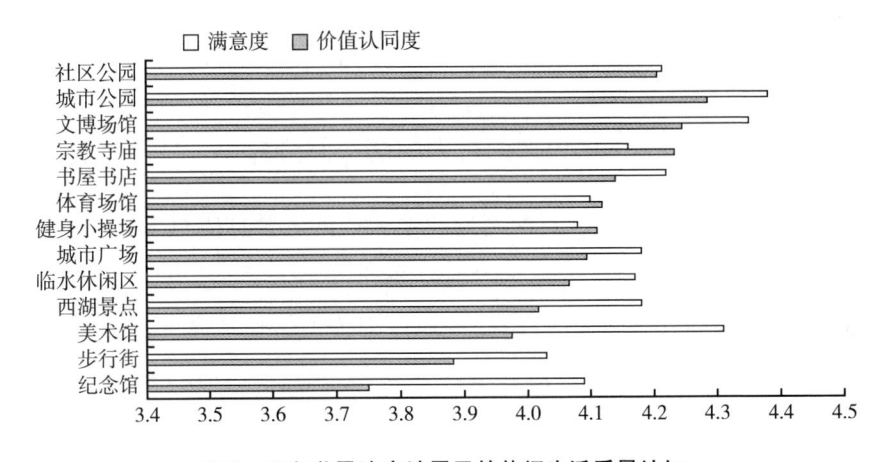

图5 西湖世界遗产地居民的休闲生活质量认知

第一簇群是以公园与文博场馆为首的休闲生活质量实现载体。杭州市实施城市公园、社区公园、文博场馆免费化后，居民休闲生活的获益感得到明显提升。在西湖居民对各类休闲场所的评价中，社区公园、城市公园和文博场馆的满意度最高，空间建构功效良好。

第二簇群是以其他文化空间为中坚的休闲生活质量实现载体。西湖遗产

---

① 当休闲满意度大于休闲价值认同度，则休闲供给实际功效好；当休闲价值认同度大于休闲满意度，则休闲供给品质仍需继续优化。

187

地居民对宗教寺庙、书屋书店、体育场馆等文化休闲场馆的价值认同与满意度均较高。但因灵隐寺、岳庙等宗教寺庙位于旅游热点区，游客拥挤，造成一定程度的主客休闲空间竞争，休闲满意度地低于价值认同；而体育场馆、健身小操场等运动休闲场所供给也有可提升的空间。总体而言，第二簇群休闲生活空间作为遗产地居民休闲生活质量提升的中坚力量，仍需继续提高品质。

第三簇群为其他。城市广场、临水休闲区、西湖景点、美术馆、步行街、纪念馆等休闲场所的居民满意度明显高于休闲价值认同度，休闲空间供给取得了良好的社会效果。

三 西湖世界遗产地居民休闲空间分异

（一）旅游影响下居民休闲行为的弱空间分异

如表3所示，旅游发展对西湖遗产地居民的客观休闲行为影响的区域差异不明显，主客关系并非改变休闲行为的主要因素。其中，"西冷区"多数区域的游客拥挤度小，但居民室内休闲依旧占比较高（47.5%），说明居民日常休闲的静态化具有普遍性，而非区域性旅游影响（如旅游拥堵）产生的问题。

表3 西湖世界遗产地居民休闲行为偏好度分异

单位：%

休闲类型	"东热区"	"西冷区"	休闲类型	"东热区"	"西冷区"
公园休闲	55	50.4	文化休闲	15.7	12.5
室内休闲	40	47.5	绿地休闲	14.2	14.2
沿街漫步	39	31.6	购物娱乐	9.6	10.7
运动休闲	21	18.8	深度休闲	1.3	2.8
临水漫步	18.4	21.1	其他	2.15	1.9

（二）旅游影响下居民休闲需求的强空间分异

一是西湖"东热区"，以文化休闲体验为主。从休闲需求值看，西湖"东热区"居民受主城区城市经济和遗产地旅游发展叠加性影响，主客休闲空间争夺客观存在，对于体育场馆、城市公园、文博场馆的内生性需求明显高于"西冷区"（见图6）。世界遗产地旅游发展提升居民的文化认同和地方感，文化型休闲偏好逐渐形成。

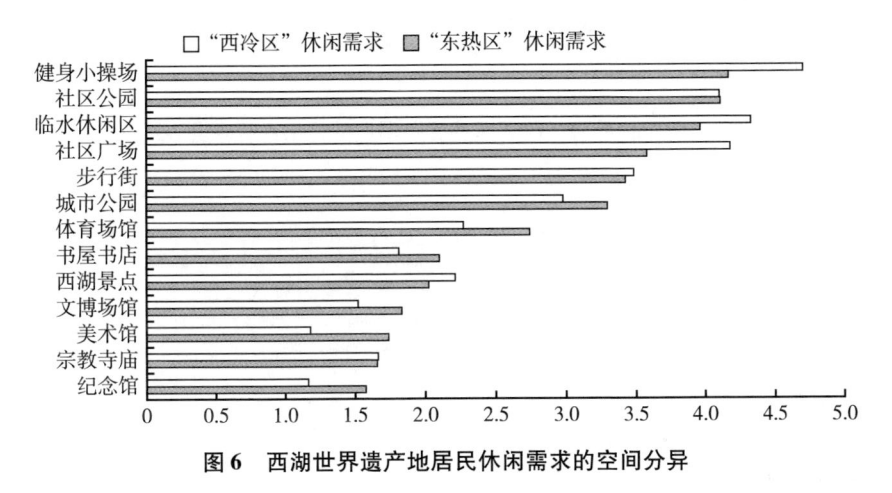

图6 西湖世界遗产地居民休闲需求的空间分异

二是西湖"西冷区"，以社区休闲体验为主。"西冷区"自然生态环境优美、人居环境舒适、户外休闲丰富，但是居民对于健身小操场、社区广场等社区型休闲设施增配显示出相对"东热区"居民更高的需求。

（三）旅游影响下居民休闲认同的强空间分异

调查显示，在西湖遗产地游客集聚的"东热区"，社区居民对各类休闲空间的满意度普遍高于对休闲空间的价值认同度（见图7），遗产地旅游拥挤区的公共休闲空间建构取得了良好的效应。而"西冷区"居民对西湖景点、文博场馆、纪念馆、美术馆等文化景观类休闲空间的满意度较高（见图8），这说明这些休闲空间供给质量较高，宗教寺庙、社区公园、健身小操场、体育场馆等休闲场馆的供给质量还需提升。

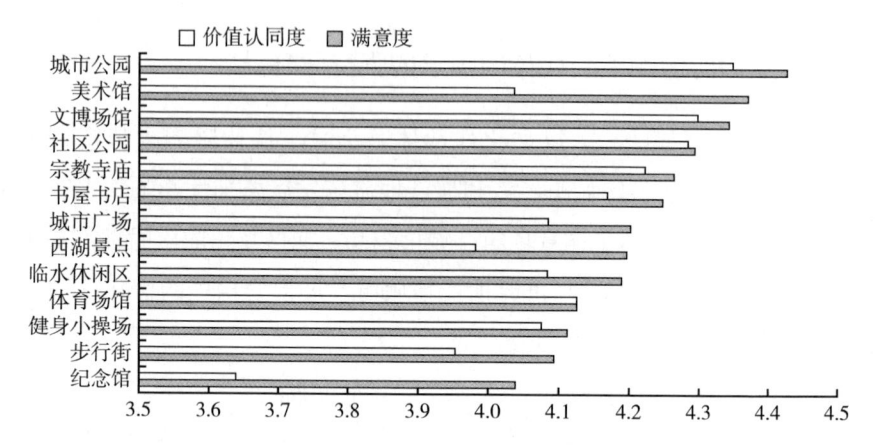

图7 西湖世界遗产地"东热区"居民的休闲生活质量认知

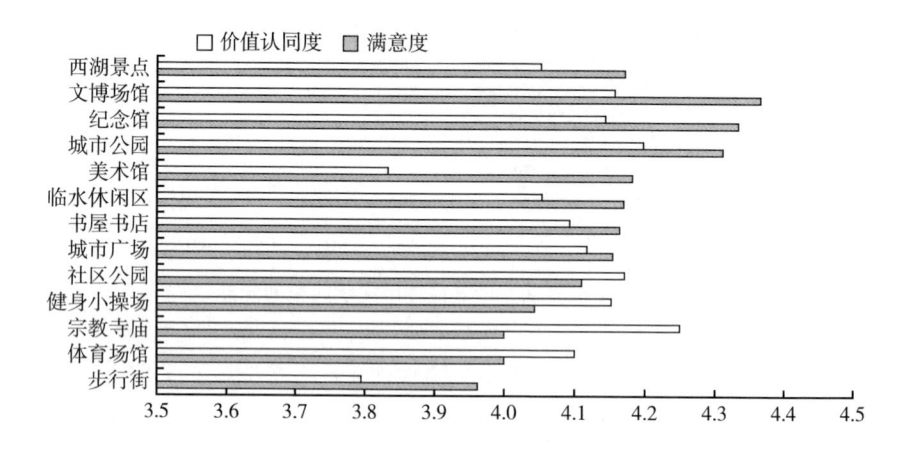

图8 西湖世界遗产地"西冷区"居民的休闲生活质量认知

四 西湖世界遗产地居民休闲生活质量的影响因素

遗产地居民休闲生活具有主体性、社会性、空间性，休闲生活质量主要受三大因素影响，即主体性因素（居民个人因素）、社会性因素（旅游发展因素）、空间性因素（空间配置因素）。

（一）旅游发展因素

首先，旅游拥挤引起社会性的休闲避让。西湖世界遗产地居民日常生活空间与旅游流空间高度叠加，避让型（完全避开游客、避开游客）本地居民超过总量的50%（见图9），非避让型（与游客同游、越热闹越好）居民仅占9.4%。且居民休闲行为的避让倾向具有全社会性，不因日常生活空间的游客集中度不同而不同，如"西冷区"居民52.3%有避让倾向、"东热区"居民60.7%有避让倾向，旅游拥挤因素是影响西湖居民休闲行为选择的主要因素。

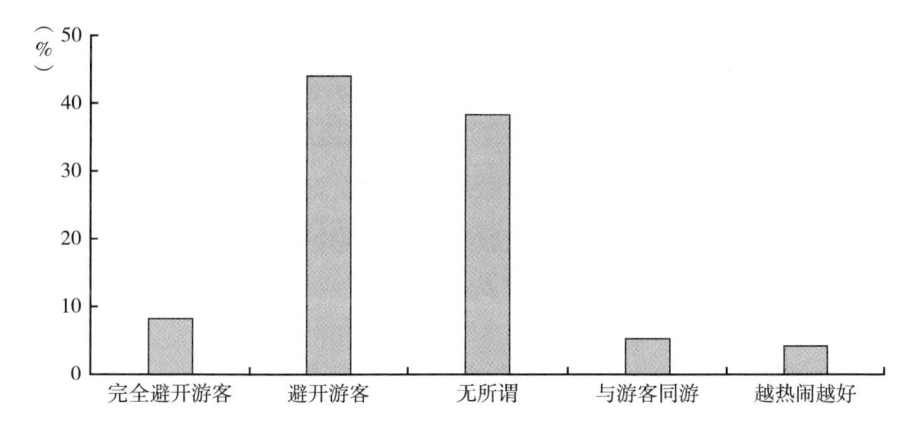

图9 西湖世界遗产地居民的旅游避让倾向

其次，遗产景观的主客争夺与居民高避让性。西湖遗产地西湖景点、临水休闲区、文博场馆、城市公园等旅游热点区，因客观存在的主客争夺，居民避让旅游指数[①]较高（见图10）。其中以宗教寺庙的避让指数最高。而社区公园、健身操场等日常休闲场所的居民避让指数相对较低。

最后，旅游影响居民休闲生活参与度。当西湖遗产地居民被问及无游客到访时休闲参与度的变化时，如图11所示，所有休闲项目的参与度都有提

---

① 避让指数为1~5，完全避开游客=1，避开游客=2，无所谓=3，与游客同游=4，越热闹越好=5。

休闲绿皮书

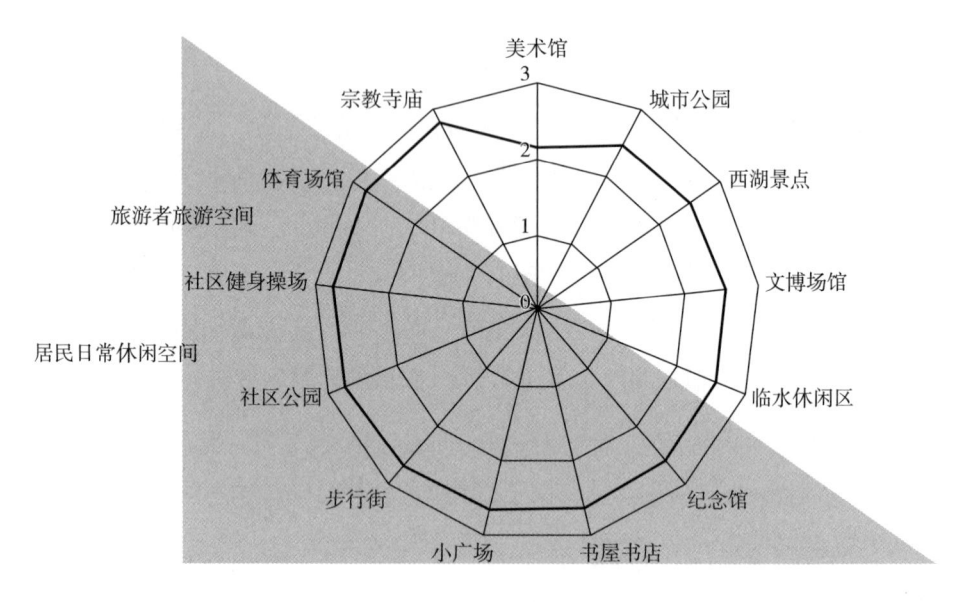

图10 西湖世界遗产地休闲空间的避让指数

高。可见，旅游是影响居民休闲参与度的重要指标，且对社区公园、健身小操场等社区类休闲空间的影响指数最大。

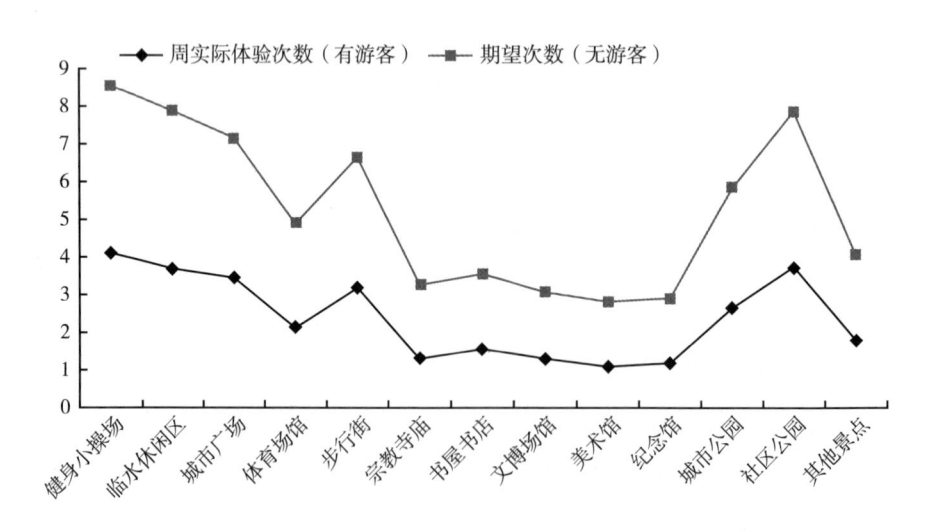

图11 西湖世界遗产地居民休闲行为的旅游影响指数

（二）空间配置因素

在休闲空间功效测度过程中发现，休闲空间的类型配置是影响居民休闲生活的重要因素，如图 12 所示，不同类型分组对休闲生活质量的影响往往不同，居民休闲生活质量与休闲空间的价值出现倒挂（指数小于 1），健康保健型的运动休闲空间对应的居民休闲生活质量较低。

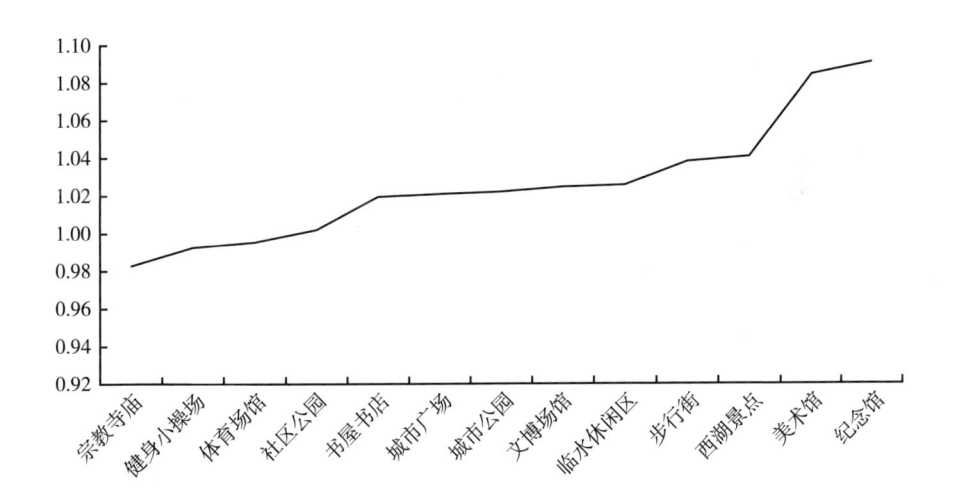

图 12　西湖世界遗产地休闲空间功效指数

注：休闲空间功效指数 = 休闲空间感知满意度/休闲空间感知重要性。

其一，特色景观性休闲空间，居民有着较高质量的休闲生活。西湖景点、临水休闲区、步行街等特色景观性休闲空间建构功效良好，休闲生活满意度普遍较高。

其二，文化性休闲空间，居民具有感知平衡的休闲生活。西湖居民对文博场馆、书屋书店、城市广场等文化休闲空间的休闲满意度与功能感知基本持平。

其三，运动性休闲空间，居民休闲生活质量较低。宗教寺庙、健身小操场、体育场馆、社区公园等休闲空间功效指数偏低，当地居民的休闲满意度相对于其功能价值偏低。

（三）居民个人因素

调查结果显示，居民休闲参与和休闲满意度直接相关。休闲参与越多，休闲满意度越高。一方面，时间与收入因素影响居民避让倾向。西湖遗产地居民的居住时间和次均休闲时间越长，居民形成稳定休闲行为模式时，越不会产生旅游避让倾向；相反，西湖居民中个人收入越依赖旅游发展，或居民个人生活时间相对碎片化，则更易产生旅游避让倾向行为。居民个人避让倾向影响了实际休闲参与，最终影响个人休闲生活质量。另一方面，年龄与居住时间影响个人休闲生活质量。从场所依赖上看，随着西湖遗产地居民居住时间和年龄的增长，居民在景观型休闲空间（如城市公园、临水休闲区、西湖景点）、社区型休闲空间（如健身小操场、城市广场）的休闲活动就会增加，休闲满意度越高。

五 西湖世界遗产地居民休闲生活质量提升对策

（一）加强"西冷区"空间培育，缓解主客休闲空间争夺

针对游客高度集聚于西湖"东热区"以及"西冷区"居民对健身场馆、社区公园等社区型休闲场所配置需求偏高等现实问题，未来西湖遗产地居民的休闲服务配置，应着力加强完善"西冷区"休闲供给体系，缓解西湖遗产地主客休闲争夺问题。"东热区"应培育发展图书馆、博物馆等文化休闲场馆，推进生态友好型的自然公园建设；"西冷区"应查缺补漏，加大对社区公园、户外活动休息场点投入，培育发展特色休闲街道，引导休闲商业发展，全面提高"西冷区"居民的休闲获得感。

（二）重点加强运动休闲供给，提升居民保健型休闲生活质量

针对西湖遗产地居民休闲生活静态化的问题，应着眼于解决运动性休闲空间供给不足的问题，加大现有体育场馆开放力度的前提下，建议整合社

区、学校及事业单位的运动场馆，探讨合理的市民开放机制，为居民提供更多的散步、跑步、打球、练拳、基础健身等运动性休闲机会。

（三）继续优化城市公园群落，提升居民享受型休闲生活质量

城市公园、临水度假区、休闲绿地等休闲空间，对于休闲者形成快乐感、放松感与充实感具有积极价值。因此，西湖居民对城市公园的高参与度、高满意度和高需求性，使城市公园成为保障当地居民休闲生活质量的核心载体。建议在成功建设环湖公园群的基础上，坚持质量引领，继续完善公园年度评优制度，进一步加大对遗产地周边缓冲区的公园投入力度，培育新的优质公园群落，不断增强居民休闲生活的获得感。

（四）全面提高文化休闲品质，提升居民学习型休闲生活质量

西湖遗产地的文博场馆获得了公众高度认同，但宗教寺庙、书屋书店等文化场馆的功效有待提升，未来西湖居民的文化休闲急需学习型休闲场景的充分营造。一是应继续挖掘提高西湖遗产地文博场馆的价值，通过大型活动，在西湖博览会、西湖音乐节等节庆活动基础上，培育发展各类音乐节、艺术节等公众文化活动，鼓励居民通过志愿者、义工等活动深度参与遗产地文化休闲活动，不断巩固西湖居民的地方感和文化认同。二是推进文化休闲与科技学习相融合，促进自然博物馆、科技馆创新发展，积极培育新的专题科技文化场馆，为青少年研学休闲提供充足场所。

参考文献

马克思·韦伯：《社会学的基本概念·韦伯作品集》，顾忠华译，广西师范大学出版社，2008。

宋瑞：《休闲与生活质量关系的量化考察：国外研究进展及启示》，《旅游学刊》2006年第12期。

张海霞、唐金辉：《公共休闲空间的公平认知、幸福倾向与城乡分异：杭州实证》，

《城市问题》2019年第5期。

张海霞、周玲强：《城市居民公园游憩幸福感的因素构成与差异分析——以杭州市为例》，《地理科学》2013年第9期。

庄晓平、尹书华、孙艺萌：《旅游地居民对政府信任的影响因素实证研究——以世界文化遗产地开平碉楼与村落为例》，《旅游学刊》2018年第6期。

OECD. Measuring Leisure in OECD Countries：OECD Social Indicators, Society at a Glance, Berlin：2011.

新兴业态

Emerging Industries

G.14 移动互联网与国民休闲行为：现状与未来

程遂营　程　丽　张寒琪*

摘　要： 随着移动互联网的迅猛发展，手机超越个人电脑逐渐成为我国国民最主要的上网终端设备，这一转变引发了当代国民休闲方式的变革。使用移动互联网进行的休闲行为不仅成为传统休闲活动的在线形式，而且为其提供更加丰富的内容材料，从而间接提高了线下休闲行为的质量和效率，增强了线下休闲行为的影响力。在享受便利的同时，规避其负面影响、主动顺应未来移动互联网发展趋势，引导健康休闲、智慧休闲是实现未来美好生活的必然途径。

---

* 程遂营，河南大学文化产业与旅游管理学院教授，博士生导师，中国社会科学院旅游研究中心特约研究员，研究方向为休闲基础理论、公共休闲供给；程丽，河南大学旅游文化史博士研究生；张寒琪，河南大学文化产业与旅游管理学院旅游管理硕士研究生。

关键词： 移动互联网　手机网民　休闲

近年来，移动互联网发展迅猛。我国互联网网民中使用手机上网的人群规模于 2014 年达到 5.27 亿人，[①] 首次超越个人电脑（PC）网民规模，[②] 手机开始成为我国国民第一大上网终端设备。五年间，手机网民规模以平均每年约 6000 万人的速度增长，于 2018 年 12 月达到 8.17 亿人，[③] 截至 2019 年第一季度，手机上网用户达 12.9 亿人（见图 1），移动互联网累计流量达 256 亿 GB，同比增长 129.1%；其中手机上网的流量占移动互联网总流量的 99.5%，[④] 手机已然成为国民使用移动互联网的主要终端。人与互联网的连接从 PC 端到手机端的这一转移极大地改变了国民的工作和生活方式，利用手机进行网络休闲已成为人们闲暇时间不可或缺的休闲方式。国民休闲通常是指覆盖全体国民、实现全民共享的休闲活动，[⑤] 因此，可以说移动互联网引发了当代国民休闲的变革，对国民的休闲行为产生了诸多直接和间接的影响。

自 2006 年起，中国小康网开始逐年发布《中国休闲小康指数报告》，"玩手机"作为新兴的休闲方式于 2013 年开始进入"国人最喜爱的十大休闲方式"排行榜。受访者每年从睡懒觉、看电视、打游戏、旅游、玩手机等近 30 个选项中评选出"国人最喜爱的十大休闲方式"。结果显示，"旅游"超过了包括上网、阅读、看电影等在内的文化娱乐类休闲，一直保持领跑态势，在各年度均排在首位或者次位。"玩手机"则从 2013 年的第十名升至 2018 年的第二名，迅速成为国人青睐的休闲方式。在 2018 年的报告中，排在第三位的是上网，第四至第六位分别是"参观博物馆、美术馆"、"闲聊"、"享受美食"；排在第七至第十位的分别是"睡懒觉"、"看电影"、

[①] CNNIC 中国互联网络信息中心：《2013~2014 年中国移动互联网调查研究报告》，2014 年 8 月。
[②] 传统 PC 仅包括台式机和笔记本，不包含平板电脑等新型个人终端设备。
[③] CNNIC 中国互联网络信息中心：第 43 次《中国互联网络发展状况统计报告》，2019 年 2 月。
[④] 中华人民共和国工业和信息化部：《2019 年 1~3 月份通信业经济运行情况》，http://www.miit.gov.cn/n1146285/n1146352/n3054355/n3057511/n3057518/c6802477/content.html。
[⑤] 孙国学、赵丽丽：《旅游产品策划与设计》，中国铁道出版社，2016，第 112 页。

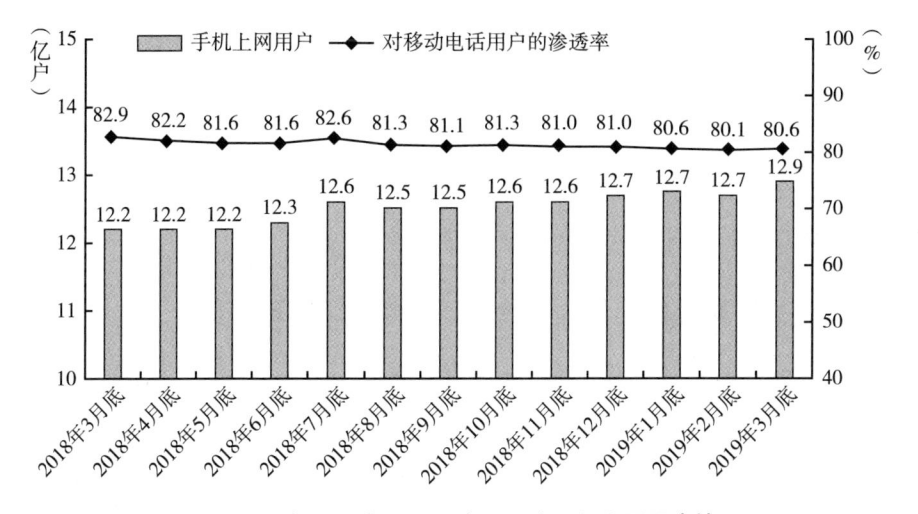

图 1　2018 年 3 月底至 2019 年 3 月底手机上网用户情况

资料来源：中华人民共和国工业和信息化部：《2019 年 1～3 月份通信业经济运行情况》，http：//www.miit.gov.cn/n1146285/n1146352/n3054355/n3057511/n3057518/c6802477/content.html。

"体育运动"和"插花、美术、音乐、厨艺等"。由此可见，旅游依然是人们向往的最主要的传统休闲方式，但由于受可支配时间、费用支出、身体状况等因素的限制，"宅"休闲所涵盖的休闲方式占比越来越大。不管是旅游休闲行为还是"宅"在家里的日常休闲行为都已无时无刻不受移动互联网的影响。本文基于网上数据分析，着重从移动互联网手机端对国民外出旅游休闲行为和国民日常休闲行为的影响进行梳理分析。

一　移动互联网与旅游休闲行为

随着消费升级，国民旅游休闲的需求逐渐增强，出游意愿进一步上升。艾瑞咨询 2018 年 5 月发布的《中国在线旅游度假行业研究报告》[①] 显示，2017 年中国在线旅游市场交易规模为 7384.1 亿元，较 2016 年增长了 25.1%。其中 PC 端覆盖人群较为固定，流量波动幅度较小，呈现平稳态势。2017 年中国移动在线旅游服务月度覆盖人数与 2016 年同期相比呈整体

---

① 艾瑞咨询：《2018 年中国在线旅游度假行业研究报告》，2018 年 5 月。

增长趋势,并在1月春运期间、8~9月暑期以及10月国庆黄金周期间均呈现超过25%的同比增长率。移动端用户访问次数远超PC端访问次数,占比接近七成。中国在线旅游行业移动端的迅速发展使国民旅游休闲行为发生了系统性变化,具体表现在旅游休闲信息的获取,旅游休闲消费的方式,旅游休闲的过程体验,旅游休闲的互动、反馈四个方面。

(一)移动互联网使国民旅游休闲信息获取更便捷

出游之前,旅游休闲者已习惯通过智能手机或平板电脑在携程、去哪儿旅行、马蜂窝等App上随时随地获取目的地旅行团、旅行路线、自由行攻略、景区评价以及酒店、机票、租车等服务信息。在线旅游市场则为旅游休闲用户提供了交通、住宿、度假旅游等旅游产品的综合信息检索、咨询与预订服务。艾瑞mUserTracker数据显示,2017年国内在线旅游App总体用户数量增长趋势明显,年复合增长率达到32.1%,单机单日使用次数总体也呈现上升态势,月度使用总有效时间增幅达19%①(见图2),并在全年的大

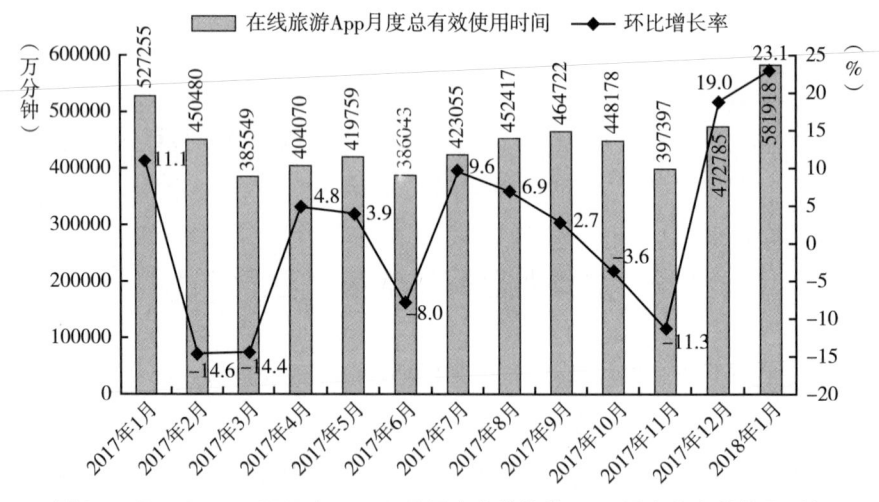

图2 mUserTracker2017年1~12月国内在线旅游App月度总有效使用时间

资料来源:艾瑞连续监测数据产品mUserTracker 3.0。

---

① 艾瑞咨询:《2018年中国在线旅游平台用户洞察报告》,2018年6月。

多数时间高于网站在线旅游平均水平（见图3）。有旅游出行需求的用户对其习惯使用的App的忠诚度处于很高的水平，即在线旅游App用户黏性不断增强。人们越来越接受并习惯使用在线旅游App来获取旅游休闲信息，以便享受方便快捷的出行服务。

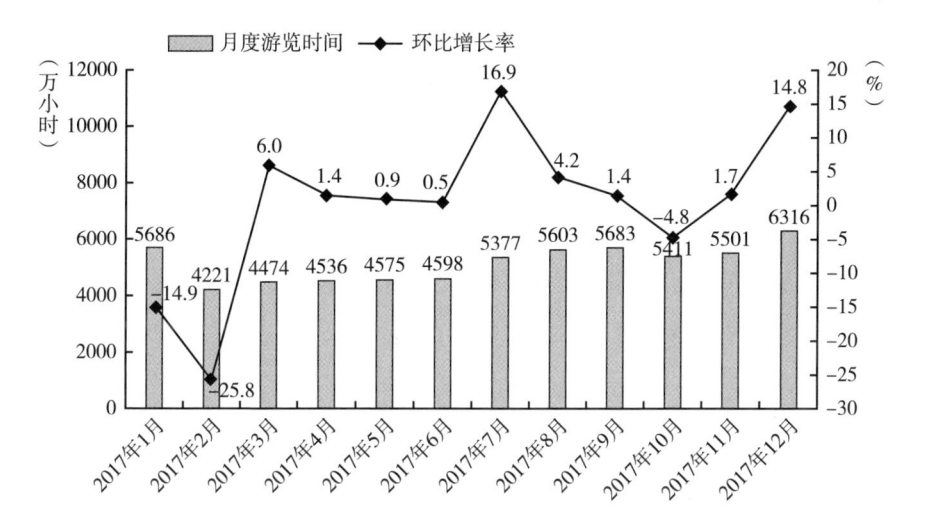

图3　iUserTracker2017年1~12月旅行网站月度浏览时间

（二）移动互联网革新了旅游休闲的消费方式

从本质上看，旅游消费是一种生活方式，它体现着社会生产力的发展和人民生活水平的提高，[①] 是新消费观的重要体现。与传统旅游消费信息不对称、个体的局限性强等使旅游者被动接收信息的状况不同，移动互联网凭借其独特的双向互动方式改变了旅游者与旅游供应商的关系，并逐渐转向旅游者拉动，从而刺激了企业主导供给的消费市场向消费者需求市场转变，拉动主动旅游休闲消费行为的发生。

首先，旅游消费活动的个性化需求凸显，不仅体现在旅游者对旅游产品和旅游项目的选择上，还体现在旅游过程中的花费投入和参与互动程度上。移动互联网与旅游业的融合，促使旅游者的消费模式与移动互联网产生千丝

---

① 粟娟：《旅游消费经济学》，西南交通大学出版社，2014，第96页。

万缕的联系，旅游者消费能力不断升级，对旅行品质的要求越来越高，希望获得优质的产品和服务，其个性化需求倒逼供给者开发定制旅游产品。以2017年中国在线度假跟团游市场份额排名第一的途牛App为例，从其产品"牛人专线"优化提升游客跟团游的体验，到"超级自由行"整合碎片化旅游资源通过线上打包组合来保障用户的个性化体验，再到其线下门店一对一沟通收集顾客偏好都体现着将旅游者的个性化需求融入产品或服务设计中，使旅游者更加乐意为"我喜欢的"或"单独为我定制的"产品与服务买单。

其次，移动互联网使旅游产品的支付方式更加便捷。在线支付使旅游者和旅游产品之间实现了无缝连接，人们可以直接通过手机端第三方支付平台如支付宝、微信、百度钱包等来支付旅游产品的费用，甚至可以先用后还，如驴妈妈App"先游后付款"形式的出现就开启了"延后付款，说走就走"的新模式。

（三）移动互联网提升了国民旅游途中的休闲体验

在旅游休闲过程中，移动互联网可作为旅游休闲行为的辅助工具。

首先，随着4G技术的普及，移动互联网的实时性功能使"边玩边订"的旅行方式变成现实。开启手机移动端GPRS定位设置，旅游者的位置信息即被获取，与其位置相关的餐饮即时预定、攻略即时匹配、地图即时查询、门票即时购买都大大提升了国民旅途休闲体验的质量，便捷性和自主性大大增强。

其次，移动互联网促使旅游休闲出行方式更加多样化。在火车、汽车、飞机等传统交通工具占据主导地位的同时，移动出行的市场规模快速增长。2018年中国移动出行用户接近5亿人次，① 移动租车、打车、拼车服务使汽车行业进入共享化出行阶段。共享自行车、共享电动车凭借实时定位、网络约车、扫码解锁、方便快捷的特征有效解决了国民出行"最前一公里"与"最后一公里"问题，大大提升了国民休闲出行的品质。

最后，人们还可以在出游途中使用移动应用App来提升休闲体验，如

---

① 尼尔森：《2019中国移动出行市场现状及发展》，2019年4月。

听音乐、玩小游戏、看电影电视节目、浏览短视频、看直播节目、运动健身等。图 4 统计调查了 2017 年去哪儿用户出游期间的娱乐爱好。数据表明，60.1% 的去哪儿用户选择了听音乐，51.6% 的用户选择了玩手机/电脑游戏。显然，听音乐和玩游戏等方式在国民旅游出行过程中填补了路途中的无聊与空虚，也为旅途增添了更多的趣味。

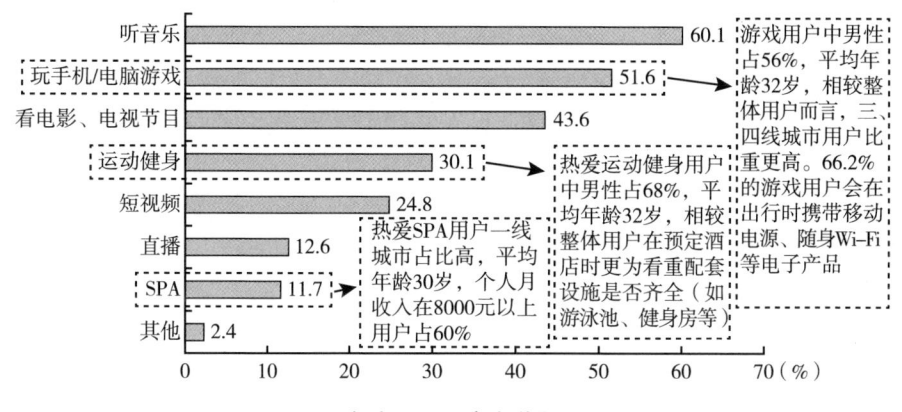

娱乐爱好	比例（%）	备注
听音乐	60.1	游戏用户中男性占56%，平均年龄32岁，相较整体用户而言，三、四线城市用户比重更高。66.2%的游戏用户会在出行时携带移动电源、随身Wi-Fi等电子产品
玩手机/电脑游戏	51.6	
看电影、电视节目	43.6	
运动健身	30.1	热爱运动健身用户中男性占68%，平均年龄32岁，相较整体用户在预定酒店时更为看重配套设施是否齐全（如游泳池、健身房等）
短视频	24.8	
直播	12.6	热爱SPA用户二线城市占比高，平均年龄30岁，个人月收入在8000元以上用户占60%
SPA	11.7	
其他	2.4	

图 4　2017 年去哪儿用户出游期间娱乐爱好

资料来源：2018 年 3 月去哪儿平台和艾瑞 iClick 社区调研发布的《中国在线旅游平台用户洞察报告》。

（四）移动互联网可使旅游休闲者实现游中即时互动与游后分享反馈

移动互联网终端即智能手机的普及和 4G 网络移动通信基础设施的铺设，使旅游者可以随时随地分享旅游休闲感受。如在微信朋友圈、QQ 空间或微博等社交平台即时分享文字、图片、视频等旅游见闻，记录旅行生活中的美好细节（见图 5）；在携程、去哪儿、马蜂窝等专业旅游或社交旅行网站分享出行经验、攻略、吐槽不满，反馈旅行消费产品；在抖音、快手等短视频或直播平台将用手机美图 App 拍摄的旅行图片或视频加工制作成 Vlog，[①] 分享到朋友圈进行实时互动，这些都使旅游休闲者能够体验到更多的乐趣。

[①] Vlog：视频博客（Video Weblog 或 Video Blog，简称 Vlog），是 "blog" 的变体，意思是 "视频博客"，也称为 "视频网络日志"，也是博客的一类。Vlog 作者以影像代替文字或相片，写其个人网志，上载与网友分享。

203

2017年去哪儿用户分享旅游经历平台分布
N=1787

- 微信朋友圈、QQ等社交工具 68.9
- 微博（如新浪微博、腾讯微博等） 30.5
- 专业旅游网站（如携程、去哪儿等） 23.8
- 专业社交旅行网站（马蜂窝、穷游网等） 18.5
- 社区、论坛（如天涯、豆瓣等） 13.6
- 短视频/直播平台 12.1
- 其他 1.8
- 很少分享出游经历 13.9

2017年去哪儿用户最近一次分享出游经历原因
N=1539

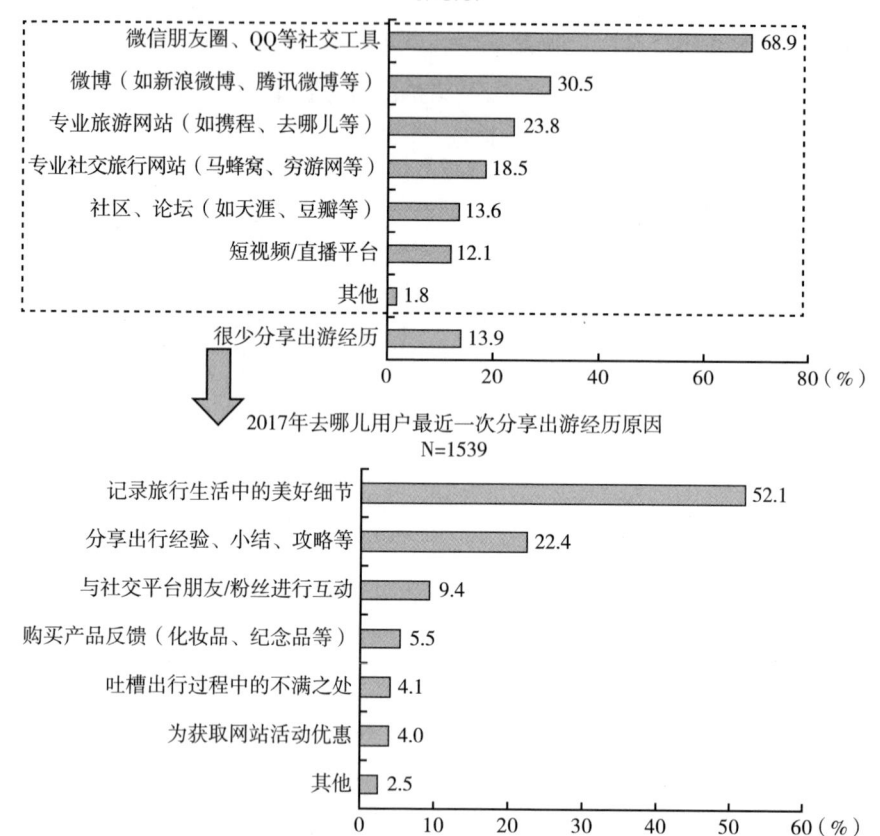

- 记录旅行生活中的美好细节 52.1
- 分享出行经验、小结、攻略等 22.4
- 与社交平台朋友/粉丝进行互动 9.4
- 购买产品反馈（化妆品、纪念品等） 5.5
- 吐槽出行过程中的不满之处 4.1
- 为获取网站活动优惠 4.0
- 其他 2.5

图5 2017年去哪儿用户分享旅游经历平台发布及最近一次分享出游经历原因

资料来源：去哪儿平台和艾瑞iClick社区调研发布的《中国在线旅游平台用户洞察报告》，2018年3月。

二 移动互联网与日常休闲行为

移动互联网不仅影响着国民外出旅游休闲行为，对国民日常休闲行为的影响更是无处不在，具体表现为移动端手机App对日常休闲行为的直接影响和间接影响：直接影响即成为传统休闲行为的在线形式、丰富传统休闲行为的线上内容;间接影响即提高线下休闲行为的效率、增强线下休闲行为的影响力。本文将玩游戏、看电视、逛街购物、欣赏音乐、约会聊天、阅读书籍等线下实际休闲行为界定为传统休闲行为。

表 1　移动互联网手机端 App 对休闲行为的影响分类

直接影响	在线形式	游戏类 App	如王者荣耀、绝地求生-刺激战场、全民漂移、开心消消乐
		视频类 App	如腾讯视频、芒果 TV、爱奇艺视频、优酷视频、人人视频
		短视频类 App	如抖音短视频、西瓜视频、微视
		购物类 App	如淘宝、京东、唯品会、拼多多
		音乐类 App	如 QQ 音乐、酷我音乐、酷狗音乐、网易云音乐
		有声读物类 App	如喜马拉雅、猫耳 FM、懒人听书、酷我听书
		即时通信类 App	如微信、QQ
		社区交往类 App	如 Facebook、百度贴吧、知乎、QQ 空间、微博
	线上内容	资讯类 App	新闻类 App 如网易新闻、今日头条、腾讯新闻
			爱好类 App 如快看漫画、腾讯动漫、内涵段子
		阅读类 App	如掌阅 iReader、QQ 阅读、书旗小说、百度阅读
间接影响	提高效率	生活服务类 App	美食类 App 如饿了么、美团外卖、大众点评网
			健身类 App 如 Keep、趣步、健康运动计步器
			医疗保健类 App 如好大夫、健康大作战、平安好医生、美柚
			支付类 App 如支付宝、微信支付、百度钱包
			睡眠类 App 如睡眠管家、智享睡眠、睡眠助手、睡眠闹钟
			拍摄美化类 App 如美图秀秀、天天 P 图、Faceu 激萌、B612
		出行服务类 App	用车类 App 如滴滴出行、哈啰出行、摩拜单车
			导航类 App 如高德地图、百度地图、腾讯地图
	增强影响力	社区交往类 App	QQ 空间、微信朋友圈、微博、小红书、知乎、马蜂窝
			短视频创作与分享 App 如抖音、快手、微视、一闪、小影

(一)直接影响

1. 移动互联网影响下的休闲成为传统休闲行为的在线形式

随着移动互联网的发展,网络在线休闲功能越来越强大,如表 1 所示,使用手机游戏类 App 玩在线休闲游戏,使用视频类 App 观看在线电影、电视、短视频,使用购物类 App 进行网上下单购物,使用音乐类或有声读物类 App

享受音乐、听故事、相声等，使用即时通信类或社区交往类 App 进行在线聊天、沟通交流等休闲活动的本质仍然是传统的休闲方式，只是依托移动互联网技术，将线下的休闲活动搬到了线上，通过指尖的点击得以实现而已。通过这种线上形式，人们在移动互联网上可选择的休闲活动更加丰富，切换更加灵活。随着"移动互联网原住民"——"00 后"等新势能人群的崛起，我国游戏市场已超过美国份额达到全球第一的位置，2018 年全球游戏收入的28% 来自中国，而增长的份额主要来自移动端在线游戏（又称手游），移动游戏收入五年翻十倍，[①] 足见中国移动互联网游戏休闲方式的热度。而对于休闲玩家来说，无需下载的即时游戏如微信小程序游戏等易上手的、规则相对简单的休闲移动游戏越来越受欢迎，它们无需安装却往往能通过多变的玩法和题材，在有限的时间内带给玩家娱乐体验。2018 年发布的《2017 年中国休闲移动游戏行业研究报告》指出，2014～2018 年中国休闲移动游戏市场规模增长迅速，通过移动互联网玩移动游戏的休闲群体规模庞大（见图 6）。

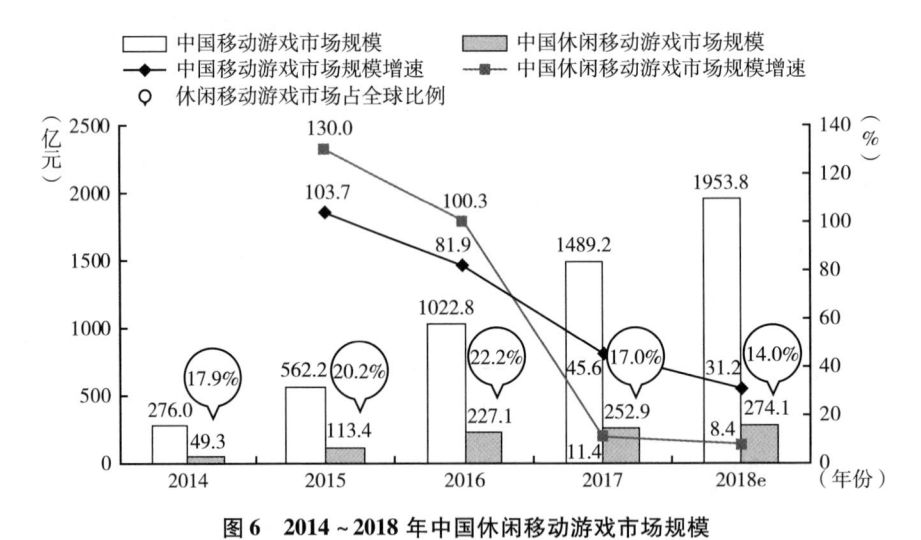

图 6　2014～2018 年中国休闲移动游戏市场规模

资料来源：艾瑞咨询《2017 年中国休闲移动游戏行业研究报告》。（注：2018e 为预测数据）

---

① MobData 研究院：《2017～2019 中国游戏行业洞察报告》，2019 年 4 月。

在这些休闲移动游戏用户群体中，女性群体占 42.6%，与男性群体占比几乎不分高下（见图 7），而她们在整体游戏用户中的占比只有 24.1%，证明女性对休闲移动游戏的偏爱更多一些。从用户年龄分布上看，各年龄层均有一定的占比，23~29 岁的最高，达 38.4%；50 岁以上的最少，也有5.1%。"游龄"绝大部分都有一年以上，每天、每周都玩（见图 8），这表

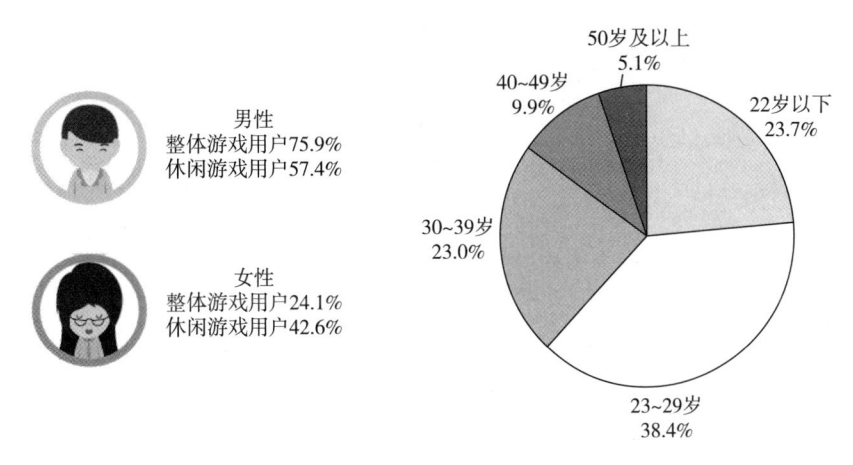

图 7　2018 年中国休闲移动游戏用户性别分布及用户年龄分布

资料来源：艾瑞咨询《2017 年中国移动游戏行业研究报告》。

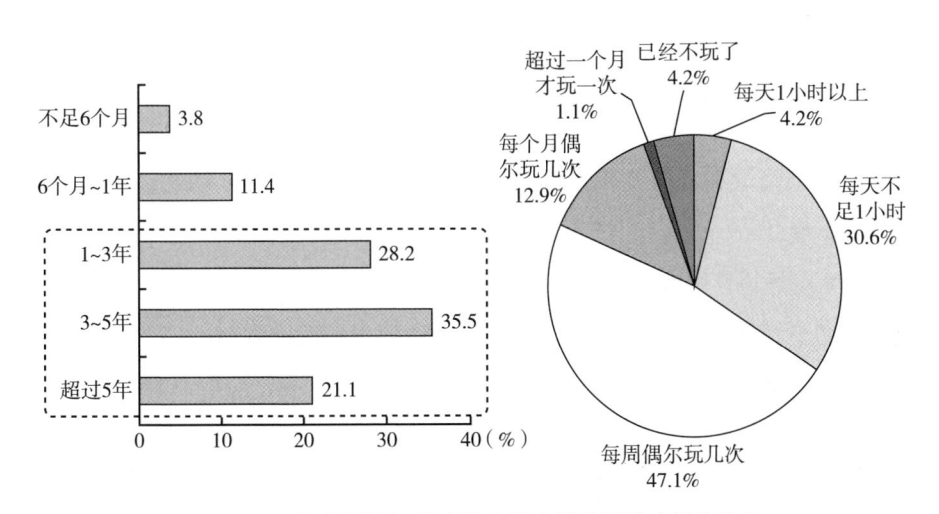

图 8　2017 年中国休闲移动游戏用户游龄及游戏频次分布

资料来源：艾瑞咨询《2017 年中国休闲移动游戏行业报告》。

明通过移动休闲游戏进行休闲的群体类型比较广泛，人们可以利用碎片化时间随时随地玩游戏休闲，游戏玩伴选择灵活（见图9）。

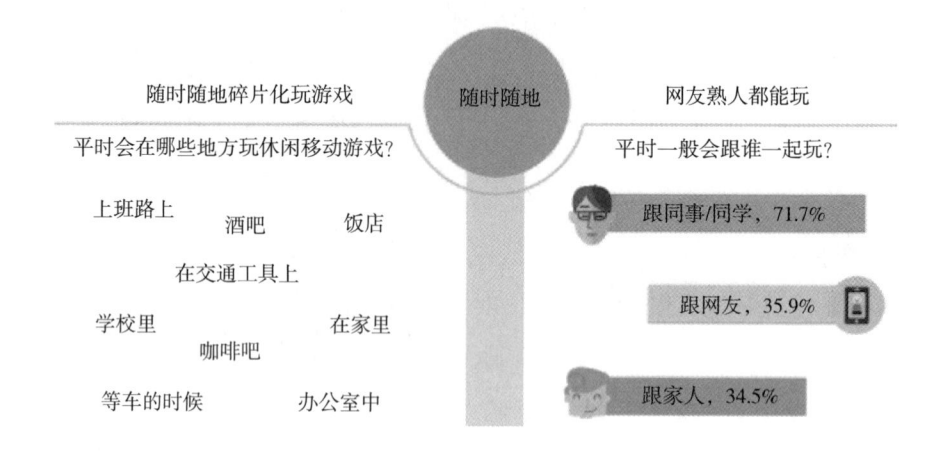

图9　2017年中国移动休闲游戏场所及休闲游戏玩伴

资料来源：艾瑞咨询《2017年中国休闲移动游戏行业报告》。

人们不仅可以通过打游戏进行休闲，而且可以通过观看视频及听音乐进行休闲。对于视频休闲，艾瑞咨询《2018年中国泛娱乐直播营销趋势解读》显示，2018年4月各类别娱乐App月度总有效时长达到738.6亿小时，年复合增长率为30.6%，用户娱乐时长投入增加。其中，视频服务占比上升幅度最大，占比较2016年提升6.1个百分点（见图10）。游戏服务、综合资讯、电子阅读和音乐音频时长占比也有不同程度的扩大，用户休闲娱乐方式更加多样化。

2. 丰富传统休闲行为的线上内容

移动互联网可高效地为休闲行为提供更加丰富的内容材料。如提供新闻资讯类内容的App腾讯新闻、网易新闻、今日头条等，这些新闻资讯的线上内容更新非常迅速，用户在移动互联网上能够第一时间获得最即时的休闲材料，他们不仅将了解新闻资讯作为获知生活、社会诸多事件的基本媒介，而且认为这种阅读的娱乐、消遣意义多于学习意义。传统阅读休闲活动因为专业阅读类App和手机浏览器的综合性个性化推送，使拥有阅读兴趣爱好

移动互联网与国民休闲行为：现状与未来

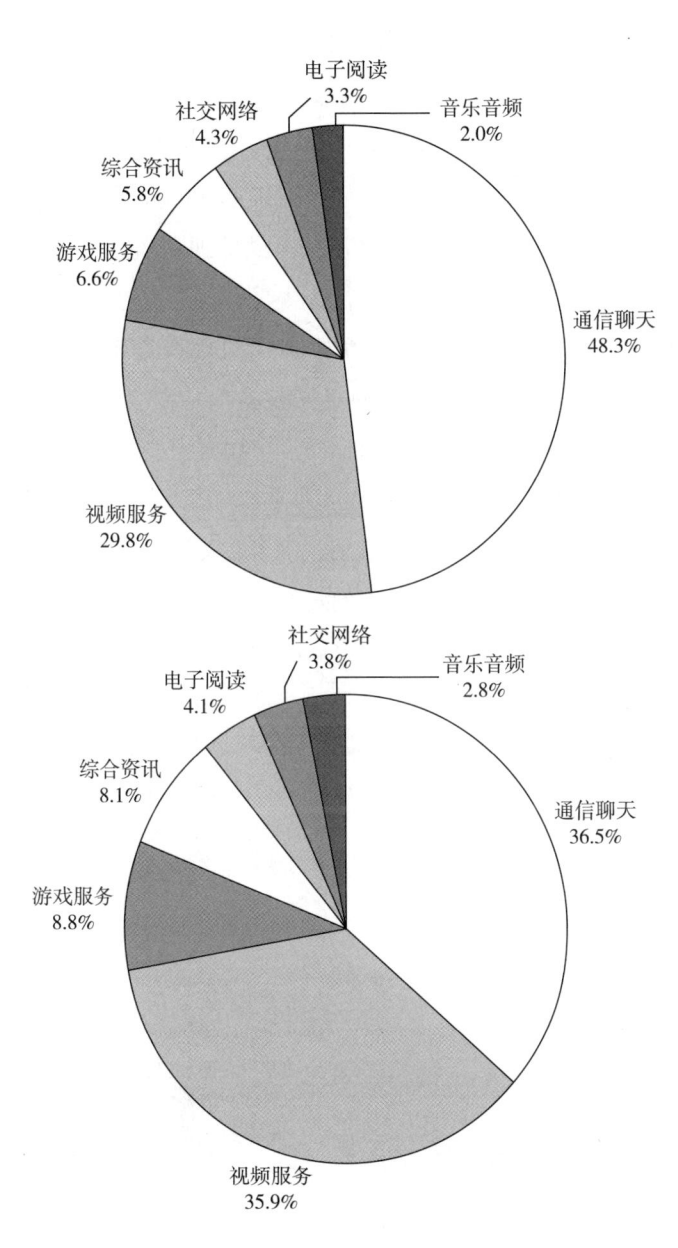

电子阅读 3.3%
社交网络 4.3%
音乐音频 2.0%
综合资讯 5.8%
游戏服务 6.6%
通信聊天 48.3%
视频服务 29.8%

社交网络 3.8%
电子阅读 4.1%
音乐音频 2.8%
综合资讯 8.1%
游戏服务 8.8%
通信聊天 36.5%
视频服务 35.9%

图10　mUserTracker2016 及 2018 年 4 月中国媒体/娱乐 App 月度有效时长百分比

资料来源：艾瑞咨询《2018 年中国泛娱乐直播营销趋势解读》。

209

的用户可以通过手机端应用进行直接、高效地搜索、阅读。比如掌阅iReader、QQ阅读、书旗小说、百度阅读、微信读书等应用，在阅读资源分类上更加细化，更新进度上更加及时，能够为用户提供其最感兴趣的内容。

随着移动直播内容监管的加强，凭借低级趣味博人眼球的直播平台纷纷关停整改，各大直播平台专心深耕内容，提供更加品质化、多样化的内容，用户体验明显提升。这就为传统休闲行为中看视频、看电影等活动提供了更丰富、更直接的内容体验。移动直播休闲用户规模逐渐稳定，2018年比2017年同期增加12.9%。[①] 由于移动直播设备门槛降低，每个人不仅可以通过观看移动直播节目达到休闲目的，而且全民皆可直播，成为主播。整体来看，泛娱乐用户观看直播最主要的原因是放松解压。除此之外，求知好奇、从众、主播颜值、游戏电竞、社交、排遣寂寞等原因也都占据相当的比例。内容方面，才艺直播仍是人们最偏好的内容类型，搞笑、美食、明星和游戏等类型也受大众喜爱，聊天互动、运动健身、户外、吃秀等多种类型也有不容小视的受众量（见图11）。

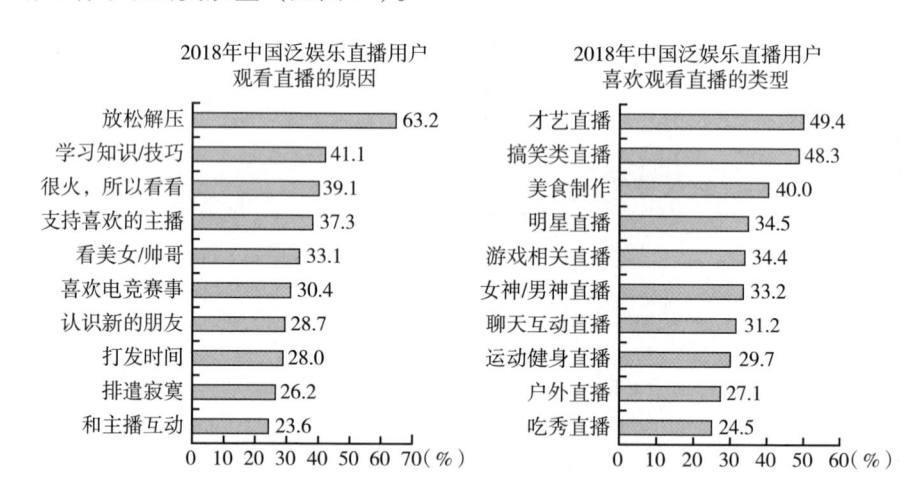

图11 2018年中国泛娱乐直播用户观看直播的原因及喜欢观看的直播类型

资料来源：艾瑞咨询《2018年中国泛娱乐直播营销趋势解读》。

---

① 艾瑞咨询：《2018年中国泛娱乐直播营销趋势解读》，2018年7月。

此外，以抖音为代表的短视频休闲兴起分流了部分偏好碎片化内容的用户，其生产门槛低、内容宽度广，从而带动国民休闲进入了短视频全民生产力时代，开辟了新的休闲"黄金时间"，即利用早（上班前）中（午餐时间）晚（下班后+睡前）进行短视频娱乐休闲的习惯时间。企鹅智库2019年3月的最新数据显示，① 手机短视频用户中有20.5%的用户每天会观看短视频一个小时以上，更年轻的用户通常愿意刷上更久的短视频用作娱乐。

（二）间接影响

移动互联网对国民日常休闲行为的直接影响本质上仍是传统休闲行为的延伸，是国民传统休闲行为的在线形式，这些休闲行为本身是使用手机移动端App进行休闲，在线上虚拟环境中获得放松、愉悦的感受。而移动互联网对国民日常休闲行为的间接影响则体现在实实在在的线下休闲活动当中，即提高了线下休闲行为的效率、增强了线下休闲行为的影响力。

1. 提高了线下休闲行为的效率

移动互联网是移动通信与互联网深度融合的产物，在国民日常休闲中，其丰富的内容和应用使人们可以随时随地获得自身线下休闲行为所需的全方位信息及配套服务，辅助国民的线下休闲行为，从而改变国民消费习惯，进而提高线下休闲行为的效率。以线下购物休闲活动为例，移动设备成为国民购物休闲的必备工具，移动购物大行其道。尼尔森研究显示，2017年84%的消费者使用手机购物，而这一比例在2013年仅为53%。② 这一变化得益于支付宝、微信钱包等第三方支付平台被广泛接纳和使用，人们普遍认为"无现金"的生活更便捷、更高效。移动互联网进一步催生社交电商和粉丝经济，社交平台集社交与购物为一体。通过大数据算法进行个性化、有针对性的消息推送及人气偶像网红的强大消费引导力，大大降低了人们以往购物时的搜寻、比价、交通等精力和时间消耗，提高了国民休闲购物行为的效率

---

① 企鹅智库：《互联网第一战场：2019年泛内容消费趋势报告》，2019年4月。
② 尼尔森研究：《预见大连接时代的中国消费者未来》，2018年1月。

和质量。

在交通出行领域,移动互联网可凭借定位服务让休闲者能够随时知晓自己所处的位置,还可基于位置信息,自主查询周边的饭店、娱乐等信息,随时进行线下休闲行为调整和选择。自驾游的兴起就得益于移动互联网技术的广泛应用。艾瑞咨询与去哪儿网联合调查研究报告《2018年中国在线旅游平台用户洞察报告》发现,在2017年自驾游市场中,选择私家车自驾游的游客占84.6%(见图12),拼车、租车的游客也均占到近1/3。无论是私家车自驾采用高德地图、百度地图等工具进行导航定位、查询住宿、预定门票,还是采用滴滴出行、顺风车等应用叫车、预约,都为线下休闲行为提高了效率、提升了体验。

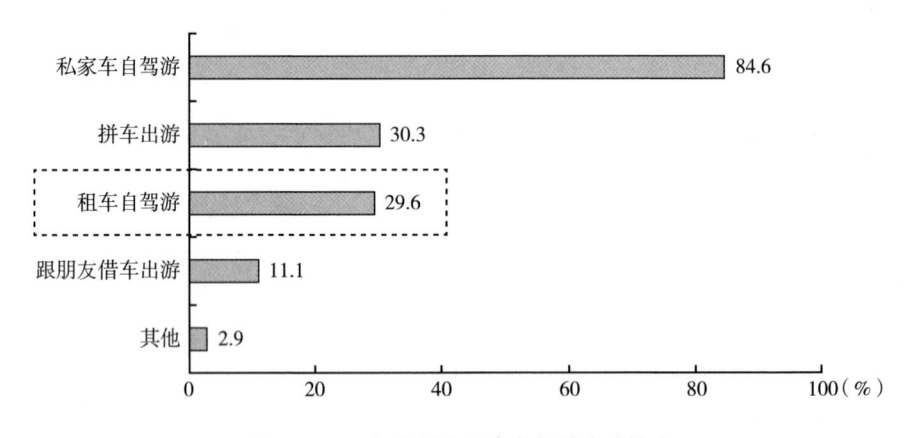

图12 2017年去哪儿用户自驾游方式分布

资料来源:艾瑞咨询与去哪儿网联合调查研究报告,《2018年中国在线旅游平台用户洞察报告》。

就休闲健身领域而言,Keep、咕咚、趣步等App可以帮助人们解决健身场地、项目和私教问题,还可结合可穿戴设备(如运动手环)、智能跑步机等智能健身器械,提高线下运动健身休闲效率和体验。再如美食类App可以帮助人们学习制作美食,医疗服务类App可以让人们获得医疗保健知识、辅助睡眠、健康养生……这些移动互联网应用无疑使国民线下的日常休闲行为更便捷高效。

2. 增强了线下休闲行为的影响力

移动互联网可以通过线上分享行为增强线下休闲行为的影响力。比如对线下美好生活的记录可使用美图拍照类 App 进行编辑上传，通过社交平台 App 分享出去，影响身边的社交圈，抑或引领整个社会的休闲风尚。如 2017 年，约有 68.9% 的人选择在微信朋友圈、QQ 等社交平台分享自己的休闲经历，[1] 大部分人愿意分享的主要原因是记录生活中的美好细节，这些细节可以感染朋友圈的人，强化对他人休闲行为的印象，同时还可以为他人提供参考，不同的线上分享行为产生的影响力存在一定的差异。

不同性别的群体在休闲内容分享上不同。根据掌淘数据研究院的数据，[2] 2017 年在购物、新闻阅读、游戏三种休闲内容的分享上，50.1% 的女性倾向于购物分享，49.9% 的男性进行购物分享；在新闻阅读及游戏上，男性比女性分享多（见图 13）。整体来看，移动应用上生活服务类的分享较多，其次是新闻类。这说明移动互联网对生活类休闲应用的影响更频繁，国民可以通过生活类休闲内容的分享，对其线下日常生活休闲行为产生间接影响。

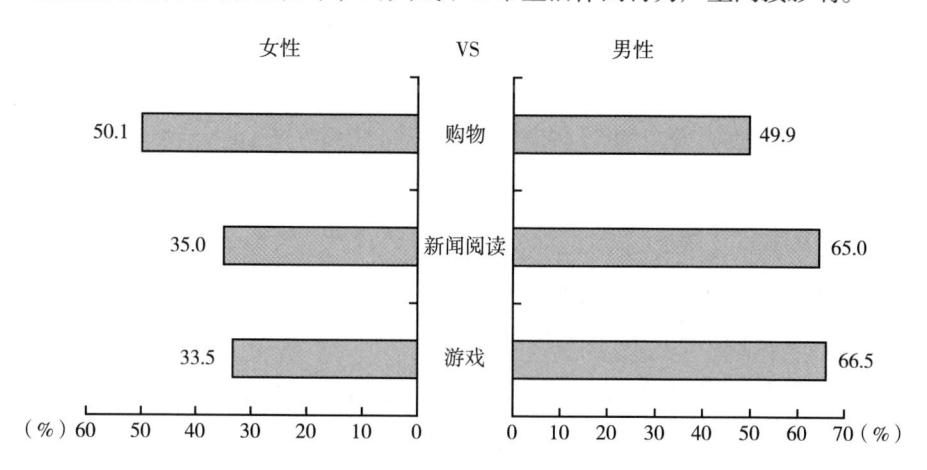

图 13　2017 年 Q1 典型 App 社交分享内容的用户性别分布

资料来源：掌淘数据研究院《中国 App 社交分享全解读》。

---

[1] 艾瑞咨询：《中国在线旅游平台用户洞察报告》，2018 年 3 月。
[2] 掌淘数据研究院：《中国 App 社交分享全解读》，2017 年 7 月。

从时间段来看，社交分享时间段集中在早上 8 点到 12 点，晚上 7 点之后分享量再次提升，晚上 9 点到 10 点间达到最高峰。① 可见移动互联网休闲行为的社交分享对线下休闲行为产生影响力的主要时间段为早晚非休息时段。

从分享渠道、不同收入的分享人群来看，不同群体在分享平台和分享内容上存在差异。分享到 QQ 的用户中，男性较多；分享到新浪微博的用户中，女性较多。从不同收入人群来看，高收入者在购物上分享较多，对线下影响力更强；低收入者在游戏上分享较多，对线下影响力较弱。②

从分享平台来看，不同的分享平台上分享的内容不同。比如 QQ 空间上的分享偏向休闲娱乐，新浪微博上的分享偏向健身和休闲游戏。另外，视频类休闲 App 的线下影响力不容小觑，比如抖音、快手。根据《抖音：2019 春节大数据报告》，拍摄过年系列贴纸趣味短视频并进行分享已经成为中国人春节过年情感交流和拜年的新潮流，可以帮助人们记录美好生活，让年味儿更浓。2019 年春节，有将近 3000 万名用户使用春节贴纸给亲友送上新年祝福。除此之外，抖音短视频还通过集音符、抢红包活动分享 5 亿现金红包。春节期间，短视频总播放量达到 247 亿次，参与人次为 337 万，可见移动互联网影响下的短视频休闲行为在人数参与规模上的影响之大。另外，根据快手大数据研究院发布的《2019 小镇青年报告》③ 可知，每年约有 2.3 亿名小镇青年④活跃在快手平台上，发布视频数 28 亿条多，视频播放量达 26000 亿次多，获赞数达 800 多亿个，视频评论数为 180 多亿条。小镇青年不仅通过这一平台记录分享家乡特产与美食，还推广了当地的非遗文化，甚至打造出一批新兴的"网红"景区。

总之，移动互联网应用为休闲行为的传播提供了技术实现方式，人们可以通过这种分享传播自身休闲行为的方式传递休闲活动体验，进而增强了线下休闲行为的影响力。

---

① 掌淘数据研究院：《中国 App 社交分享全解读》，2017 年 7 月。
② 掌淘数据研究院：《中国 App 社交分享全解读》，2017 年 7 月。
③ 快手大数据研究院：《2019 小镇青年报告》，2019 年 5 月。
④ 小镇青年：三线及以下城市用户，县城、镇区、乡村及城乡接合部用户。

三 移动互联网带给国民休闲行为的问题

移动互联网在为国民休闲行为带来各种便利的同时，也带来了一系列对身心健康、信息安全、休闲观念的负面影响，应当引起公众的警觉。

（一）网络休闲上瘾行为对人的身心造成威胁

网瘾行为会对人的身体健康造成巨大威胁，尤其是对学生群体的影响，比如小学生、中学生、高职学生、大学生等。据相关调查，高职学生中，13%的学生网龄至少10年，甚至有的学生从小学开始就已经对游戏成瘾；[1]中职学生中，对手机产生依赖的人数占总人数的38.1%，接近四成；[2] 大学生中，10.4%的学生为网络成瘾者，[3] 这些数据表明相当一部分学生群体对网络休闲形成依赖，上瘾问题较突出。另外，移动互联网会诱使移动休闲者做出过度休闲行为，尤其对于自律性较差的休闲者而言，比如本想在移动互联网上购物下单后睡觉，可是看到推送内容后不知不觉地点进去继续浏览同类或其他产品，休闲行为不容易停下来。长此以往，移动互联网本身会对人的健康直接造成损害，或通过占用人的其他运动休闲时间，间接影响休闲者的身体健康，轻则导致熬夜影响睡眠，重则使人出现心理障碍、心理失衡等心理症候。

（二）移动互联网对休闲者信息安全造成威胁

移动互联网的开放性和无线传输的特性使信息安全成为用户休闲面临的关键问题。信息安全威胁是指某人、物、事件、方法等因素对某些信息资源

---

[1] 陈祥真：《高职学生手机成瘾倾向现状及对策探析》，《教育与职业》2018年第20期，第108~112页。
[2] 胡玫君：《中职学生手机依赖状况及管理对策研究》，硕士学位论文，鲁东大学，2018。
[3] 王丹丹：《大学生网瘾问题的思想政治教育对策研究》，硕士学位论文，燕山大学，2017。

或系统的安全使用造成的威胁,① 移动互联网休闲应用虽然能给人们带来便捷高效的体验,但同时也会使得休闲用户信息暴露的风险增大,比如 2018 年 3 月曝光的"5000 万 Facebook 用户信息泄露事件"② 就充分印证了这一点。相关调查显示,逾七成人认为个人信息泄露问题严重,③ 究其原因就在于移动互联网用户对个人信息的过多披露。尤其是社交网络推荐的精确算法可以记录用户在网页中的停留时间、产品页面浏览次数、鼠标滑动轨迹和对链接的点击等所有在线操作行为。因此,用户的个人爱好、习惯、家庭住址、工作单位等信息都会被移动互联网记录、收集和分析,从而对国民的休闲行为信息安全造成威胁。

(三)移动互联网使人的休闲观念发生异化

休闲学研究专家杰弗瑞·戈比在《你生命中的休闲》一书中认为,人应当"以欣然之态做心爱之事",④ 古希腊亚里士多德认为"休闲与沉思不可分割",⑤ 然而现代社会本身就是一个快节奏的时代,移动互联网虽然因其丰富的内容,即时性、个性化的特点为国民休闲活动提供了便利,但这样的休闲反而使人们的休闲行为显得过于急促,有时间、有精力投入慢节奏的深入思考成为一种奢求,休闲观念向即时享乐方向靠拢,碎片化的时间使休闲观念也趋于表面,而无"欣然之态"。对电子产品和网络化休闲方式的过度依赖,还容易造成人们心灵的异化。国民休闲行为应当更多地享受休闲的情调、气氛、格局、档次等,而不是单纯的物化休闲。

综上所述,移动互联网是一把双刃剑,在给国民休闲带来积极影响的同时,不可避免地带来了一些问题,倡导科学、健康、文明的休闲方式是走向

---

① 朱扬清、罗平:《计算机技术及创新案例》,中国铁道出版社,2015。
② 网易新闻:《超过 5000 万份 Facebook 用户信息遭泄露》,http://tech.163.com/18/0319/07/DD8BSDL500097U7R.html。
③ 互联网法治研究中心:《中国个人信息安全和隐私保护报告》,http://www.199it.com/archives/540836.html。
④ 〔美〕戈比:《你生命中的休闲》,康筝译,云南人民出版社,2000 年 08 月第 1 版,第 1 页。
⑤ Goldhaber M. H., "The attention economy and the net", FirstMonday, 1997, 2 (4)。

未来美好生活的必然要求。首先，应充分发挥移动互联网对休闲观念的引导作用，使人们树立正确的休闲观；其次，完善网上监管制度，坚决打击网络发布不良信息者，加强对网页及移动应用的监管；再次，加强现实社区建设，提升居民对现实社交群体的归属感；最后，完善基础休闲设施，为国民提供良好的休闲环境。

四 移动互联网对国民休闲行为的影响趋势

2019年被称为5G元年，随着第五代移动通信（5G）技术的研发，人工智能、虚拟现实（VR）、增强现实（AR）等新兴移动互联网关键技术的进一步布局。Quest Mobile研究院的移动互联网趋势研究报告预测，到2020年5G手机出货量将达到1亿部，物联网设备数达99.8亿部，VR/AR头显设备数达940万台。"互联网"到"物联网"的转变将打造休闲体验全真场景化，带来国民休闲体验的新升级，实现智慧休闲。

所谓的物联网，就是在万物智能化的前提下再接入5G网络，从而实现更为广阔的应用场景，包括智能家居、智慧交通、智能医疗、智能电网、智能物流、智能农业、智能电力、智能安防、智慧城市、智能汽车、智能建筑、智能水务、商业智能、智能工业和平安城市。每一个场景都会有无限的可能，唾手可得的信息和超智能方式为休闲提供更加广阔的发展视野，带给人们全真式、浸润式的休闲体验。在虚拟现实（VR）技术领域，5G能够使VR技术应用到更多新的休闲领域，例如体育赛事中站在场上某个球员的角度体验足球比赛，像冰上的运动员那样体验滑冰活动。与休闲行为相关的自动驾驶汽车、在线取景、8K视频等具有5G功能的设备、设施开始进入相关领域，将对国民的休闲行为产生更大的冲击。2017年，杭州首届人工智能与智慧休闲展，吸引了众多互联网知名企业；2018年，李彦宏斥巨资在北京打造世界上第一个AI公园，打造智慧休闲生活；2018年底，武汉市结合休闲农业与乡村旅游需求，利用云计算、大数据、互联网、移动互联网等信息技术，打造智慧休闲农业云平台。移动互联网技术的提升与应用环境的完善，将推动休闲向智慧方向发展并大范围普及应用。移动网络速度的提升、费用的降低、地图导航和语言导览系统的更加成熟，以及小程序、大数据等新技术的运用，都将提升国民休闲的体验并创造新的应用场景，使智慧休闲将成为趋势。

（一）超高速的传输需求、超高容量、超可靠性、超短时延的5G时代的到来将会促使休闲行为更加便捷

2017年1月中共中央办公厅、国务院办公厅印发的《关于促进移动互联网健康有序发展的意见》指出将全面推进第四代移动通信（4G）网络在城市地区深度覆盖、在农村地区逐步覆盖、在贫困地区优先覆盖。加快第五代移动通信（5G）技术研发，统筹推进标准制定、系统验证和商用部署。到2020年，5G将为用户提供光纤般的接入速率和"零"时延使用体验。千亿设备的连接能力、超高流量密度、超高连接数密度和超高移动性等多场景的一致服务，可实现"信息随心至，万物触手及"的愿景。超高速的传输需求、超高容量、超可靠性、超短时延的5G时代的到来会促使休闲行为更加便捷。国民能够随时、随地、随心感受到5G对其休闲行为带来的巨大影响。

（二）生活基础设施的演化升级，将使国民休闲时间得到增加

2013年，宋瑞教授主持进行的"中国国民休闲行为调查"结果提出闲暇时间不足是休闲制约的首要因子，包括家庭劳务时间过长、工作和生活难以平衡。而智能家居的应用会在很大程度上释放家庭劳务时间。智能家居的应用以家为单元，例如电器控制、灯光控制、温度控制、场景控制、播放音乐等，将多个场景和家居物品联系起来形成一个巨大的生态，更多的智能化技术将融入日常家庭生活中。进一步来说，伴随信息基础设施的强大，智能办公桌、智能墙壁将走进生活，大大提高人们的办公效率，缩短工作时长，人们将获得越来越多的自由时间，而闲暇时间的增加为更多的休闲行为注入强心剂，将推动国民休闲进入更自主的发展阶段。

（三）移动互联网的精细化运营，将助力国民休闲族群化、个性化体验

大数据、云计算等技术能够根据移动手机端用户的浏览习惯，生成个人独有的兴趣标签，从而为用户提供更加契合的信息咨询。企业在高新技术的基础上进行的精细化运营，将有力促成休闲方式的个性化发展。

移动互联网还将助推族群化的快速发展，多层级市场满足更垂直细分需求。根据兴趣圈层进行细分的市场（二次元文化人群、体育爱好者、美妆达人等）或通过定位人口特征（年龄、性别、职业、收入和受教育程度等）划分的市场呈现不同的休闲需求，移动互联网将通过大数据分析和算法推荐，引导同类需求的群体迅速走到一起，助推族群化休闲的实现。尤其是以下三种群体带来的休闲市场应当引起特别关注。一是女性在移动互联网消费中异军突起，"她经济"市场发展潜力巨大。二是银发市场，老年手机网民的增长速度越来越快，超级智能化的产品越来越适应老年人的需要，适合老年通过手机进行虚拟休闲的产业也将迅猛发展。三是"小镇青年"（三线及以下城市"90后"群体）利用手机消遣时间的休闲娱乐需求巨大。移动互联网未来将有能力打造多层级市场，通过精细化运营满足国民休闲各群体不断增长的个性化需求。

参考文献

CNNIC 中国互联网络信息中心：《2013~2014 年中国移动互联网调查研究报告》，2014 年 8 月。

CNNIC 中国互联网络信息中心：第 43 次《中国互联网络发展状况统计报告》2019 年 2 月。

Goldhaber M. H. , "The attention economy and the net," *FirstMonday*, 1997, 2 (4).

MobData 研究院：《2017~2019 中国游戏行业洞察报告》，2019 年 4 月。

〔美〕戈比：《你生命中的休闲》，康筝译，云南人民出版社，2000。

艾瑞咨询：《2017年中国移动游戏行业研究报告》，2017年8月。
艾瑞咨询：《2018年中国泛娱乐直播营销趋势解读》，2018年7月。
艾瑞咨询：《2018年中国休闲移动游戏行业报告》，2018年2月。
艾瑞咨询：《2018年中国在线旅游度假行业研究报告》，2018年5月。
艾瑞咨询：《2018年中国在线旅游平台用户洞察报告》，2018年6月。
艾瑞咨询：《中国在线旅游平台用户洞察报告》，2018年3月。
艾瑞咨询与去哪儿网联合调查研究报告：《2018年中国在线旅游平台用户洞察报告》，2018年6月。
陈祥真：《高职学生手机成瘾倾向现状及对策探析》，《教育与职业》2018年第20期。
胡玫君：《中职学生手机依赖状况及管理对策研究》，硕士学位论文，鲁东大学，2018。
互联网法治研究中心：《中国个人信息安全和隐私保护报告》，http://www.199it.com/archives/540836.html。
快手大数据研究院：《2019小镇青年报告》，2019年5月。
尼尔森：《2019中国移动出行市场现状及发展》，2019年4月。
尼尔森研究：《预见大连接时代的中国消费者未来》，2018年1月。
企鹅智库：《互联网第一战场：2019年泛内容消费趋势报告》，2019年4月。
去哪儿平台和艾瑞iClick社区：《中国在线旅游平台用户洞察报告》，2018年3月。
粟娟：《旅游消费经济学》，西南交通大学出版社，2014，第96页。
孙国学、赵丽丽：《旅游产品策划与设计》，中国铁道出版社，2016。
王丹丹：《大学生网瘾问题的思想政治教育对策研究》，硕士学位论文，燕山大学，2017。
网易新闻：《超过5000万份Facebook用户信息遭泄露》，http://tech.163.com/18/0319/07/DD8BSDL500097U7R.html。
掌淘数据研究院：《中国App社交分享全解读》，2017年7月。
中华人民共和国工业和信息化部：《2019年1~3月份通信业经济运行情况》，2019年4月，http://www.miit.gov.cn/n1146285/n1146352/n3054355/n3057511/n3057518/c6802477/content.html。
朱扬清、罗平：《计算机技术及创新案例》，北京：中国铁道出版社，2015。

G.15
中国户外无动力乐园发展现状和前瞻

李慧华 谭亮 孙恬*

摘 要： 随着我国城市化水平的提升与文旅市场的持续快速增长，户外无动力乐园正逐渐成为一种新兴的游乐产品类型，并逐步形成与教育、乡村、景区、度假、IP等发展元素的多元结合。未来，中国户外无动力亲子乐园日益成为多元业态综合发展的"黏合剂"，越来越凸显"主题化"特色，并可能成为重要与精准的线上流量入口，但缺失标准等问题也在困扰行业的发展。本文尝试对我国户外无动力乐园的发展与演变进行梳理和展望，供相关行业的读者参考。

关键词： 户外无动力乐园 游乐产品 细分市场

一 中国户外无动力乐园行业的总体状况

有别于一般意义上的"游乐场"，户外无动力乐园，是指以无动力游乐设施设备为主要内容，以3~14岁儿童及其家长共同组成的消费者为主要服务对象，以封闭运营并追求最终的盈利为目的，以有组织、有导向性的游玩方式为行为特征的，具有独立商业意义的产品与服务的空间集成。国内无动力乐园的雏形可追溯到20世纪80年代。在30多年的行

---

* 李慧华，季高集团总裁、创始人，季高兔窝窝亲子乐园品牌创始人；谭亮，季高集团策划总监，长期从事旅游规划行业研究；孙恬，季高集团研发负责人，长期从事儿童乐园专项研究。

业发展历程中，绝大多数乐园都是以无动力类游乐设施的组合形态而出现的，并不能真正被称为户外无动力乐园。真正独立运营的户外亲子无动力乐园，出现在2016年。成都松鼠部落作为这个模式的先行者，于2013年开始谋划，2016年正式建成落地。此后，长三角、京津冀两大城市群以及华中区域省会城市周边，出现了一批类似的项目。其中，能代表亲子户外无动力乐园发展水平的有：2017年10月1日开园，全国首个以亲子研学教育为特色的长沙贝拉小镇；上海迪士尼国际旅游度假区创新导入的季高兔窝窝亲子园，首次将亲子游乐社交作为产品打造理念；北京大美儿童世界，围绕儿童乐园构建了城市近郊休闲度假综合业态；中国首个田园综合体无锡"田园东方"项目内打造的拖拉机农场和植物大战僵尸乐园，为田园综合体发展植入了新的功能要素与IP；2019年6月开园的、全国规模最大的珠海横琴星乐度露营小镇的星奇塔无动力世界，将亲子户外无动力乐园与露营地融合发展。

除上述这些具有代表性的项目之外，国内还有近千个小规模的"园中园"式户外无动力乐园，共同推动着的户外无动力游乐这一新兴文旅业态的普及与发展。

（一）"无动力"概念的正式出现

2012年6月1日，由中华人民共和国国家质量监督检验检疫总局和中国国家标准化管理委员会共同发布的【GB/T27689 2011】《无动力类游乐设施儿童滑梯国家标准》正式实施，这是第一次在国家层面正式为无动力类游乐设施确定名称和定义。无动力类小型游乐设施是指不带电动、液动或气动等任何动力装置的，由攀爬、滑行、钻筒、走梯、荡秋千等功能部件和结构、扣件及连接部件组成的，主要适用于3～14周岁儿童的游乐设施。

（二）无动力类游乐设施行业过渡到户外无动力乐园的时代背景

二胎政策的全面放开、人们物质生活水平的提高、居民消费意识的不断提升很大程度上影响了儿童消费市场的预期，新政将为儿童相关产业带来极大利好。盈石集团研究中心的研究显示，补偿性生育高峰将快速有效地推动儿童消费升级，促进儿童产业加速发展，为儿童产业的繁荣奠定了稳固的需求基础。然而在这一群"80后""90后"父母成为新一代消费主力人群的背后，是对品质、体验、新潮、互动型户外"溜娃"空间的极度需求，亲子游市场热度持续上升，助力了户外无动力乐园的出现。

另外，自从中国加入世界贸易组织（WTO）以来，与世界各国人员交流、经济往来，文化融合度越来越高，欧美许多无动力游乐设施世界顶级品牌纷纷也进入中国市场，中国无动力类游乐设施行业和欧美行业领先品牌交流也愈加频繁，中国行业不断地向欧美行业领先品牌学习、总结及合作，与欧美行业的差距也在逐步缩小。这为我国从简单堆砌无动力设施的"游乐场"发展到户外无动力乐园提供了强大的推动力。

这些有利因素都将给户外无动力乐园行业带来巨大的市场潜力，使市场容量呈井喷式发展。虽然有诸多利好因素，但仍有许多制约行业发展的不利因素亟须解决。

（三）我国户外无动力乐园蓬勃发展，但运营管理与行业标准严重滞后

2015年之后，随着行业整体对用户体验的逐步关切，更多独立运营的乐园真正走向市场，正式揭开了户外无动力乐园的发展序幕。

据业内人士不完全统计，全国目前以"户外无动力乐园"为特色开展经营的园区有近千处，单体投资为200万~2000万元。这其中，从立足设计服务的景观建筑公司到家族作坊式生产企业纷纷涌入市场，产品供给能力与质量参差不齐。

从外行人角度来看，户外无动力乐园好看、好玩、投资低、落地快。然而，从专业角度来看，远远不止表面看到的那么简单——户外无动力乐园存在很高的安全门槛，从设备的结构设计、配件质量、材质强度到设备间的安全距离把控，甚至小到植物选型等，都有非常严格的标准与很高的技术含

量。同样，因为户外无动力乐园多数服务于亲子家庭客群，且以户外环境为载体，所以在运营端的要求也非常之高。

从设备本身安全来讲，中国部分乐园往往只快速模仿其外形，忽略其核心的结构设计及安全把控，这导致了国产设备的良品率较低，返修率高并存在较大安全隐患。以保修期限来说，欧美年限基本上是2~25年，但中国通常的做法是免费保修1年。

从行业法律法规来讲，欧美发达国家执行的相关安全标准均为强制性执行，但反观我国，虽无动力类游乐设施行业在2012年6月1日开始执行【GB/T 27689-2011】《无动力类游乐设施儿童滑梯国家安全标准》，但遗憾的是，此标准为推荐型国家标准，而非强制认证。这导致了行业生产企业对国家标准不够重视，甚至视而不见，产品随意生产，缺乏质量和安全意识，使得市场上充斥着大量不符合安全标准和粗制滥造的产品，这对行业主要使用人群儿童的人身安全造成巨大的隐患。例如，2019年"五一"长假发生在成都的"孩子的院子"事件，园中长滑梯设计及制造不符合安全标准造成了2死12伤的悲剧。这样的问题大量存在，解决的根本办法就是出台强制性国家标准，加强行业监管，提升行业准入门槛和整体水平。

二 中国户外无动力乐园的发展趋势

（一）"户外无动力乐园+教育"，理念突破、空间突破与课程突破

户外无动力乐园是将儿童室内教育与户外教育连接起来的有价值的场所。户外无动力乐园将游乐设施充分地与自然场地结合，能够激发儿童的求知欲、创造性和独立能力。户外无动力乐园的发展除了与时俱进地不断更新游乐设备、丰富游乐主题外，还应该回归教育，与教育深度融合、创新性发展，重视儿童综合素质教育。

一方面，突破传统教育理念，寓教于乐。运动技能、空间感和创造力是儿童教育中最为重要的几个方面，而户外无动力乐园为培养这些能力提供了

最佳条件。户外无动力乐园与教育的融合，将摒除传统教育方式的弊端，针对不同年龄段儿童的特点，将枯燥的学校和家庭教育变得生动有趣，将儿童引入主动学习和创造探索中去，提高儿童的身体素质、身体协调性、创新能力及社交能力，寓教于乐。

另一方面，构建户外研学体系，研发课程。户外无动力乐园与教育的融合形成了一种开放的教育方式，没有系统性的深度学习课程，户外无动力乐园只是停留在表层的儿童益智游乐，不能充分发挥其教育功能。通过有针对性地构建素质教育类、自然类、地理类、体验类等多种类型的活动课程，实现研学课程的主题化、系统化，能实现户外无动力乐园与教育的深度融合。例如长沙贝拉小镇通过将儿童训练、游乐的规划与场地地理资源充分融合，同时针对3~15岁儿童自主研发五大类儿童素质训练课程，促进儿童综合素质全面发展，打造了大型寓教于乐主题性户外亲子乐园。目前年接待量达到40万人，在户外无动力乐园与教育的结合尝试方面进行了初步的探索。

（二）"户外无动力乐园+乡村"，强势导流、乡村再造与城乡共荣

户外无动力乐园不仅是一个独立的儿童乐园，更是未来很多综合体项目核心业态中必不可少的内容，也是区域引流的重要工具。随着亲子旅游市场的深度开发，打造个性化、情感化、休闲化、教育化的乡村亲子旅游系列产品，促进乡村旅游新发展，户外无动力乐园与乡村融合发展的乡村旅游新业态应运而生，并发挥了重要作用。

其一，带动区域经济发展，助力乡村振兴。户外无动力乐园的亲子属性（家庭出行、停留时间较长等）将带动乡村旅游其他要素的发展，如餐饮、亲子住宿、农业休闲等，从而带动当地村民参与旅游业态，发展乡村旅游经济，助力乡村振兴发展。

其二，创新利用乡村资源，彰显当地特色。充分挖掘当地乡村文化元素，结合乡村环境，创新利用农作物、旧物、农业生产工具等乡村资源，通过抽象创意包装，融入现代游乐理念，把户外无动力乐园打造成强参与度的

乡村游乐产品，从而提升乡村的吸引力和体验性。

其三，突出户外自然探索，丰富游乐体验。"自然、随性、淳朴、简约"是乡村亲子游最大的优势。户外无动力乐园产品设计应与乡村户外自然教育基地相结合，针对不同年龄段孩子的特点，设计符合他们心智发育需求的益智性乡村户外游乐设施，并将课堂知识与乡村自然相融合，引导孩子在玩乐中探索知识、快乐学习，丰富乡村游乐体验。

其四，打造乡村社交平台，扩大亲子社交圈。乡村亲子游中家长期望之一是通过旅行孩子能够融入乡村，认识更多同龄伙伴。户外无动力乐园的强互动性使其可以作为家庭亲子社交基地和平台，同时建立家庭、学校与乡村之间的联系。以成都郫都区红光镇多利桃花源项目为例，项目以3000平方米的无动力游乐园为载体，深度融入多利农庄"从田园到餐桌"的有机农业种植理念与品牌优势，分为六个小组团，分别通过游乐体验展示了有机农业种植过程中的水环境、土壤改良、生物育肥、种子培育、生产管理及果实筛选等六大工艺流程。配合周边高端文化精品酒店、田园帐篷营地、国际萌宠乐园、一米菜园都市农场等产品，共同组成了一个具有鲜明乡村特色和强大引流能力的产品包。

（三）"户外无动力乐园+景区"，业态创新、运营创新与产品迭代

在中国文旅行业高速发展背景的推动下，户外无动力游乐设施因自身特性（游戏、互动、交流等）在主题乐园、景区等领域中扮演的角色逐渐加重。户外无动力乐园与景区的融合发展可以丰富传统景区游玩项目，有助于活跃景区游玩氛围，增加景区二次消费。

首先，丰富景区游玩项目，升级游乐体验。户外无动力乐园与传统景区游乐项目的区别在于主动娱乐和被动娱乐。传统景区的游玩项目游客没有选择如何活动的权利，而无动力设施比如秋千、滑梯，玩法种类多样，玩耍者因不同年龄、不同心情、不同时段，可以创造出各种玩法，升级游玩体验。

其次，构建社交游玩氛围，提升重游率。户外无动力设施能激发儿童和

其他使用人群自身的运动天性，在游玩过程中加入互动、互助和共同达成目标的元素，通过激发玩耍者内心的成就感和自信，促进游客之间的互相挑战、竞争和交流，从而构建一个促进人群社交的游玩氛围，吸引顾客多次游玩。以成都蓝光水果侠乐园内的无动力游乐区为例，其引入了先进的进口设备，同时结合水果侠乐园自身的文化特色与市场定位，打造了非常具有吸引力的大型组合设备。园区开业以来，累计接待游客量70万人次，成为蓝光水果侠项目最具特色与人气的主题片区。

最后，"小、轻、新"投入，常换常新。户外无动力乐园投资小、体量轻（对土地性质无要求）、产品新，较快的落地周期和极强的主题性，有助于传统景区快速实现内容更新，常换常新。

（四）"户外无动力乐园 + 度假"，目的地升级、氛围营造与深度体验

市场最新数据显示，"80后"家庭大多有带孩子出游度假的需求，更加关心儿童设施与服务等相关问题。在这类需求刺激之下，国内亲子度假市场迅速升温，针对亲子客群的"度假+乐园"形态的文旅产品层出不穷。户外无动力乐园与度假的融合可以提供满足全年龄层次共同参与游玩的亲子度假产品，构建生态型寓教于乐的家庭户外度假中心，打造家庭亲子一站式"轻度假"目的地。一方面，营造度假地场景氛围，延长游玩时间。根据不同年龄段儿童的需求对儿童活动空间及内容进行不同的设计，充分整合无动力设施设备，营造不同区域不同的主题场景氛围，为大人及儿童提供场景沉浸式游乐体验，增强消费者黏性，最大限度增加顾客的停留时间和复购次数。另一方面，强化零距离亲子体验，促进亲子互动。在度假区域户外无动力乐园中，实施零距离亲子体验计划，设计以儿童为核心带动家长和孩子互动的游乐设施设备，提升家长的参与度，实现亲子互动。

（五）"户外无动力乐园 + IP"，IP资源变现、主题升级与运营掘金

中国儿童乐园市场进入自由行时代，越来越强调乐园的品质与深度，强

调个性化、差异化的游乐体验。户外无动力乐园逐渐在游玩项目上实现了主题化，但内容缺乏更好的包装。作为儿童户外游乐和家庭互动项目，户外无动力乐园应与整体文创IP创新融合发展，用全年龄层喜闻乐见的IP进行有效包装，或者融合自身文化、地域去新创IP、制造故事。乐园里有了IP主题，也就代表乐园有了灵魂人物，进而打造独一无二的亮点和特色，实现乐园与IP的共赢。

其一，因地制宜，增加IP的线下价值。一方面与知名IP融合，乐园凭借知名IP的自身吸引力获得流量，带动乐园人气；主题IP与游乐设备的融合可以更好地增加IP落地与变现途径。另一方面是与新创IP融合，户外无动力乐园的设计不再是单一的设备配置，而是通过融合地域文化新创IP，以帮助游乐园打造品牌、凸显主题，达到差异化效果。因地制宜地选择与IP的融合发展，逐步发展整体文创产业，形成产业链，可以实现IP的线下价值与乐园的共赢发展。

其二，深入融合，实现更好内容包装。IP与乐园的融合不仅是在设备外观上结合IP形象，更应将IP的文化内涵融入乐园，将IP的故事足够深地融入，充分发挥出IP优势。一方面是硬性融合，即在设备场景营造方面与IP故事内容相结合，注重立体空间的布置，呈现IP故事视觉效果。另一方面是软性融合，即让IP角色人物参与到户外无动力乐园的各项活动中去，如由IP角色带领儿童参与游玩，讲解乐园故事活动线索等。

三 中国户外无动力乐园行业的创新探索

（一）成为多元业态综合发展的"黏合剂"

有人流，就有现金流；有人流，就有信息流；有人流的地方，就是各类业态争先恐后扎堆的地方。中国户外无动力亲子乐园本身强大的引流能力，不仅满足了需求端不断增长的亲子家庭休闲度假需求，更在供给端为新零售、新教育、新度假、新体育、新餐饮、新美业等多种新业态提供了精准到达线下客户群体的渠道和方式。

以中国户外无动力亲子乐园为关键吸引物,在其周边布局主题酒店、文创零售、儿童教育培训、青少年体育培训、亲子主题餐饮、文化娱乐乃至养生美容等多种新兴业态,将共同形成一个全新的"亲子家庭休闲综合体"。与以往依托城市中心大型室内空间不同,它将户外自然、生态、低租金、低能耗等优点充分发挥出来,将极大地改善消费者的使用体验。

(二)凸显"主题化"特色

回顾中国户外无动力亲子乐园30多年来的发展历程,形式从无到有、规模从小到大、功能从简到繁、地位从配套设施到核心业态,如此这般的变化,无不说明了中国户外无动力亲子乐园始终随着市场与消费者需求的变化而变化。

未来5~10年,中国消费者的口味将成为全世界最挑剔和最难以满足的,中国户外无动力亲子乐园假如仅仅满足于解决功能性需求,会变得越来越不合时宜。这时候,如何通过使用体验、文化融合、理念传达、IP与品牌占位等方式满足使用者的心理性需求,必将成为决定企业与行业生死存亡的问题。

"主题化"的过程,恰恰能同时满足使用者功能性需求与心理性需求。通过亲子无动力乐园,讲述一个打动人心的故事、创造一处奇幻纷呈的主题场景、开展一次寓教于乐的课程。

"主题化"将通过景观营造、设备包装、交互技术的深度融合,以乐园为"舞台"、以管理运营者为"导演"、以使用者为"演员",每一次都带来触动心灵的体验,久而久之,就能将文化、理念、IP与品牌深深植入一代又一代的消费者心里。

(三)可能成为重要与精准的线上流量入口

5G技术在中国,正在以超乎普通民众想象的速度快速推进。在触手可及的未来,5G技术的快速普及会实现物与物、人与物之间非常便捷的

互联。中国户外无动力亲子乐园因其锁定的核心消费客群——以少年儿童为核心的亲子家庭客群——是最舍得花钱、最善于学习、最拥抱未来的客群。通过乐园内技术、设备和游玩方式的融合，能够轻易地把这个核心客群从线下乐园导入线上移动互联网端口，从而形成非常精准的市场策略。

通过乐园设备与服务的快速迭代、充分运用O2O思维来对资源进行整合，就能够相对便捷地形成庞大、高黏性、稳定的优质流量。基于这样的流量入口，会诞生出更多新的商业模式与爆款产品。

四 户外无动力乐园行业的前景和展望

（一）文化旅游产业市场未来空间巨大，户外无动力乐园将引领细分市场的供给侧改革

随着中国经济发展、国民收入提高，旅游行为已然大众化。2017年，中国国内旅游市场游客规模达50亿人次，中国居民国内旅游总花费达4.6万亿元，国内旅游市场正大放异彩。从行业趋势看，中国的旅游业在总量不断增大的同时，增速出现放缓的苗头，并进入新的发展阶段，但是市场空间仍然是巨大的，国民旅游的需求持续旺盛，同时也对产品和服务提出了更高的品质要求。

在这些因素的综合作用下，中国亲子游市场已经占据了非常重要的地位，行业统计数据显示，2018年"十一"小长假，亲子出游市场规模占到了国内旅游市场近30%的比重。然而，因为新的亲子出游客群有信息更新快、见多识广、知识素养高、对服务要求高等显著的群体性特征，过去二十年来建设落地并取得一定成功的存量旅游产品已经逐渐不能满足新世代亲子家庭日渐拔高的品位和更具复合性的需求。新兴的户外亲子无动力乐园业态，因其高颜值、高品质、强体验、多功能、离城近、生态佳等优点，已经逐渐成为亲子家庭周末节假日出游的热门选择。

（二）人口结构调整带来巨大改变，户外无动力乐园天然契合亲子出游市场热点，将成为亲子游市场主力军

随着二孩政策的全面放开，中国家庭的结构和消费方式也正在经历一场重塑。统计数据显示，2017年，中国的人口增长率虽然为负，但是，新生儿中二孩出生数的占比已经达到了51%。到2018年，全国新出生人口达到了1500万人。中国的"90后"人口达到了1.75亿人，已经全面进入适婚年龄，并且大部分已处在适宜生育的年龄阶段。他们普遍高学历、高眼界，没有经历过物资匮乏的年代，所以呈现出显著的"重体验、重品质、追新潮"的消费特征。中产阶级崛起、旅游消费升级、二胎政策开放的叠加效应催生出庞大的亲子游市场，"带娃出游"已成为旅游市场的主流消费趋势。数据显示，仅2018年上半年就有近40%的亲子家庭用户出游超过3次。

从百度搜索指数我们可以发现，2017～2018年，"亲子游"话题的搜索量在时间上呈现出明显的分散特性。不再仅仅集中于7～8月的暑假期间，3月、4月的搜索量同比增长接近30%和70%，由此可见，随着亲子出行的不断普及，错峰出行、日常出行、周末出行已经成为亲子游的常态，甚至在全年的时间跨度下都能保持相当的热度，展现了亲子游市场对文旅消费的强大拉动力。

从消费习惯上看，呈现如下几个新特征。其一，由以孩子为中心，发展到合家欢。这一现象在"90后"受访者和一、二线城市的父母中尤其流行。他们在携带年幼的孩子出游时，既认同以孩子的需求作为消费决策的关键依据，又认为家长在出游过程中的需求也应该得到尊重，甚至希望有亲子双方共享的产品形式，能够让双方都从出游行为中有所收获。其二，认为带孩子出来玩，花钱不是问题。近五成的受访者表示，全年的亲子出游活动花费在人均5000元左右，甚至有18%的消费者每年亲子出游的人均消费超过了10000元，只有不到20%的消费者表示这一数据在3000元

以下。① 其三，幼儿家庭以休闲为主，大童家庭以游学为主。带着0～3岁孩子的家庭，更倾向于选择风景优美的乡村、农家乐与海岛。有4～12岁孩子的家庭，更倾向于选择文化科普类、修学体验和动植物认知等产品，更多追求寓教于乐，在玩中学，收获知识与快乐两不误。在这样的市场需求与消费行为特征之下，亲子无动力乐园产品恰好能够最大程度地契合所有需要：一是通过坐落于城市近郊优良生态环境中的乐园，用最低的时间成本解决城市亲子家庭平时户外活动时间短、缺少对自然的认知与接触的问题；二是在通过专业游乐设备满足儿童的游乐天性之外，通过专项课程满足寓教于乐的学习需求，同时关注父母休闲的需求，为家长设计活动和课程，以保证在孩子玩乐的同时，父母也能得到休闲放松和舒适体验。

（三）城市化与逆城市化浪潮叠加出现，户外无动力乐园必将融合城乡发展空间

国家统计局数据统计显示，到2018年，中国的城市化水平（城镇化率）达到了59.58%，接近60%。相比1978年中国城市化进程刚刚起步时的17.9%，增长了42个百分点。虽然在短短的40年间取得了这样的发展成就，但是距离发达国家75%的城市化水平依然有15%左右的发展空间。

在中国城市化率不断提升的同时，也暴露出一些片面追求城市面积扩张、城市人口规模增长的发展弊端：城市公共空间较少、城市绿地率较低、城市污染严重、城市人口密度过大等。这些都导致了在广大城市中，适合亲子活动的户外空间十分稀缺。周末、节假日，大量的亲子家庭涌入公园绿地、博物馆、游乐场、商业购物中心等空间，导致这些场所人流密度非常大，作为使用者的亲子家庭在其中并未获得良好的消费体验。久而久之，城市里长大的孩子已经不知道如何与户外的自然环境和谐相处，这也是他们童年中巨大的遗憾。

---

① 艾瑞咨询研究院：《2019年中国亲子出行生态影响力研究报告》。

这样的现实需要，在中国的一、二线城市居民之中已经开始催生出逆城市化的思潮。伴随各大城市汽车保有量的快速提升，人们开始涌入城市周边的乡村、农场、郊野公园、森林公园等生态空间。但是，由于市场需求的发展速度已经大大超过了城市周边户外产品的更新速度，整体产品呈现出两个极端：要么采取保护性开发的策略，好山好水好无聊；要么采取急功近利的开发方式，过度迎合市场的诉求，产品粗糙、丑陋，经营不可持续。

在这种城市化与逆城市化浪潮交相作用的发展环境之下，与自然环境深度融合的亲子无动力乐园就将天然地承担起满足市场需要的作用。一方面，以高标准、高颜值、现代感、设计感体现城市化带来的理性之美，并将其导入城市核心区之外的生态空间。另一方面，以环保节能的无动力性能、高参与度的游乐方式、与生态空间通过主题性设计实现的高度融合，更加充分地将自然之美提供给城市消费人群。

（四）国家全面提高产业发展质量的要求，户外无动力乐园将被赋予更多产业功能

从 2016 年开始，国家开始培育以产业发展为驱动力的特色小镇，国家、省、市三级都设立了相应的评选标准与扶持资金。2017 年，田园综合体作为中国乡村产业发展的创新模式得到了国家层面的倡导与推广。国家所倡导的这两种方式，有别于城市空间的发展，又在某种程度上可以看作城市思路的延续——通过产业导入驱动区域发展，从而全面提升中国乡镇的发展质量、改变中国乡镇的发展面貌。

然而，进入 2019 年，成都秀丽东方、北京洼里乡居楼、北京蟹岛度假村等休闲农业项目因为土地合规问题被有关部门查处。与此同时，全国范围内特色小镇地产化、产业发展空心化的新闻不时见诸媒体。从这样的现象中不难看出，在全国范围内土地政策监管日益严格的今天，管理者希望达成的目标是土地空间的精细化开发与高效益开发，这样的目标恰恰有赖于产业要素的有效植入与长效发展。

摆在投资者与管理者面前的解决方案只有两个：一是结合当地产业基础或资源条件，将单一产业发展到极致，形成独特的竞争性壁垒，然后贯通产业链环节，吸纳更多的产业要素和产业人口，最终提升区域发展质量。二是通过引领性的产业要素——例如文旅产业与休闲产业要素——的导入，先将消费人流与产业人口导入，再搭配不同的业态共同形成完整的产业融合发展闭环。方案一需要较长的过程，方案二则更注重产业要素之间的匹配与整合。

从这个角度来看，户外亲子无动力乐园作为文旅产业与休闲产业的新业态，对城市人口有非常强烈的吸引力，完全有条件作为城市近郊特色小镇与田园综合体产业解决方案的启动性项目，通过将亲子游乐与当地的生态环境与民俗文化的融合表达，将城市消费客群引入城市近郊的乡镇空间，同时也引入各种合作业态，形成立足乡村、服务城市、提升环境、导入资本、增加就业、传承文化的平台与载体，真正助力产业融合与城乡融合的实践。

（五）投资者对户外无动力乐园的要求从出形象到能赢利，行业将进入新运营时代

从投资建设端来看，在过去二十年里，中国户外无动力乐园的投资者主要分为两大类。

第一类是政府及政府所属的开发公司，他们普遍将户外无动力乐园视为一般市政公园的配套设施，或者土地一级开发过程时为区域熟化提供的配套产品。从规模体量上来看，这一类型的户外无动力乐园占地面积一般不超过10000平方米，投资总量很少超过1000万元。

第二类是大型房地产开发企业，相对于大型住宅地产项目的前期投资而言，户外无动力乐园具有投资轻、落地快、形象美等显著特点，非常适合作为大型住宅项目的示范产品与配套产品，既能吸引人流，培育潜在业主；又能作为配套服务已经入住的业主，因此大受此类房地产开发企业的青睐。

然而，以上两类投资者对户外无动力乐园的经营指标都没有盈利性要

求，往往将其包含在市政公园的范围内，由物业公司或者园林管理部门进行日常维护，由财政拨款来解决运营成本的问题，或者大型房开企业的土地溢价所得已经完全能够轻松覆盖户外无动力乐园的建设投资与运营成本。目前，无论是政府及政府所属开发公司还是大型房地产开发企业，都对户外无动力乐园提出了"保平略亏，不要持续投入"的新目标。

2015年以来，逐渐有以户外无动力乐园为亮点产品的休闲农庄和度假村在该单项产品的运营上实现了轻投入与快回收。一旦有先行者获得成功，后来者便蜂拥而至。一时间，成都、北京、广东等省市有众多类似项目纷纷上马。在这一波发展浪潮之中，少部分进场早、发展快的项目实现了快速盈利，但是仍有大多数项目因为内容缺少创新、运营管理粗放而导致投资失败。

市场的变化要求户外无动力乐园进入新运营时代，要求对其相关策划、设计、落地实施、运营管理与投资等产业要素进行整合，形成全产业链级别的贯通与控制。这不仅能够更好地设计与建设专业化的户外亲子无动力乐园，更能够从运营端口开源节流，想方设法通过经营策略丰富乐园产品的盈利方式、提升客单价，满足市场对于户外无动力乐园的新要求。

（六）从功能走向IP，户外无动力乐园将拥抱IP谋求跃升

随着时代的发展，中国的文旅产业经历了从三十年前的资源主导时代到十年前的市场主导时代，再到目前的IP主导时代。以上海迪士尼项目为榜样，IP作为高度聚合价值的载体，通过持续性的培育与传播，将线上与线下打通，将产品价值与消费需求接驳，将企业产品与服务通过特点鲜明、系统完善的形象与行为整合成为价值网络，从而得以积累和放大。

亲子无动力乐园作为新兴的文旅产品，传统的依赖于标准化设备而实现的"钻、荡、爬、滑"四大基本功能已经远远不能满足消费者的需要。中国的亲子无动力乐园行业正在通过主题策划、外形设计、概念延展、功能融合、空间交叠等方式，组合出各种具有鲜明IP特质的无动力亲子游乐体验包。同时，季高兔窝窝、长沙贝拉小镇、松鼠部落等产品IP也正在努力借

助市场力量进行价值培育与传递。未来亲子无动力乐园将逐渐深入借鉴世界著名主题公园打造的手法与理念，开创出一条新的产品IP之路。

总之，基于这些红利，我国户外无动力乐园有很好的前景，但令人忧心的是行业发展过快导致相关标准及管控等的严重断档，造成行业混乱并存在较大的安全隐患。一个行业的发展，离不开政府和行业协会的支持与推动，离不开行业标准的制订与监督执行，离不开需要企业的自律与情怀。为了中国儿童拥有一个更美好而快乐的童年，为了中国户外无动乐园行业的健康、有序和快速发展，一切仍需努力。

参考文献

《GB/T27689 2011 无动力类游乐设施儿童滑梯》，中国标准出版社，2011。

艾瑞咨询：《2019 年中国亲子出行生态影响力研究报告》，艾瑞咨询研究院，2019。

驴妈妈旅游：《2018 年亲子游消费报告》，http：//v. china. com. cn/travel/2018－06/04/content_ 51588081. htm，2018。

携程：《让带娃旅行更幸福 携程亲子房启动仪式》，《2018 携程酒店亲子房白皮书》，2018。

中商产业研究院：《2018 中国亲子游行业市场前景研究报告》，https：//baijiahao. baidu. com/s？id＝1612025188731815568&wfr＝spider&for＝pc，2018。

G.16
中国营地教育行业的发展现状与前沿思考

张 丹*

摘　要： 营地教育是一种有别于应试教育的创新性体验式教育形式，营员通过在营地的生活和体验式的活动，实现受教育的目的。近几年随着营地教育在我国的发展，营地教育产品的类别开始呈现细分化趋势，满足个性化需求，朝着精细化、主题化、专业化发展。中国营地教育仍处于发展初期，大部分教育营地都是5年内成立的，营地教育的数量相较国际水平仍有较大的发展空间。目前在政策推动、经济消费升级、新一代家长教育偏好、教育人口基数、景区和旅游地产诉求上，营地教育均面临着巨大的发展机遇。

关键词： 营地教育　素质教育　体验式学习　个性化　消费升级

一　营地教育概述

（一）营地教育概念的界定

营地教育最早起源于美国，至今已有150多年的历史，是基于营地的一

---

* 张丹，SMART度假产业专委会深圳分会副秘书长，深圳大角色咨询有限公司董事兼总监，专注于文旅行业及其细分领域的研究和咨询。

种创新式教育模式，营员通过在营地的生活以及体验活动，实现受教育的目的。总体来说营地教育是一种体验式学习方式，通过丰富的有创造性的活动，让青少年在营地中"有目的地玩"和"深度探索自己"。

（二）营地教育的主要属性

古人常言"读万卷书，行万里路"，游与学，具有密不可分的联系，因此游学产品、研学旅行与营地教育，因其相似性常被认为是同一类产品。但从"游"与"学"的比例上，三者可被简单区分开来。

表1 营地教育与游学、研学产品各自的教育与旅游属性占比

单位：%

	教育属性	旅游属性
游学产品	30	70
研学旅行	50	50
营地教育	80~90	10~20

与游学、研学等泛游学产品相比，营地教育具备更强的教育属性。游学产品作为消费升级的底端，以开阔视野为主，当视野被打开后再进入固定的营地，以获取系统性的学习。营地教育和研学、游学等之间，可以说是一种相辅相成、互相促进的关系。

（三）营地教育的价值

营地教育在国外150多年的发展实践证明，其本质在于培养孩子的社会和情感发展，为孩子寻求高质量的、个性化的和改变生活的经历。在营地里度过的时光，留给孩子们的记忆和经验，将持续影响其一生。营地教育所培养的核心品质包括：合作力、公民意识、自制力、创造力、领导力、沟通力、共情力、思辨力、逻辑力、乐观、积极、自信、社会责任感、多元文化理解等。

（四）营地教育对应试教育的影响

在应试教育成绩排名与升学的压力下，家长与老师大多忙于学生学业上

的竞争,而忽略了对学生创新实践能力的培养以及潜力的挖掘、个性的尊重,营地教育、家庭教育和学校教育各具特点,又互为补充。学校教育亟待解决的问题,是如何通过理论创新和实践,深化素质教育的结构改革,而营地教育恰恰可以作为学校教育的有效补充与延伸。

其一,营地教育是应试教育的有效补充和延伸。营地项目有别于应试教育的紧张高压,拥有大量开拓式成长的机会,可以拓展孩子们的视野和交际面,促进孩子们的参与感、创新能力和天赋挖掘,这些成长往往是取得学业成绩的先导。并且因为营地教育大多在自然环境之下展开,那些在应试教育中不适应的孩子也都能在营地中如鱼得水。

其二,营地教育帮助应试教育从"知"到"行"。中国数千年的应试教育,在提高孩子知识水平方面作用强大。中国孩子的数学水平、逻辑分析能力都远超世界其他国家同龄孩子。但培养的孩子,缺少自主意识、创造性。独立的思考能力、果断处理问题的能力,以及有个性的创造思维,对一个孩子的成长同样十分重要。营地教育是一种体验式的教育,有别于学校被动式的知识学习,在营地中,孩子有足够自我发挥的空间,这对于培养孩子自主意识、培养独力的思考模式都十分有益。在传统教育中,孩子们学会的是"知";而在营地教育中,孩子们学会了"行",真正做到平衡统一、知行合一。

其三,营地教育为应试教育注入不一样的活力。营地教育为应试教育提供学习方式、学习伙伴、学习成绩观、师生关系等多方面的补充。一是不一样的学习方式。学校教育注重知识体系的建立,主要以理解认知知识为主,以考试为目的。营地教育注重实践性,将所学所思所想付诸实践,在行动中论证学习。二是不一样的学习伙伴。在学校,孩子们在有限的时间里忙于各种考试排名,与同学间较难培养起感情。营地本身是孩子们的聚集地,有着天然的团队氛围,不认识的小伙伴们都能快速熟识,经过一段时间的朝夕相处,便建立了深厚的友谊。三是不一样的学习成绩。在学校,大多数孩子考试完毕业后,死记硬背的知识也就逐渐忘记了,与之相反,短暂的营地生活、亲身体验与经历可以留给孩子受益终身的能力。四是不一样的老师&导师。在学校,同样因为升学及成绩排名压力,以及中国传统文化语境中尊师重道的传统，老师们大多不怒自威，令学生们敬而远之。而在营地，与孩子们穿着同样队服的导师们，与孩子们一起笑、一起闹、一起学习、一起成长，他们的与孩子的关系更像朋友。

二　我国营地教育的行业发展态势

（一）营地教育的发展历程

中国营地教育发展至今已逾百年，现阶段正处于活跃发展期。其发展历程基本可分为五个阶段。

一是1912~1949年的萌芽期。1912年2月25日，中国童子军又称中国童子营，由严家麟创办于武昌文华书院，是中国营地教育最早的雏形。中国最早的夏令营活动：1929年，香港英华书院的童子军在鼓浪屿参加夏令营。哪怕炮火纷飞的年代里，鼓浪屿的夏令营活动仍在进行。

二是新中国成立初期的精英培育期。中国少先队建队之初，第一批少先队员到苏联参加黑海夏令营，此时学习的是苏联公益性夏令营模式，突出的特点是夏令营活动由教育部以及相关的政府部门组织，民间机构不允许进入。政府出资在各地建设了儿童活动中心、青少年活动中心、青少年活动基地、少年宫等场所，为校外教育提供了活动场所和师资力量。此类活动为免费参加，但由于经济条件有限，一般只有少数优秀学生能参加，具有奖励性质。

三是1992~2000年的资本涌入期。组织夏令营的部门由原来的教委、学校等职能部门逐渐开放为社会机构，民间资本大量流入，中国的夏令营商业化由此开始。需求的大量释放带来行业粗放式发展，夏令营承办方、组织者五花八门，有旅游公司、各类学术交流机构，也有游学组织，甚至个体工商户等，相应地导致专业化程度低、产品单一、安全事故不断等问题，阻碍行业健康发展。与此同时，我国的校外教育实现了从新中国成立初期的国家包办到政府建设和市场化运作并行发展的过渡。这个阶段的夏令营活动以旅游为主，质量参差不齐，局面较混乱。

四是 2000~2009 年的快速发展期。这一时期为多方流入、时有乱象的时期。随着市场需求的增长及市场化运作的成熟，此时的夏令营主要分为三种：第一，素质拓展类夏令营，如运动、艺术、减肥、心理素质培训等主题的国内夏令营；第二，超越课堂的学习类夏令营，其中以英语夏令营最为火爆；第三，增长见识的游学类夏令营，如海外游学夏令营、名校游学夏令营等，以励志修学、体验大学生活为主。

五是 2009~2018 年持续发展期。行业处于标准整合阶段，产品和服务面临消费升级。营地教育进入了活跃发展期，无论是国家的政策导向，还是行业内的人才流动提升，都给营地教育市场注入了新活力。国内夏令营越来越接近国外夏令营的发展和运营模式，产品主题更加深入。同时，新一代父母在教育理念上的转变也为营地教育提供了更为广阔的发展和提升空间，教育改革的红利在不断释放。

（二）营地教育的发展模式

1. 营地教育已形成三种主要模式

目前国内市场在借鉴国外主要模式的基础上，形成了三种主要模式。第一种是专设营地教育，其特点是依托自营、租赁或合作的固定场所，展开体验式教学，营员通过亲身参与主题明确的课程，得到心理和生理健康水平上的提高，智力水平和社交能力也有相应的提升。第二种是研学旅行教育，主要开展人文历史景观参观、励志名校游以及专家状元励志讲堂等思想文化激励性教育活动。第三种是主题营地教育，其特点是不设立固定的营地，而是充分利用社会资源文化主题项目，如红色革命教育、博物馆、课本经典文章联系实地、消防文化等游学专题。

2. 营地教育产品的分类

随着行业逐渐发展，营地教育朝着主体化、专业化、精细化发展。营地教育产品的类别因满足个性化的需求，开始呈现细分化趋势，产品可按主题、流动性质、年龄、模式、时长、特殊需求等不同维度进行类别划分。按时长分，可分为一日营、两日营、一周营、两周营、一月营。按地点分，可以

分为国内夏令营、海外夏令营。按活动分，可以分为综合夏令营、主题夏令营（学术、太空、科技、艺术、马术等）。按流动性质分，可以分为日间营、住宿营、学校营。按需求分，可以分为亲子营、多动症儿童营、减肥营、童子军营等。按主题分，可以分为运动型、户外型、科技型、人文型、艺术型……

（三）营地教育行业产业链

营地教育在中国逾百年的发展过程中，逐渐形成了产业链配套及B端服务，正在逐步形成营地建设体系和营地教育评价标准（见图1）。

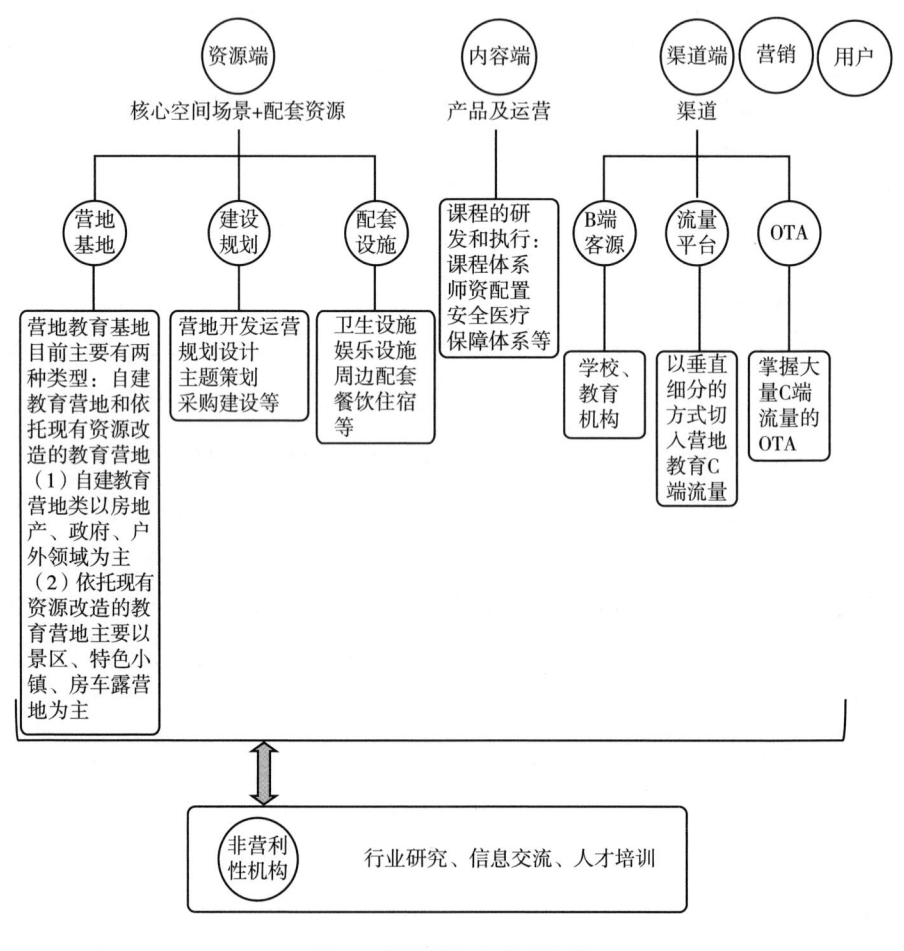

```
资源端                       内容端        渠道端    营销    用户
核心空间场景+配套资源          产品及运营    渠道
   │                           │            │
┌──┼──┐                       │        ┌───┼───┐
营地 建设 配套              课程的研      B端  流量  OTA
基地 规划 设施              发和执行：    客源 平台
                            课程体系
                            师资配置
                            安全医疗
                            保障体系等
营地教育基地 营地开发运营 卫生设施            学校、 以垂直 掌握大
目前主要有两 规划设计    娱乐设施            教育   细分的 量C端
种类型：自建 主题策划    周边配套            机构   方式切 流量的
教育营地和依 采购建设等  餐饮住宿                   入营地 OTA
托现有资源改             等                        教育C
造的教育营地                                       端流量
（1）自建教育
营地类以房地
产、政府、户
外领域为主
（2）依托现有
资源改造的教
育营地主要以
景区、特色小
镇、房车露营
地为主
                    ↕
              ┌──────────┐
              │非营利    │ 行业研究、信息交流、人才培训
              │性机构    │
              └──────────┘
```

图1 营地教育产业链结构

三 我国营地教育的发展现状[①]

(一)营地教育机构的分布情况

中国营地教育机构主要分布在华东、华北地区,主要聚集地为京沪穗深等一线城市。在抽样调研的营地机构里,营地机构一般都在发达城市及地区,京沪穗深和新一线城市占据绝对比例,这也说明营地教育的发展和经济发展相一致。在教育资源丰富、家长教育观念先进的地区,营地教育更受欢迎(见表2)。

表2 营地教育机构国内分布情况及占比

单位:%

区域	数据占全国比例	区域	数据占全国比例
东北地区	4	华中地区	4
华北地区	32	西南地区	6
华东地区	34	华南地区	17
西北地区	3		

(二)营地教育机构的成立时间

中国营地教育机构大多在近5年内成立,超过70%的营地教育机构存在时间不足5年。其中,成立3~5年的营地机构占比最高,为41%;其次是1~3年,占比为36%。(见图2)

(三)营地教育机构的运营情况

超过50%的营地教育机构拥有1~2个营地。其中,拥有1个实体营地

[①] 本文数据主要来源于对CCEA(中国营地教育联盟)的理事单位及联盟成员机构的统计,覆盖中国国内的营地单位约200家。

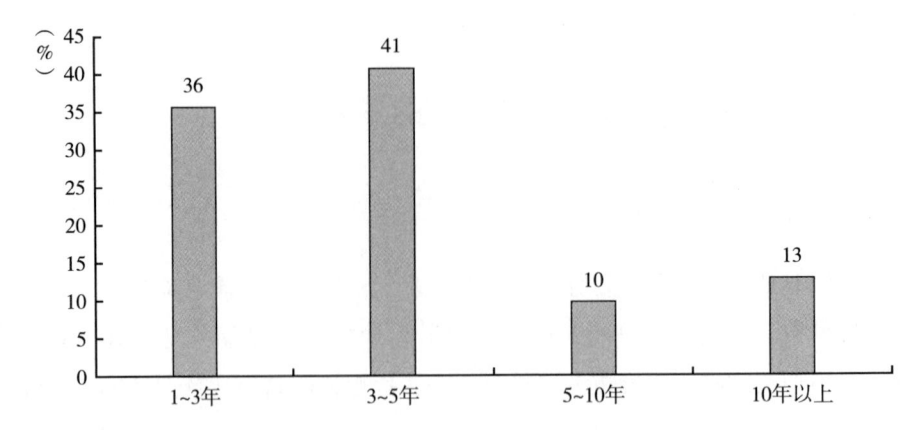

图2 营地教育机构的成立时间及占比

的营地机构占比最高为35%；其次是拥有2个实体营地的营地机构，占比为21%；暂无实体营地的营地机构占比为16%（见图3）。

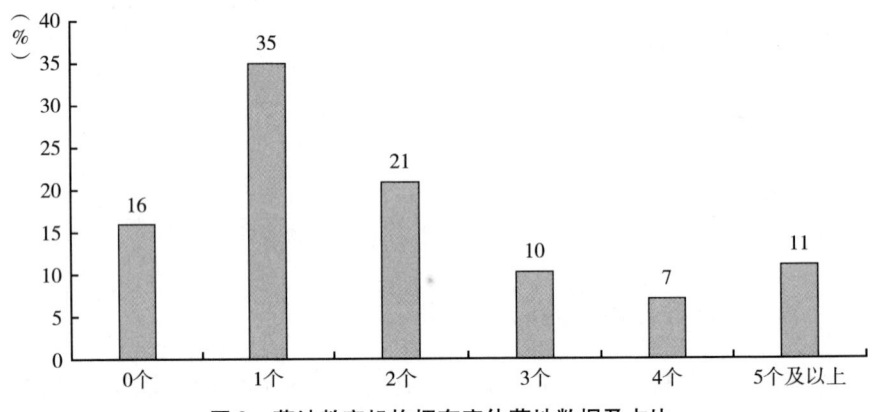

图3 营地教育机构拥有实体营地数据及占比

营地机构所拥有的营地年平均使用率为46%，近一半机构营地使用率为41%（见图4）。

服务用户年龄跨度范围大，集中服务于4~18岁青少年，其中服务9~13岁青少年的营地机构最多（见图5）。

40%的机构正式员工不到10人，超过一半机构正式员工在20人以下（见图6）。

中国营地教育行业的发展现状与前沿思考

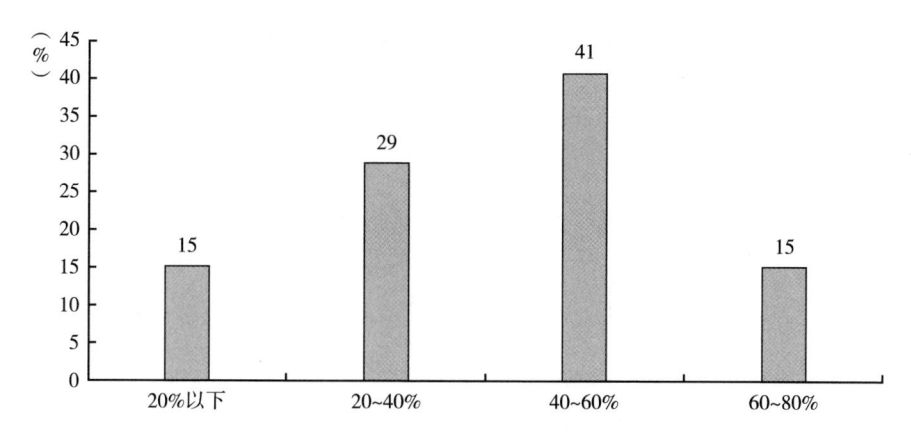

图4 营地使用率及占比

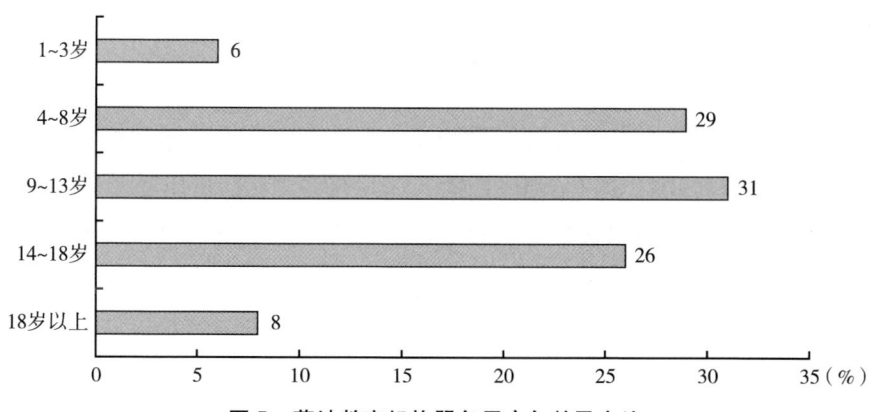

图5 营地教育机构服务用户年龄及占比

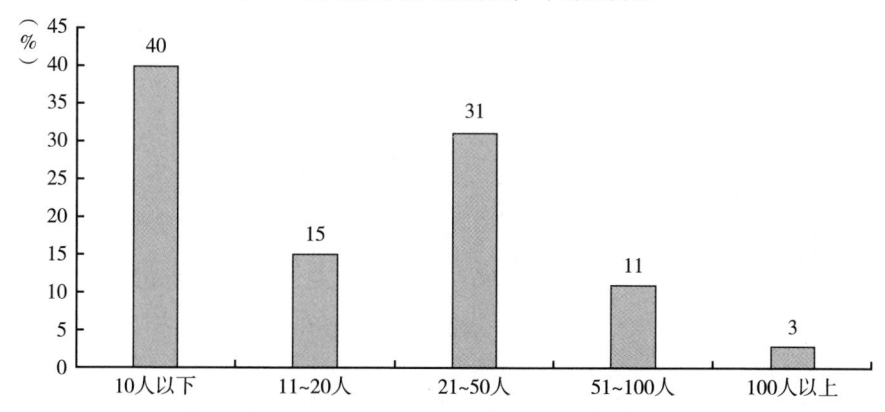

图6 营地教育正式员工数量及占比

高峰期聘请兼职导师及兼职员工成常态。40%的营地兼职导师超过50人（见图7）。

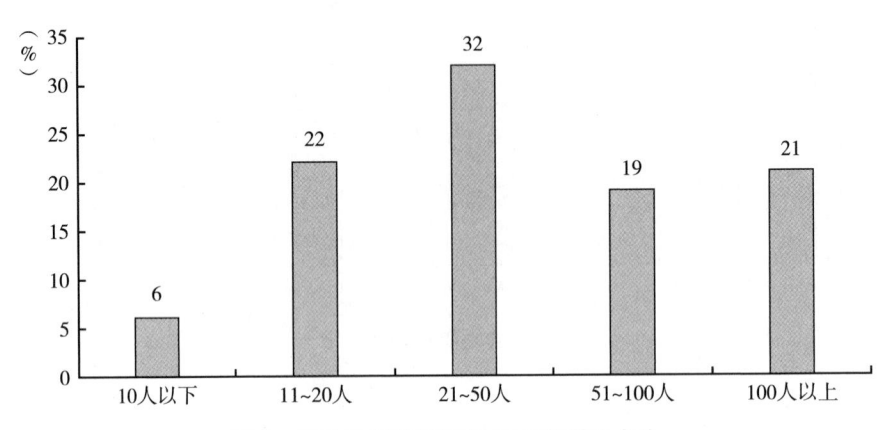

图7 营地教育兼职导师/员工数量及占比

营地教育机构平均师生比、工作人员营员比均高于美国营地教育协会（ACA）标准（1∶10）。其中，师生比低于1∶10的营地机构占比近70%；1∶5～1∶10的营地机构占比最高，为52%。工作人员营员比低于1∶10的营地机构占比近60%；其中1∶5～1∶10的营地机构占比最高，为41%（见图9）。

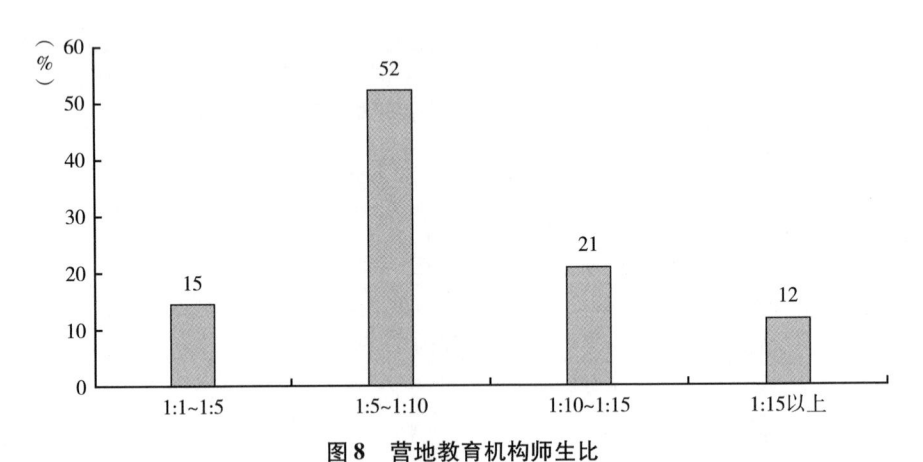

图8 营地教育机构师生比

营地机构以短期一周营产品为主，产品B端与C端占比接近。两周以内的短期主力产品占比超过70%；其中一周营产品占比最高，为39%（见图10）。

中国营地教育行业的发展现状与前沿思考

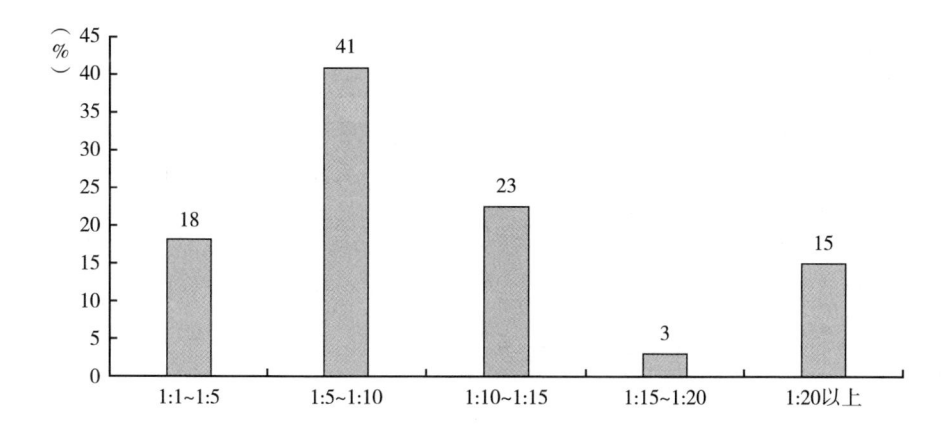

图 9 工作人员营员比

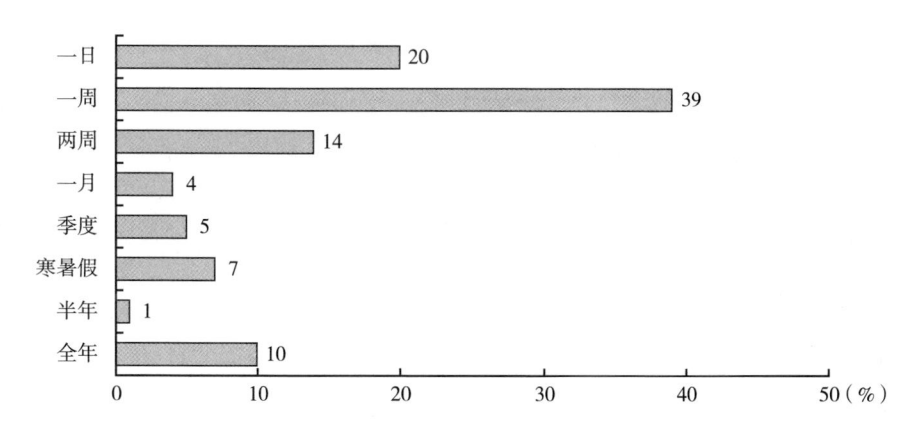

图 10 营地教育机构主力产品服务周期

营地教育客单价较高。比较不同周期产品的平均价格,平均单日价格都在 1000 元上下(见表 3)。

表 3 营地教育不同周期产品的平均价格

营会产品	平均价格	营会产品	平均价格
1 日营	1440 元	2 周营	20591 元
1 周营	5679 元	1 月营	39422 元

（四）营地教育机构的投资及盈利情况

其一，营地规模及投资强度均偏小。占地面积200亩以下的营地机构占比近60%，其中50亩以下的营地机构占比最高（见图11）；投资额1000万元以下的营地机构占比近60%，其中250万元以下的营地机构占比最高，为25%（见图12）。

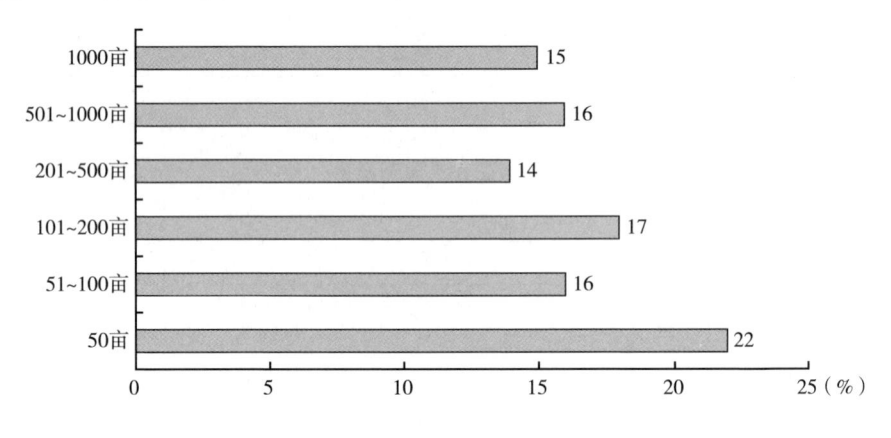

营地面积	占比(%)
1000亩	15
501~1000亩	16
201~500亩	14
101~200亩	17
51~100亩	16
50亩	22

图11 营地教育机构营地面积占比

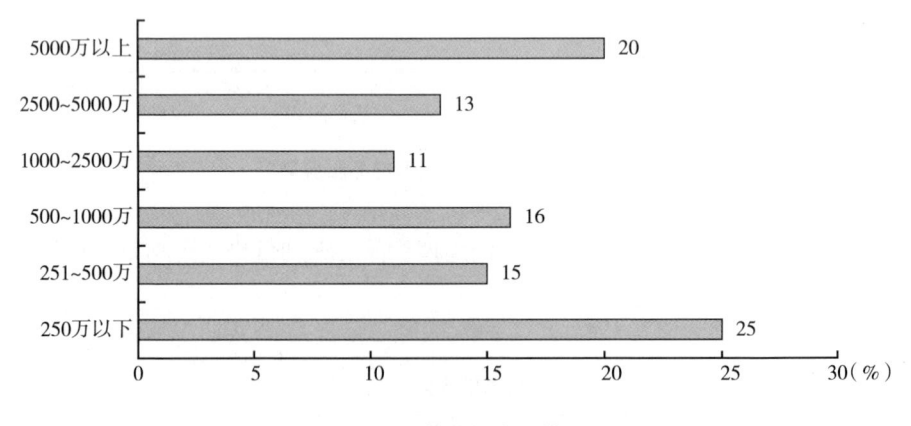

投资规模	占比(%)
5000万以上	20
2500~5000万	13
1000~2500万	11
500~1000万	16
251~500万	15
250万以下	25

图12 营地投资规模

其二，合伙与自有投资模式占据主导市场。合伙、自有模式的营地机构占比近90%；其中合伙模式占的营地机构比最高，为44%（见图13）。

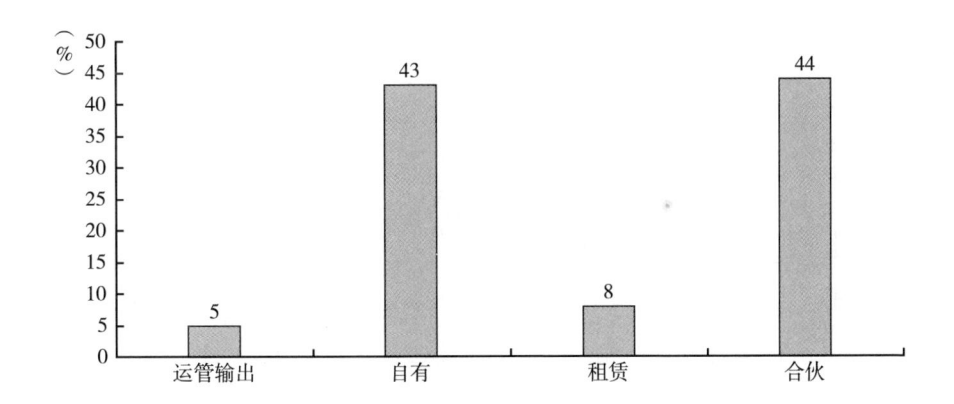

图13 营地教育机构投资模式占比

其三，营地机构营业收入两极分化。过半机构年收入在500万元以下，年收入在1000万元以上的营地机构占33%，500万元~1000万元的营地机构较少，形成两头大中间小的两极分化格局（见图14）。

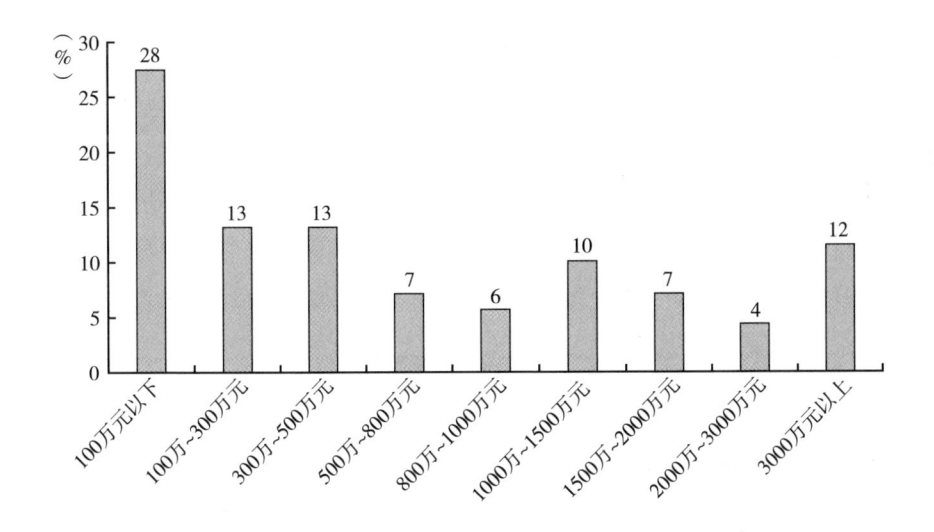

图14 营地教育机构年营业收入占比

其四，营地机构平均毛利润率为26%，近7成机构毛利润率在30%以下（见图15）。

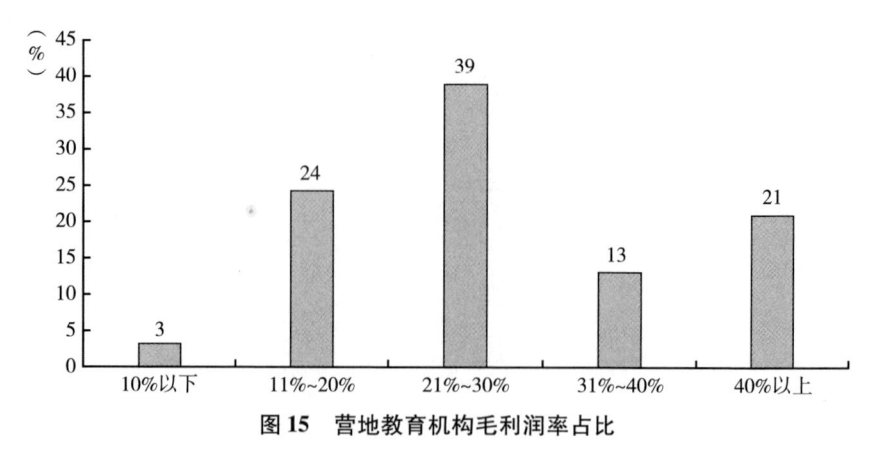

图15 营地教育机构毛利润率占比

其五，营地机构平均净利润率约为16%，超过7成机构净利润收入在20%以下（见图16）。

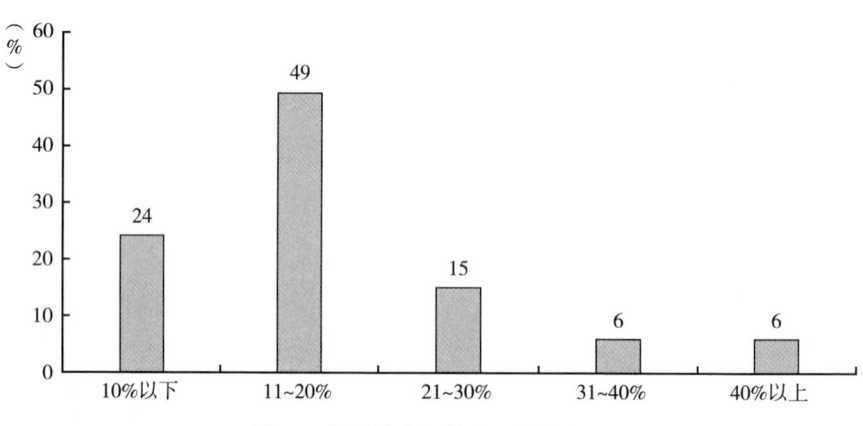

图16 营地教育机构净利润率占比

（五）营地教育机构的用户群体

其一，营地教育活动的参与者主要为4～18岁青少年。营地教育的服务用户年龄跨度范围大，集中服务于4～18岁青少年。（见图5）

其二，营地教育产品的购买者大多为具有新消费观念的年轻家长。年轻家长多为泛"80后"父母，很多是在职场拼搏中的社会中坚力量，如公司中层管理人员或专业人士，这类人群对子女的教育要求高，投入了高期待，为子女选择有教学效果的课外培训是他们目前认可的个性化教育模式。（见图17）

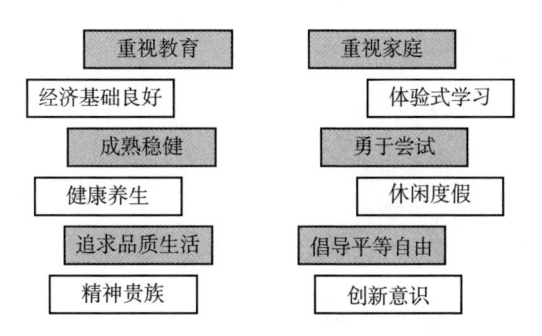

图17　营地教育产品购买者的特征

其三，家庭收入、家长受教育程度与孩子营地教育参与度呈高度正相关。在所有的受访者中，硕士学历家长占比最高，达到76%；博士学历家长100%参加过营地活动，可见整体受教育程度之高。交互分析中显示，家长学历越高，孩子参加营会的概率越高（见图18）。

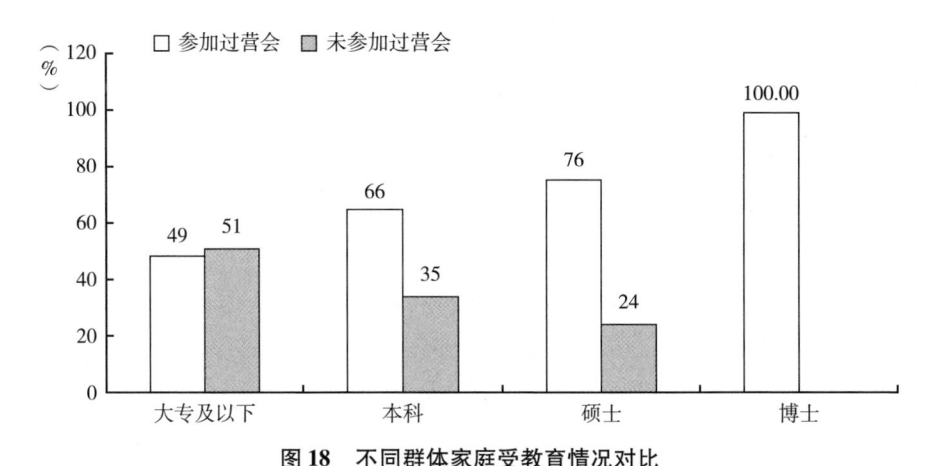

图18　不同群体家庭受教育情况对比

其四，营地教育产品的安全性最受家长关注，其次是活动内容和企业品牌，家长对价格的敏感度较低，营地教育产品最重要的购买渠道为教育系统（见图19）。

251

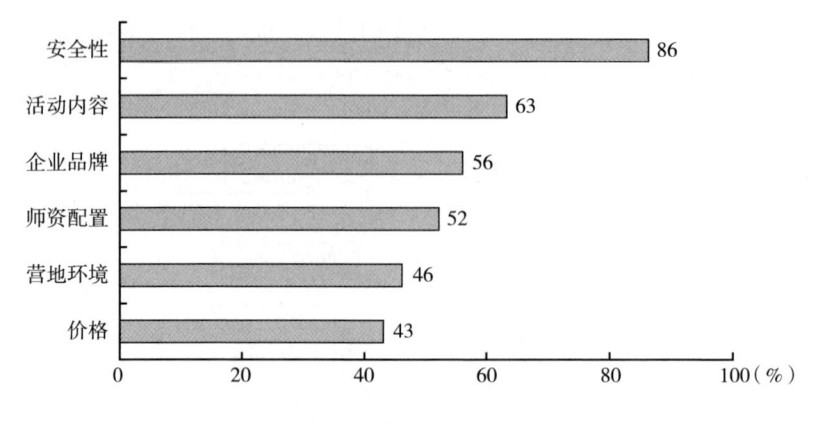

因素	数值
安全性	86
活动内容	63
企业品牌	56
师资配置	52
营地环境	46
价格	43

图19 产品因素对家长的影响程度

四 我国营地教育的发展挑战与机遇

（一）营地教育行业发展挑战

营地教育当前产品同质化严重、不可抗力风险重、市场供给的内容善乏可陈、项目评价存在偏差，目前行业发展的具体挑战主要集中在七个方面。

其一，决策者和使用者分离。营地教育产品的服务和活动多针对青少年团体，而实际购买者与决策者为父母家长，由此造成的项目体验和评价等必然存在一定偏差。

其二，产品创新性不足。当前营地教育机构推出的产品同质化的情况非常严重，无法做到差异化，应该提供更多具有独特性和创新性的产品或服务以提升竞争优势。

其三，课程内容质量不高。许多综合运营商只做到简单地将课堂引入项目，缺乏优质的师资和高质量的教学内容支撑，很难满足中高收入群体的教育需求。

其四，短期盈利能力较弱。现阶段中国营地体系远不如发达国家的成熟完善。设施、师资、技术的相对落后和匮乏要求更多的资金投入，预计国内营地机构的利润率短期内将保持在一个较低的水平。

其五,土地政策制约。目前大部分运营机构都没有自有营地,而随着营地教育机构的日益增多,对场所的需求越来越大,在当前土地政策的影响下,大部分中小机构较难取得自有营地。

其六,不可抗力风险加重。近年来发生的各种自然灾害(如海啸、地震、飓风、疫情、暴雪等)以及人祸(如交通事故、暴恐事件、国际政治局势紧张等)等因素,都会对家长和孩子的营地选择造成影响,且不可抗力的发生地也不适合作为营地教育的场地。而教育部门也会从管理角度出发暂停部分营地教育项目。

其七,未来行业竞争激烈。近年来营地教育开始受到各类企业的关注,一系列优质企业的涌入无疑将提升营地教育的行业壁垒,加剧竞争,传统的营地教育机构将很难脱颖而出。

(二)营地教育行业发展机遇

目前,在消费升级、教育人口基数、政策推动、新一代家长的教育偏好、景区和旅游地产诉求方面,营地教育都面临着巨大的发展机遇。

其一,教育理念转变。随着国家对外开放程度的不断提高,国际化的教育理念也逐渐影响着家长,家长对教育的认知也得到提升。择校与就业不再以考试成绩为唯一标准,孩子的综合能力培养得到更多的重视。超过80%的受调查家长表示重视素质教育,新一代家长更加认可营地教育这种体验式学习方式。

其二,消费升级。目前中国人均文化教育娱乐服务的支出较大,素质教育受重视的程度高。将近四成家庭的年均教育产品支出超过6000元,而月收入高于3万元的家庭有37%年均教育产品支出超过24000元。

其三,人口基数庞大。我国在校中小学生人口数约为1.87亿人,是美国的3倍、俄罗斯的7倍。目前,营地教育在国内一线及新一线城市的渗透率约为30%(许多发达国家渗透率达90%),考虑到渗透率在三、四线城市较低,取折中数据15%计算,营地教育未来5~10年的市场规模约为

1000亿元。

其四，相关政策支持。营地教育行业目前处于景气上升周期，企业享受政策发展红利。行业扩容、边界限制少、企业可享受的发展红利多，在这一趋势下，预计未来5~10年都将保持这样一个上升态势。

其五，契合供给方景区、旅游地产诉求。营地教育往往与众多的户外拓展基地、旅游景区合作，作为旅游地产配套或者景区旅游配套内容而存在。众多景区拥有优质的自然条件但缺少丰富的旅游内容和元素，而这些自然资源开发商、政府注重打造多元的可持续性强的旅游产业，与营地教育等教育、旅游、健康行业形成了完美的契合。

五 对我国营地教育的深度思考——基于中美对比

美国是营地教育的发源地，营地数量达到12000个，参与渗透率达90%，每年参加夏令营的青少年占比约为19%，而国内目前营地约为1500个，每年参与营地的学生仅为20万名，与国内近2亿名青少年人口基数比，处于非常低的水平，也远低于国际平均水平。

（一）中美营地教育发展对比

与美国相比，中国营地教育机构无论是数量还是发展程度、发展环境等仍有较多提升空间。两者之间的差异主要集中在以下方面。

在起源与专业化上，美国营地教育起源于19世纪中后期，起步早，专业化程度高；而中国的营地教育于20世纪90年代才呈现出雏形，起步相对较晚，尚处于探索成长阶段，有待进一步专业化。

在理念上，美国营地教育目标明确，内容清晰，旨在"让孩子们获得真正的改变人生的珍贵经历"；中国的营地教育目标较多、内容庞杂，大部分目的是学习各类课外知识技能。

在教学地位上，美国营地教育是美国学校实践教育的重要组成部分，在各门学科和各种主题教育中基本实现常态化、同步化;而在中国,营地教育仅作为课外扩展活动,重视程度不高。

在课程体系上,美国课程分类细化并相当完善,教育属性高,营会活动根据教育目标开设,课程体系的培育目的精准;而在中国,营地教育以项目式运营为主,教育属性较弱,主要内容在于尝鲜,课程体系尚不完善,不够本土化。

在空间上,美国营地课程大多在户外大自然中进行,强调户外团队协作;中国营地机构不少课程仍在室内进行,如大量室内手工课。

在规模上,美国约有1.2万个营地,每年有超过1000万名美国儿童和青少年、100万名成年人参加营地活动;中国的营地总量仅为1500余个,每年仅有20万名儿童及青少年参加营地活动。

在运营模式上,美国营地组织形式以民间组织为主,营地建设、运营大多为民间力量;中国营地建设、运营仍由政府主导、民营为辅。

在利润率上,美国多数营地的净利润率能维持在25%以上,部分商业营地机构净利润率甚至可以达到35%以上;而在中国,营地机构平均净利润率约为16%,超过7成机构净利润率在20%以下。

在社会配合度上,在美国,营会活动的举办所能获得的资源与配合均较高,易得到各类资源如社区、博物馆等的支持与配合;在中国,则缺乏社会支持,营地多为各教育机构独立运营。

在标准体系上,美国的营地教育经过百年发展,形成了非常完善的营地建设体系和营地教育评价标准,并对营地进行经常性检测和评估,公布评估结果;而在中国,标准均为国家出台,缺乏专业、权威的监管机构,细分化的标准体系尚缺位,同时专业性评审体系也不够完善。

(二)营地教育行业未来发展方向研判

比较美国营地教育现状,对中国营地教育行业的未来主要有如下研判。

其一,重视差异化、多主题发展。在美国有针对中低收入家庭的学校类、社区类教育机构,也有盈利性组织开发专业化、多主题的夏令营产品来满足较高层次的要求。从目前国内发展趋势看，中国未来的营地教育可能是政府机构、社会组织并行建设、差异化发展模式，社会资本将成为发展的重要力量。基本的研学旅行课程可由体制内财政支持建设，而私营组织则可开发专业化、多品种、主题类营地产品以满足对教育质量要求较高的学生和家长。

其二，课程设计上更以教育为目的。从过于依赖B端客源渠道到重视C端客源渠道，中国未来营地教育产品在低中高端市场将进行分化。中低端产品以研学形式为主，对接学校、教育机构等B端客户；而高端教育突出个性化定制、重视教育属性，对师资力量和课程设置的要求高，将更受C端客户的青睐。建议营地教育机构从客户需求、客群划分、产品多元化角度来进行产品的研发。具体做法可以参考国外课程设计内容，以教育为目的，重在提高孩子的生存能力、领导力、团队协作能力等，在住宿营的住宿时间为4~8周，确保营地中的各个项目孩子都能体验到。国内目前的重点在项目内容的设计上，项目时长通常为6~8天，随着营地教育行业的发展，大家更重视营地教育的内涵，就是教育理念、跟孩子的沟通技巧、把孩子组织起来。

其三，完善安全体系及评价机制。安全问题是头等大事，营地教育机构尤其要建立安全事件的应急反应体系，包括：安全事件等级分类，安全预防机制、报告制度等，机构可以申请旅行社资质，帮助机构分担潜在风险。营地教育产品的服务和活动多针对孩子，而实际购买者与决策者则为孩子的父母，因此，项目体验和评价等必然存在一定偏差，建立完善的评价机制尤为重要。

其四，引入资本，提升核心竞争力。由于家庭消费升级，纯旅游消费不是家庭教育的重点产品，家长更倾向于为孩子进行研学、营地教育、游学消费，这将是一个有广阔投资前景的市场。目前国内一些营地教育机构如斯达营地教育、游美国际营地、青青部落分别完成了千万元级Pre-A轮融资。资本市场对营地教育热情高涨，预计未来获得千万元级融资的营地教育机构将显著增长。另外一些优秀的营地教育机构有房地产商在背后支持。因此，不论是产业资本还是创投资本,有资本支撑的营地教育机构将迅速名列前茅,形成品牌优势,提升核心竞争力。建议营地教育机构多关注资本市场的动态。

其五,创新营地合作模式。受中国土地性质的影响,教育机构拿地比较困难,营地教育机构可以与户外拓展基地、景区等进行合作,通过改建、托管、租赁等方式,利用当地优质的自然资源作为景区配套或者旅游地产配套内容,同时可盘活存量资源。此外,房地产商原本重资产落地的底层资源,可以让营地教育以更加轻资产的模式输出落地。国内现有大概1500家露营地,能自负盈亏的比较少,主要原因便是内容的缺失。与房地产商进行合作,一来可丰富地产项目的业态,二来对营地教育来说也可以增加客户的黏性,从而产生多次消费。

六 结语

营地教育为孩子们提供了一个充满关怀的体验式教育的群体氛围,从而实现自我尊重与对人类价值的欣赏。其收获——自我认同、自我价值、自尊、领导力——提升了每个人的素质与品格。这些个人能力反映在营地集体的四"C"中:同情心、贡献、承诺和品格。多年来,营员的父母们反映道:当他们的孩子从营地回到家时,他们更加富有同情心,理解给予与分享的重要性,更有勇气去做他们认为正确的事情,并愿意为此承担更多的责任。这些品质将有助于建立一个成功的国家和健全的公民社会。

第一,重视人的价值。在营地的每时每刻都在不断体现着人类的价值与精神,通过尊重、诚实、关爱和分享来展示这一价值。营地的经历,让孩子们能够学习并理解生而为人的力量,他们也将对保护这些脆弱联系所需的品质心怀感恩。

第二,珍视自然世界。我们寻求和欣赏什么是真实的、真正的、非人为的。为了在人们和现实世界中寻找这些品质,我们培养了对人类赖以生存的重要性以及与我们物质世界的重要联系的理解。营员们意识到不仅要保护彼此，还要维护他们所生活的环境。我们的目标是保护并与下一代分享这些珍贵的遗产。

第三，重视给予精神。我们对于贡献的理解既明显又微妙，我们工作的成效有时直接，有时却会缓慢地展现出来。最重要的是，虽然经验本身常常转瞬即逝，但对人的影响却可持续一生。

参考文献

国家统计局：《2017年国民经济和社会发展统计公报》。
ACA：ACA青年成果研究，2017 – ACA – Annual – Report。
艾瑞咨询：《2016年中国家庭教育消费者图谱》，2017。

G.17
从票房看中国电影观众消费习惯演变

曲丽萍[*]

摘　要： 电影票房可以反映电影观众的消费行为和消费心理。根据近5年来中国电影市场票房状况，结合类型、档期、演员等因素，可以发现近年来市场出现电影类型融合、春节档独立、进口片与国产片胶着式竞争、流量明星影响力衰退，以及中国电影观众正呈现出年龄上更加年轻、地域上更加多元、性别上女性掌握更多观影主动权等趋势。

关键词： 电影消费　电影消费行为　电影消费人群　电影消费心理

根据国家电影局发布的数据，2018年中国电影总票房为609.76亿元，比2017年增长9.06%，票房过亿元的影片多达82部。其中国产电影票房为378.97亿元，占票房总额的62.15%。

中国电影票房从2012年的171亿元开始，6年时间已攀升了五个百亿元门槛，票房快速增长的背后，既有银幕数量的迅速增加，也有国产电影质量迅速提升的因素。由于信息技术的发展，当前看电影已不止在电影院一个渠道，电视、网络以及移动终端都可以成为看电影的载体，但院线电影不同于后者，消费者的主动性和意愿性必须非常强烈，因为这是上门的直接消费。因此，通过对票房的分析，我们可以清晰地看出中国电影观众消费行为、消费心理的变化。

---

[*] 曲丽萍，上海大学上海电影学院规划办公室主任，副教授，研究方向为电影史、电影创作及产业管理。

一　消费行为分析

（一）电影类型偏好：类型的融合成为主流

电影诞生不久，类型化的趋势就开始显现。美国西部片最早成熟，成为第一个经典的影片类型，随后喜剧片、动作片、歌舞片、战争片等也日渐成熟，在不同的阶段成为观众喜欢的类型。中国还发展出了自己独有的影片类型——武侠片。但进入21世纪以来，我们发现已很难用单一的类型来界定一部影片。

比如《唐人街探案》融合了喜剧、动作、探案、悬疑；而《捉妖记》则融合了动作、喜剧、奇幻；《复仇者联盟》系列更是科幻、奇幻、动作、冒险、喜剧的融合；即使是儿童片，如《熊出没》也糅合了喜剧、动作、探险等诸多元素。

由于电视、网络等其他媒体形式的挑战，电影面临着越来越激烈的竞争，单一的影片类型已无法满足观众的需求，因此类型的融合便成为当下电影的主流。但在这种融合中，观众的偏好也非常鲜明，喜剧片、动作片是近几年来中国观众最喜欢的类型，其次是具有奇幻和冒险元素的影片（见图1）。

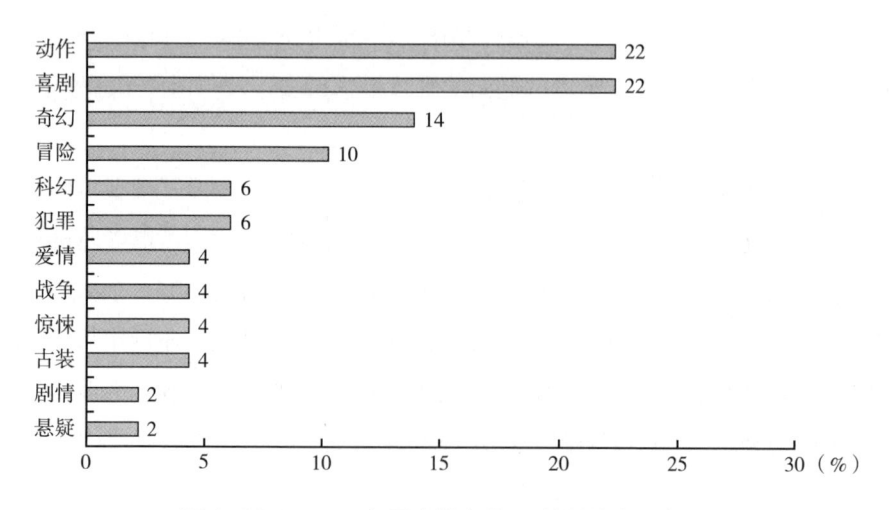

类型	占比（%）
动作	22
喜剧	22
奇幻	14
冒险	10
科幻	6
犯罪	6
爱情	4
战争	4
惊悚	4
古装	4
剧情	2
悬疑	2

图1　2014~2018年票房排名前20的影片类型占比

资料来源：根据2014~2018中国电影票房数据整理。

（二）国产片与进口片偏好：半壁江山之争

国产片与进口片的竞争由来已久，来自"猫眼电影专业版"的数据，2014～2018年，每年票房前10位的影片中，国产片共29部，票房为532.77亿元；进口片为21部，票房为315.31亿元。从近5年数据来看，无论是数量上还是票房上，国产片均超过了进口片，票房占比为63.5%和36.5%。

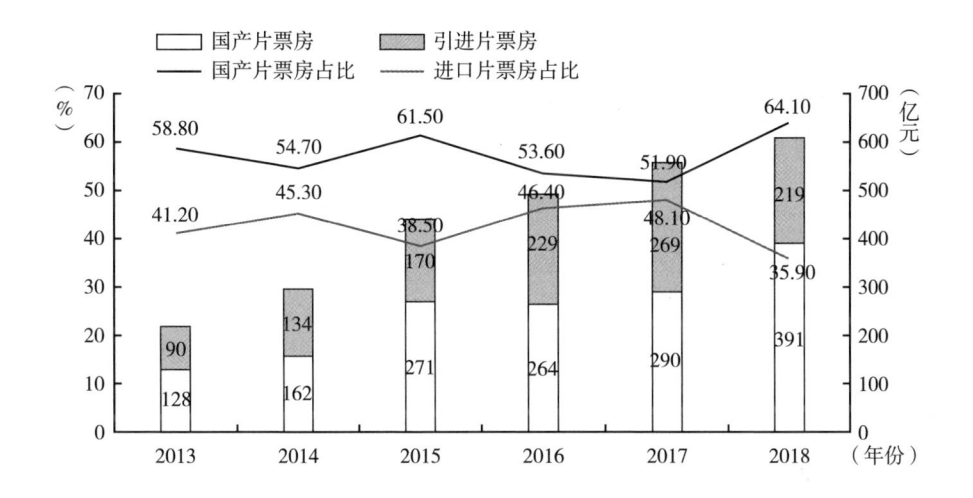

图2　2013～2018年中国国产片与引进片市场份额情况

资料来源：国家新闻出版广电总局。

而这21部进口片中，除了《摔跤吧！爸爸》来自印度，其余20部影片均来自美国，影片类型以科幻、动作为主，形式、题材相对单一。国产的29部影片以动作片、喜剧片、爱情片为主，类型多样，一些青春片、悬疑片、奇幻片也有良好的市场表现。以《熊出没》系列为代表的儿童动画片已经形成品牌；成人向动画如《十万个冷笑话》《白蛇：缘起》也在题材和表现形式上有所突破；而《战狼2》《红海行动》的大获成功，增加了主旋律影片的影响力；《寻龙诀》、《狄仁杰》系列、《捉妖记》系列、《流浪地球》等奇幻、科幻影片的成功也代表着中国电影工业的成熟。由于国内对于暑期档和贺岁档的把控，国产片能够在最佳档期取得不错表现，如果想不靠"国产电影保护月"的加持就获得一半以上的市场份额，国产电影还需更加努力。

（三）电影档期偏好：春节档的异军突起

《甲方乙方》开启了贺岁档的先河，从此中国电影有了档期的概念。经过多年发展，中国的档期已逐渐成熟：贺岁档、清明档、"五一"档、暑期档、中秋档、国庆档等共同组成了档期格局。而近几年，春节档异军突起，从贺岁档的重要分支，逐渐发展成一个独立的档期。

自2013年起，春节档票房持续走高（见图3~图6）。从2013年的7.8亿到2019年的58.26亿，增长了将近6.5倍，尤其是2017~2018年，票房出现了70%大幅度增长，① 春节档上座率远远高于日常，大年初一的上座率尤为突出。

图3 2013~2019年春节档票房及增速

---

① 数据来源：国家新闻出版广电总局。

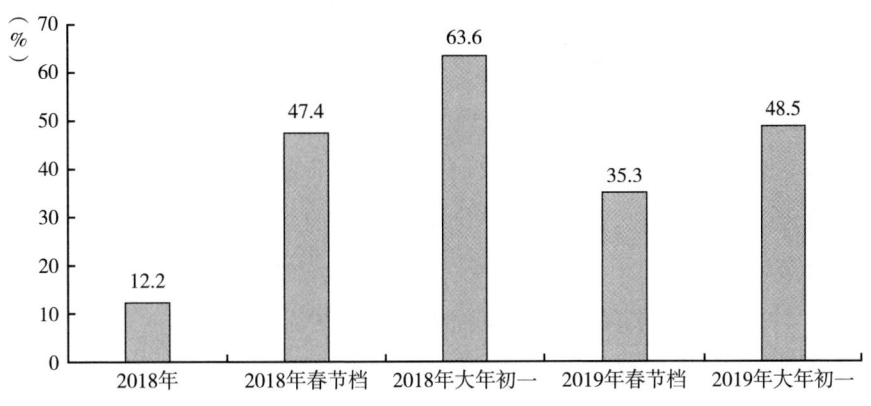

从票房看中国电影观众消费习惯演变

图4 日常时间与春节档期间上座率水平对比

图5 2013~2019年春节档观影人次及增速

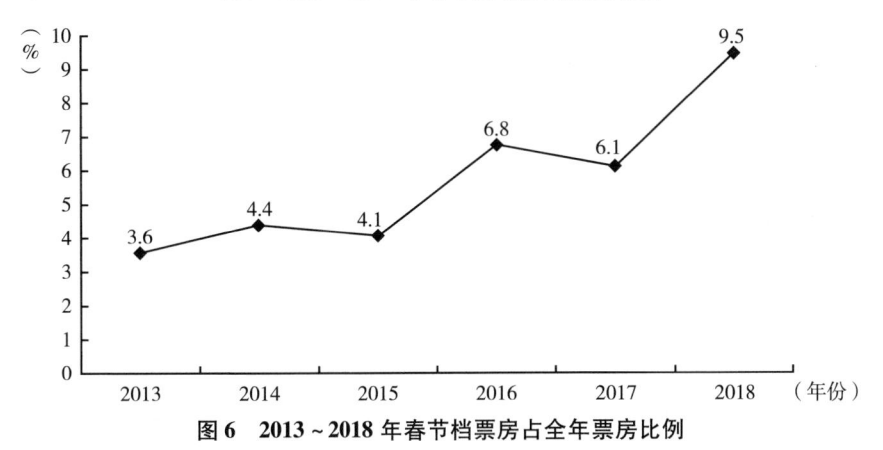

图6 2013~2018年春节档票房占全年票房比例

资料来源：国家新闻出版广电总局。

263

继 2018 年的爆发性增长后，2019 年春节档票房 58.26 亿元，同比增速仅为 1%，① 观影人次也有所下滑。《流浪地球》《疯狂的外星人》《飞驰人生》《新喜剧之王》《熊出没·原始时代》《神探蒲松龄》《小猪佩奇过大年》等 7 部影片搭起春节档，最终《流浪地球》因其"硬核"科幻和高水平的视效获得口碑及票房双丰收，被认为开创了"中国科幻电影元年"，而事先被寄与厚望的《小猪佩奇过大年》却因故事割裂没有取得较好票房。这也进一步验证了中国电影观众更加成熟。

团圆团聚是中国春节的主题，春节期间全家老小一起观影在许多地方已成为风尚。以往春节档电影多是"合家欢"，题材以喜剧片、动画片为主，形成以"乐"为主的"氛围式"观影。2018 年的《红海行动》和 2019 年的《流浪地球》则为春节档注入了新的影片类型。观众在春节期间有消费的刚需，而又没有足够的高品质"合家欢"国产影片供给，于是退而求其次，观看高质量的其他类型电影作为替代，《红海行动》的暴力、《流浪地球》的悲情，这些与春节格格不入的元素也被观众所接纳。

（四）电影明星偏好：流量明星从高峰到低谷

《小时代 1》（2013）刚一上映就引起了巨大争议，但这些争议并没有影响到该片受到郭敬明书迷及以明星粉丝的追捧，影片票房高达 4.84 亿元。由于对当下年青人爱情观、价值观和人生观的表达，主演们的表演引来诸多恶评，《小时代 3~4》的票房受到一定影响，但四部曲票房总计仍近 20 亿元，成为"现象级"系列电影。但从郭敬明导演的《爵迹》（2016）开始，已经看出"明星作家 + 流量明星"的模式在市场上开始显露出下滑迹象，《爵迹》启用了包括范冰冰、杨幂、吴亦凡、陈学东、郭采洁等在内的一众明星，但是票房远不如预期，仅有 3.8 亿元。鉴于大量的技术研发和后期制作的投入，《爵迹》已被归为投资失败的作品，致使《爵迹 2》至今仍未能推出。郭敬明、明星、IP、情怀……都没能支撑起这部影片的票房。

---

① 数据来源：国家新闻出版广电总局。

如果说CG版明星对于观众来说比较陌生，但综观这几年的票房，被综艺节目、话题、热搜捧起来的流量明星，也没能撑起与他们的热度相匹配的票房。杨洋与刘亦菲主演的《三生三世十里桃花》（2017）票房为5.34亿元，[①] 吴亦凡、唐嫣主演的《欧洲攻略》（2018）票房只有1.53亿元，[②] 不仅票房与预期不符，影片评价对演员声誉也造成了不良影响。

五月天首部电影《五月天追梦3DNA》（2011）、第二部电影《五月天诺亚方舟》（2013），都只收了两千万多元，2019年还要推出第三部《五月天人生无限公司》。这些影片呈现出明显的"粉丝向"特点，票房都集中在第一周，粉丝群体消费完成，该片也就结束其票房使命。

政府对于明星逃税的治理、业界对于天价片酬的反弹、舆论对于个别明星丑闻的抨击、明星在票房带动上日渐乏力，都使得电影投资更加理性，制片方在对明星的选择上也更加谨慎。

二 消费人群分析

（一）区域用户画像：得"小镇青年"者得天下

从猫眼电影专业版数据来看，三、四线城市票房购买力在持续稳步增加，一、二线城市全年票房贡献率在持续降低；四线城市的全年占比在2016年超过了三线城市，并于2017年和2018年超过了一线城市；一线城市从2014年的23.2%降到了2018年的19.3%，缩减将近4个百分点，二线城市也缩减了4个百分点（见图7）。[③]

"小镇青年"在电影领域成为一个"专业术语"也是近几年才有事情，作为一个与"都市青年"相对应的群体，他们因在电影市场展现出了强大的消费能力而引起人们关注。"小镇青年"们的收入虽然没有一、二线城市生

[①] 数据来源：猫眼电影专业版。
[②] 数据来源：猫眼电影专业版。
[③] 数据来源：猫眼电影专业版。

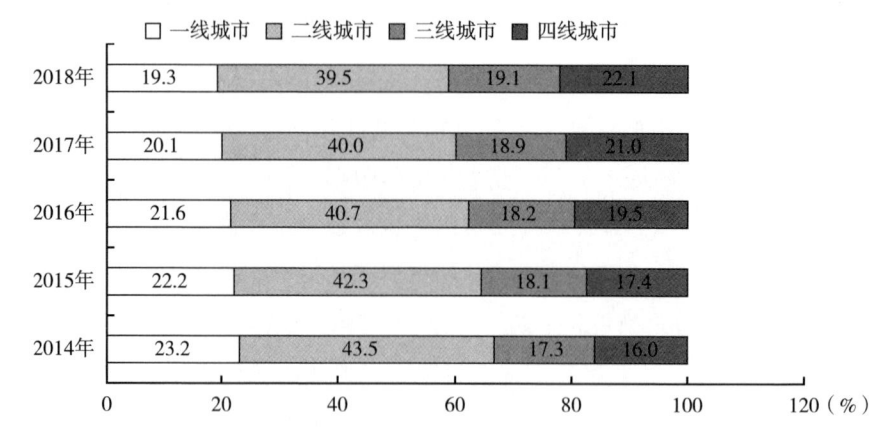

	一线城市	二线城市	三线城市	四线城市
2018年	19.3	39.5	19.1	22.1
2017年	20.1	40.0	18.9	21.0
2016年	21.6	40.7	18.2	19.5
2015年	22.2	42.3	18.1	17.4
2014年	23.2	43.5	17.3	16.0

图7 2014~2018年中国各区域电影票房收入占比

资料来源：猫眼电影专业版。

活人群的那么高，但他们在当地有稳定的工作，不用为高额的房贷、教育支出发愁，可支配的富余资金与一、二线城市同龄白领人群相差无几，工作相对轻松，闲暇时间也相对充裕，而且三、四线城市人群数量庞大，消费力非常可观，成为中国电影票房的新生力量，所以电影界开始有"得小镇青年者得天下"的说法。

（二）性别用户画像：女性主导消费

女性消费自主权正逐步增大，女性已全面超过男性，开始主导影院、影片选择权。当前女性观众的观影品味已趋于多元化，除了喜剧片、爱情片，男性观众喜爱的战争片、科幻片、动作片等也越来越受到女性观众的喜爱。

从"猫眼电影专业版"用户画像数据来看，2014~2018年票房排名前七的电影里，票房贡献率女性均超过了男性，其中《唐人街探案2》，女性票房贡献率超过了男性16个百分点；《战狼2》《红海行动》《速度与激情8》这三部影片，传统观念认为男性喜爱程度和观影人数应该超过女性，而数据显示女性观众依然超过了男性。在电影市场上，女性已经占据了大半壁江山，并拥有消费主导权，影片能否打动女性观众，已成为影片成功与否的关键指标之一（见图8）。

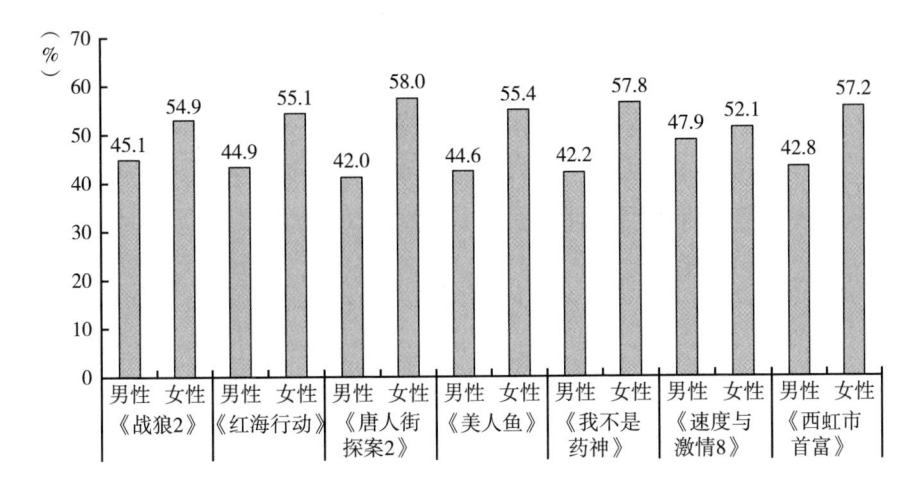

从票房看中国电影观众消费习惯演变

图8 2014~2018年部分影片男性VS女性票房贡献率

资料来源：猫眼电影专业版。

（三）年龄用户画像："85后"成为观影主力

在校大学生及刚毕业大学生养成了观影习惯，并且把观影爱好带到了工作中，《致我们终将逝去的青春》、《小时代》系列、《同桌的你》等电影取得票房成功，正是迎合了在校大学生的观影爱好。艺恩咨询针对《小时代3》、《后会无期》和《心花路放》三部影片的观众调查显示，三部影片中，《小时代3》19岁以下的观众达28%，20~29岁的则高达41%，两项加起来接近70%，大学生占了绝对主力；26~30岁占31.67%，"85后"成为观影人群的主力。从中国观影人群学历分布图来看，专科、本科学历人群接近70%，成为了绝对的观影主力。

新生代的崛起带动了电影票房及周边产品，观影人群年轻化已是大势所趋。目前中国观影人群的三大主力是都市白领，三、四线城市"小镇青年"，在校大学生。其中在校大学生成为最大潜力股，大学毕业后进入一、二线城市，或者回乡进入三、四线城市，仍是习惯性观众人群，所以培养大学生的观影习惯和迎合在校大学生的观影爱好，已经越来越受到业内人士的重视。

267

三 消费心理分析

（一）观众消费趋于理性

经历过2014年初至2016年上半年的资本狂热后，电影投资热潮逐渐退却，观众的消费也开始趋于理性，顶级明星配置不再是让观众掏腰包的唯一理由，而一直被各路资本看好的"流量明星"也只能吸引固定的粉丝群体，越来越多的观众更愿意为好故事付费，而不是为明星埋单。

2014年《爸爸去哪儿》获得了近7亿元的票房，"综艺电影"开始进入中国电影市场。近年来国内综艺节目受到观众的追捧，它们或从国外引入成功节目的版权，或模仿甚至抄袭其他国家成熟的电视节目样态，根据中国观众的收视习惯重新设计游戏与互动环节，邀请辩识度高的明星参与录制，然后在电视或网络平台播出。对于中国观众而言，这是新颖的节目类型，而明星的参与又带动了话题营造，节目投入也越来越大，同时这也使得许多沉寂已久的演艺人员重新回到公众视野，提升了知名度，这种示范作用又带动了其他明星，一些一线明星也参与了综艺节目的录制。而《爸爸去哪儿》电影的出现，就是基于这样的社会环境。

综艺电影虽然以电影作为传播介质，但作为综艺节目的衍生品，天然自带粉丝属性。《爸爸去哪儿》在大年初一上映，当天就以近9000万元的票房刷新了2D国产片首日票房、单日观影人次、上座率等纪录，且最终以6.96亿元[①]的总票房夺得春节档2D电影冠军，在2014年度电影票房排名中名列第九。《奔跑吧，兄弟》于2015年春节档上映，首日即报收7981.7万元，最终以4.32亿列当年票房第34名。[②] 之后，综艺电影密集推出，但《爸爸去哪儿2》（2015）只收了2.21亿元，《爸爸的假期》（2015）收了

---

① 数据来源：猫眼电影专业版。
② 数据来源：猫眼电影专业版。

1.15亿元,^①《极限挑战》(2016)只收了1.25亿元,^②都没再延续当初的辉煌。

综艺电影是中国的特有品种,仓促的筹备,超短的拍摄周期,缺乏故事性,大量地使用综艺节目手段,尽管在院线上映,但许多业内人士拒绝称其为"电影"。虽然综艺电影在国内电影市场收割了两年票房,这一方面说明了粉丝力量的强大,另一方面也说明中国市场好的国产电影的匮乏。但是它的迅速衰落,也证明了观众的理性成长,这方面另一个有代表性的案例是电影《爱情公寓》。

《爱情公寓》电影版的出现曾让剧迷们兴奋不已,但是他们很快就发现《爱情公寓》在除了抄袭《老友记》等美剧外,又增加了一个新的劣迹,将一个完全不相干的拼凑故事套在《爱情公寓》上,让观众喜欢的几位演员变成升级打怪探险家,而非他们熟悉的公寓日常都市人。《爱情公寓》上映一周就积累了近5亿元的票房,但差评迅速发酵,尤其是观众了解到这是一次彻头彻尾的挣快钱的行为后,网络发出了抵制的声音,票房随即断崖式下滑,原来预测的十亿元票房没有出现,最后报收5.55亿元,^③豆瓣评分仅有3.1分(截至2019年5月)。尽管打着"原班人马,十年重聚"的旗号,粉丝的热情还是被更多理性的声音所取代,制片方和主演的声誉都遭到重创。

《前任:再见前任》(2017)因其对当下年轻人情感世界的精准把握而成为同档的票房赢家,票房近20亿元,并成为话题电影供网络发酵。但是,打着前任旗号的《下一任:前任》(2019),不仅有着蹭IP的嫌疑,因质量问题,也是票房口碑双失利。

从生造的"综艺电影"全网热议,到"十年IP"失灵,中国的电影观众开始趋于理性和成熟。

---

① 数据来源:猫眼电影专业版。
② 数据来源:猫眼电影专业版。
③ 数据来源:猫眼电影专业版。

（二）重复消费的动力

观众会对自己喜爱的影片进行多次消费，通常会在影院看完后，再在网络上重复观看。但也有些观众出于追求观赏效果，以及对于该部影片的极度喜爱或情感寄托，在影片上映时，二次或多次在影院观看，这种行为称为重复观影。

在《复仇者联盟4》上映之前，国内市场上30亿元以上票房的影片如《战狼2》《我不是药神》等，都体现了充分下沉的趋势，即一线城市不是最主要的战场，这些电影除了能调动三、四线城市的观众外，还能调动非主流观众，如中老年观众群体等，而以奇幻/科幻为主打类型的《复仇者联盟4》却不具备这样的号召力。《复仇者联盟4》的宣发也意识到了这一点，所以对非目标受众群体并未着力太多，而是锁定"漫威粉"，即一、二线城市的年轻人，尤其是之前有"漫威宇宙"观影经验的年轻受众。在上映的第一周，许多观众二次、三次观影（一般称为"二刷""三刷"），有的观众在《复仇者联盟4》上映当天就看了3~4次。

《复仇者联盟4》的重复消费比例明显高于其他影片。灯塔数据显示，二次观看、三次观看乃至多次观看的比例分别达到了7.33%、0.83%和0.20%，这个数字较上一部影片《复仇者联盟3》也有明显的提升。换算下来，光是多次观看的人次就超过了600万，比上一部高出近200万人次，累计为《复仇者联盟4》贡献了3亿元票房。

读者对于自己喜欢的书、观众对于自己喜欢的电影进行重复观看，是人类对于自己欣赏和喜爱的事物进行反复体验的正常行为，但有些电影的重复消费属于另一个精神层面。

《战狼2》上映时，"精神股东"这个词开始出现。观众对这部影片十分热爱并寄予了更高的期望，每天查看该片的票房，发现还差多少就破纪录、还差多少就进入下一个十亿级门槛时，就再度观看，以增加票房为己任。而《复仇者联盟4》则是情怀使然，11年时间、22部影片，使得漫威在中国积聚了巨大的粉丝群体，在初代复仇者告别之时，观众要第一时间与自己的超级英雄说再见。而另一方面，《复仇者联盟4》作为一个时代的终章，片中包含了巨大的信息量，除了向之前的各个系列影片致敬外，还隐藏了许多被影迷们津津乐道的细节，这些细节第一次观影时只观注剧情的观众是看不出来的，需要二次甚至多次观影才能厘清所有细节，而这个过程又是和其他影迷互动完成的，这已经不是单纯的欣赏影片，而是一个粉群的归属感问题。

所以，对于某些特定影片而言，既出于责任，更出于情怀，部分观众出现多次观影的行为。

综上，电影消费在中国近几年呈连年增长的态势，国产电影数量保持稳定，电影类型更加多样，档期观念更加成熟，电影观众也呈现年轻化趋势。在一、二线城市电影市场趋于饱和的情况下，三、四线城市的年轻观众成为观影的主力军，其中女性观众掌握了观影的主动权并贡献了超过一半的票房。与此同时，中国观众的观影心态也渐趋理性，"唯IP论""唯明星论""唯宣发论"已逐渐没有了市场，生产优质内容成为吸引观众的最佳方式。

G.18 基于需求演进的休闲新业态发展

——以 DIY 手作坊为例

吴金梅[*]

摘　要： 在对美好生活的追求中，人们的休闲需求伴随社会经济文化的发展向前演进。百姓休闲意识逐步增强、需求日益丰富，政府日益重视服务业在稳增长、促改革、调结构、惠民生中的作用，市场各要素开始关注休闲发展，各类资源向休闲服务业聚集。休闲领域各类企业，特别是各类新型小微企业快速涌现，这些新兴业态在满足需求的同时也创造和引导着休闲消费。本文以 DIY 手作坊为例，解析这类新业态的发展机理，分析新业态发展的动因、基础、路径、特点，并从创建良好环境、支持鼓励创新、倡导融合发展、创新监管方式等方面就休闲新业态的发展提出了建议。

关键词： 休闲新业态　需求演进　特征发展

当经济条件超越了保障基本物质生活，人们的消费需求就开始从衣食住行转到对身心健康、个人爱好、人生体验等更高、更丰富的层面。当前，在中国经济持续稳定发展的大背景下，人们获得了更多物质层面的保障，休闲的理念正日益深入人心，休闲活动已经成为人们追求幸福生活的重要内容。

---

[*] 吴金梅，旅游管理学博士，研究员，正高级经济师，中国社会科学院旅游研究中心副主任，研究重点是旅游产业发展、企业管理。

同时，在以人为本的发展观念下，人们的休闲获得了更多的政策支持与制度保障。各类社会主体对休闲的认识和预期持续攀高，要素和资源密切关注休闲产业发展中的机会。正是在这样的背景下，以 DIY 手作坊、密室逃脱、私人影院、VR 空间、桌游馆等为代表的休闲新业态纷纷涌现，并迅速遍及全国。DIY 手作坊（Do It Yourself，DIY，自己动手做）是其中的一类，具有典型性。

业态，通常用来描述类型化的经营形态,[①] 这一概念大约出现在 20 世纪 60 年代。业态可以简单定义为针对某类消费需求，按照同样的原则，运用店铺形态、经营方式、服务功能、销售方式等经营手段，提供类型化的销售和服务的经营形态。业态发展是产业发展变革的动力，对业态的分析是抽离了店铺经营具体内容，按照类别特征来解析同一类经营个体的研究视角。我国休闲产业发展还处在成长阶段，对休闲新业态的发展机理进行解析和研判，可以微观地看到我国休闲产业发展中市场经营实体的运行状态，分析休闲产业发展的动力因素。

一 休闲需求的演进

自从"十一五"翻开中国居民休闲新的一页，十几年来休闲已逐渐成为人们生活中不可或缺的重要组成部分。社会各类主体都在这短短的十几年间对休闲有了更深刻的认识，也基于更深的理解有了更多的期待。

（一）居民休闲需求不断深化

居民可支配收入增长、休闲时间得到保障、休闲相关服务提升促进了休闲需求的不断丰富和深化。"十一五"初期全国居民人均可支配收入为 11759 元，2018 年全国居民人均可支配收入达 28228 元，增长了 140%。人们用于休闲的支出逐年增加，2018 年全国居民人均教育文化娱乐消费支出

---

① 萧桂森：《中国连锁经营的理论与实践》，华南理工大学出版社，2004。

达到2226元。2019年一季度，全国居民人均教育文化娱乐消费支出同比增长20.6%，占人均消费支出的比重为9.9%，较上年同期提高1.1个百分点。①与此同时，随着公休假、带薪假期等休闲时间的保障，人们有了更好的休闲条件。基于此，居民的休闲需求日益丰富，并不断深化：休闲活动支出持续增长，休闲消费意愿日益增强，与此相对应的购买力持续增长，休闲市场日益扩大；休闲群体组合多样，从个体休闲、亲子休闲、家庭休闲，到闺蜜聚会、朋友相约，休闲活动逐渐成为社交的载体，休闲消费者人次快速增长；休闲需求逐步升级，从对休闲形式的追求到开始重视休闲内容，进而强调休闲活动注重经历和感受，需求层次多、需求内容丰富，对休闲形式、内容的新需求意愿强烈，休闲市场空间持续增大，休闲市场需求侧发展强劲。

（二）政府重视发展休闲

随着居民消费意愿的升级，在政策和市场的共同促动下，我国服务业多年来一直保持持续增长，服务业占比连续多年超过50%，2019年一季度更是超过了57%。服务业在国民经济发展中的主导作用进一步增强，"稳定器"和"助推器"的作用凸显。休闲产业是满足居民消费意愿的重要领域，随着休闲产业的快速发展，政府管理部门在为休闲提供基础条件和公共服务的同时，高度重视休闲产业作为幸福产业在稳增长、促改革、调结构、惠民生方面发挥的重要作用。继《国民旅游休闲纲要》颁布后，近年来，为促进休闲产业发展，政府在政策引领、制度保障、工作推进上进行了全方位的推动。2015年11月国务院办公厅印发《关于加快发展生活性服务业促进消费结构升级的指导意见》，对创新发展生活性服务业提出了重要的纲领性指导意见，提出了要积极开发健康向上的新兴娱乐方式。2017年国家发改委印发《服务业创新发展大纲（2017～2025年）》等文件，明确了增强有效供给的各项支持保障措施。之后，为进一步引导发展，国家及各地方政府相关部门出台了各类支持引导休闲产业发展的文件。2018年底，中央经济工

---

① 国务院发展研究中心市场经济研究所2019年4月公布数据。

作会强调中国经济发展要着力增强人民群众获得感、幸福感、安全感，要努力满足百姓的最终需求，提升产品质量，加快服务业发展。

（三）市场要素日益投入休闲领域

在居民休闲升级的过程中，服务业的供给侧改革与休闲需求创新一拍即合，人才、资金、技术创新整合，在新服务上探索、在原产业上转型、在业态融合上实践。各式以满足休闲需求为目的、以文化服务为主要内容的生活服务新业态悄然兴起。产业转型在休闲服务业中主动发力，各类小微企业在休闲服务业的创新中也表现出了极大的活力。

在各种因素的共同推动下，近年来DIY手作坊、密室逃脱、私人影院、VR空间、桌游馆等新业态悄然出现。以下通过对DIY手作坊的分析，可透视新兴休闲业态的发展特征与发展路径。

二 DIY手作坊的业态概况

（一）业态特征

可从经营方式、店铺形态、服务功能、商圈选址、销售方式、目标客户、盈利模式等七个维度来分析DIY手作坊的业态特征。

其一，在经营方式方面，DIY手作坊经营规模较小，大多数为小微企业，组织形式既有个体私营，也有有限责任公司。少部分是由相关机构、企业设立的部门、分支机构或投资成立的子企业。其二，在店铺形态方面，一般都有固定经营场所。其经营面积从几十平方米到几百平方米，一般都不太大；装修风格具有鲜明的文化特征，环境舒适，通常有配套服务设施（如简餐、饮品）；与手作内容相适应，配备有工作设施、设备、工具，有的附建有小型的加工车间。其三，在服务功能方面，通常为手工制作的消费者提供现场教学、制作过程辅导、帮助；提供制作所需主要材料、辅助材料；销售手作礼品、材料及工具。一部分手作坊会应团建、"三八"节活动、工会活动等要求提供上门服务。其四，在商圈选址方面，多选在综合性商业区，或以居民消费为主的商圈，目前在大型综合商业区中 DIY 手坊几乎已经成了标准配置；也有设在居民区底商或单元房中的。其五，在销售方式方面，通常采用网络、自媒体宣传、客户口口相传等方式。销售产品主要为按次销售，一般分为一次（通常为 3 个小时）的手作体验或多次手作课程。手作坊大多会销售材料包（手作所需的主要及辅助材料，含小工具），有的也会销售制成品。其六，在目标客户方面，以手作爱好者、体验者为主，人群覆盖男女老少，可分为个体爱好者、亲子活动人群、团建人群、友人、情侣等。其七，在盈利模式方面，收入主要由教学、场地服务费、材料售卖、产品售卖等构成，成本主要为经营场所场地相关费用、人工费、材料成本、税费等。

（二）经营内容与客户群体

目前国内的手作坊涉及绘画等艺术品制作、木工等工艺加工、烘焙等美食制作、绣花等传统手工、手机壳装饰等实用饰品多个类别（见表1）。随着发展，不断有新的手作内容被开发出来。

表 1 DIY 手作坊的经营内容（部分）

序号	业态	内容	经营形式	客户群体
1	陶艺 DIY	提供专业工具和材料，进行陶（瓷）器的拉坯、上釉、绘画体验	实体店铺，提供设施、原材料，提供现场辅导和后期制作服务	陶艺爱好者、陶艺体验者、亲子人群等
2	绘画 DIY	油画、水粉、素描零起点绘画体验	画室，提供绘画工具和现场辅导，绘画培训	绘画爱好者、绘画体验者、团队活动、友人聚会等
3	手饰 DIY	金银质首饰的设计制做，琥珀打磨、镶嵌，各类配饰材料的组合设计制作	实体店铺，提供制作工具、材料，有现场辅导，有的有后期制作车间	首饰设计爱好者、首饰制做体验者、情侣、友人聚会等
4	皮具 DIY	皮带、卡包、皮包等小型生活皮制品制作	实体店铺，提供制作工具、材料，有现场辅导	个性化礼物的需求者、皮具制作体验者等

续表

序号	业态	内容	经营形式	客户群体
5	木工DIY	各类小型木器、木雕	实体店铺,提供制作工具、材料,有现场辅导	木工爱好者、木工制作体验者、亲子活动等
6	结绳编织DIY	各类结绳手做教学及体验,毛线编织、钩	实体店铺或上门组织学习体验,提供材料,有现场教学、辅导	编织结绳爱好者、亲子活动、闺蜜活动、社区等团队活动等
7	花艺DIY	各类插花的制作,植物微景观的制作,制作干花、工艺花	实体店铺,提供有现场辅导	花艺、植物爱好者等
8	烘焙DIY	蛋糕饼干烘焙,西式点心的制作	实体店铺,提供原材料、设施、设备,有培训,提供现场辅导	烘焙爱好者、初学者等
9	印章制作DIY	印章设计、印章刻制学习	实体店铺,提供原材料、工具,有培训,提供现场辅导	印章刻制学习者等
10	香水制作DIY	调制香水	实体店铺,提供原材料、工具,提供现场辅导	香水爱好者、香水制作学习体验者等
11	口红制作DIY	制作口红	实体店铺,提供原材料、工具,提供现场辅导	口红制作体验者、团队活动等
12	手工皂制作DIY	制作香皂	实体店铺,提供原材料、工具,提供现场辅导	香皂制作体验者等
13	八音盒制作DIY	组装八音盒	实体店铺,售卖八音盒零件,提供工具,提供现场辅导	个性化礼物需求者、亲子人群等
14	美食制作DIY	学习体验中西美食制作	实体店铺,提供食材料,提供厨具等设施设备,提供教学及辅导	初学做饭及提高厨艺的人
15	手机壳装饰DIY	制作、装饰手机壳	实体店铺,提供配饰材料及工具,有现场辅导	个性化手机壳的制作者、休闲体验者等
16	乐器制作DIY	制作尤克里里等简单乐器	实体店铺,提供原材料、工具,提供教学及现场辅导	乐器制做体验者
17	珐琅制作DIY	体验珐琅的掐丝、点彩等工艺环节	实体店铺,提供半成品,提供工具、材料,现场教学辅导	珐琅制作体验者等
18	沙画学习DIY	学习沙画表演	实体店铺,提供设备,现场教学辅导	沙画体验者、沙画表演学习者等
19	紫砂体验DIY	制作紫砂器具	实体店铺,提供材料、工具,现场教学辅导	紫砂制作体验者等

续表

序号	业态	内容	经营形式	客户群体
20	缝纫服装设计DIY	缝纫学习，服装及布艺装饰设计制作	实体店铺，提供辅助材料，提供设施工具，现场教学辅导	服装及布艺爱好者、初学者等
21	巧克力DIY	制作巧克力	实体店铺，提供原材料、工具，现场辅导	巧克力爱好者、个性化礼物需求者等
22	毛毡DIY	学习制作毛毡制品	实体店铺，提供材料、工具，现场辅导	毛毡制作初学者、亲子活动者等
23	唐卡制作DIY	学习体验唐卡制作	实体店铺，提供材料、工具，现场教学辅导	唐卡爱好者等
24	马赛克制作DIY	马赛克灯具、器物等装饰品制作	实体店铺，提供材料、工具，现场教学辅导	马赛克制作体验者等
25	皮影制作DIY	了解皮影知识，学习皮影制作	实体店铺，提供材料、工具、设备	皮影爱好者等
26	香薰蜡烛DIY	香薰、蜡烛制作	实体店铺，提供原材料、工具，提供现场教学辅导	个性化礼物需求者等
27	胶冲印DIY	操作摄影胶片冲印	实体店铺，提供设施、设备、工具，现场辅导	摄影爱好者等
28	刺绣/十字绣DIY	刺绣、十字绣等各类绣法的学习，绣品制作	实体店铺，提供工具、材料，现场教学、辅导	刺绣、十字绣爱好者，初学者等
29	风筝制作DIY	风筝制作	实体店铺，提供材料、工具，现场教学辅导	风筝爱好者、亲子人群等
30	模型DIY	制作、拼装各类模型	实体店铺，提供零配件、工具、辅助材料，提供现场教学	模型制作爱好者、亲子人群等
31	各类载体的绘画DIY	个性T恤绘画、皮肤绘画、鞋子绘画等	实体店铺，提供材料，提供教学现场辅导	追求个性化的人群

资料来源：作者调研所得。

（三）业态规模与分布

在我国主要城市中，DIY手作坊已发展较为成熟。省会及以上城市无一例外，均有DIY手作坊这种业态。根据本文作者的调查，省会及以上城市拥有DIY手作坊的数量从几百家到几十家不等，其中较多的北京、上海分别有近800家（见图1）。

从地级城市（不含省会城市）抽样调查结果来看，DIY手作坊也已经

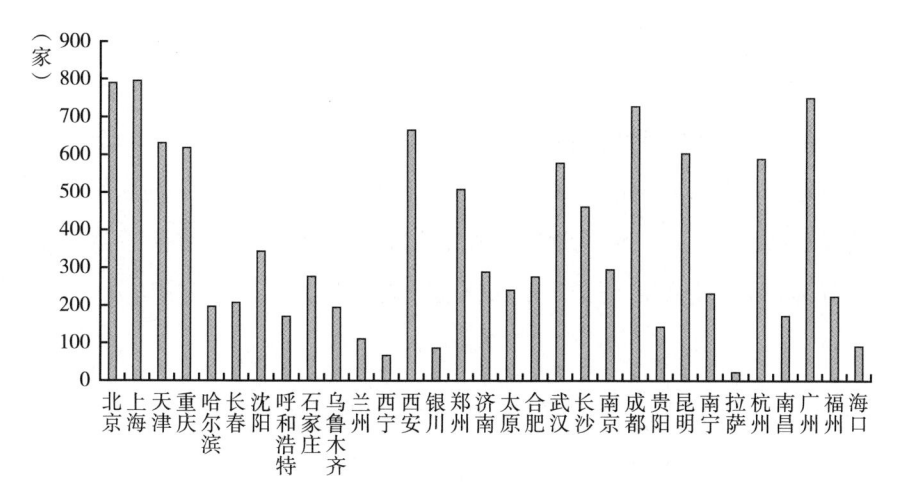

图1 中国大陆省会及以上城市DIY手作坊数量

资料来源：作者调研所得。

广泛存在，数量从十几家到几百家不等（见图2）。从县级市的抽样调查来看，县级市甚至有些人口较多的镇DIY手作坊也已经兴起，店铺数量从一家到十几家不等。总体来看，目前DIY手作坊在我国各类城镇均已成为一种较为普遍的休闲业态。

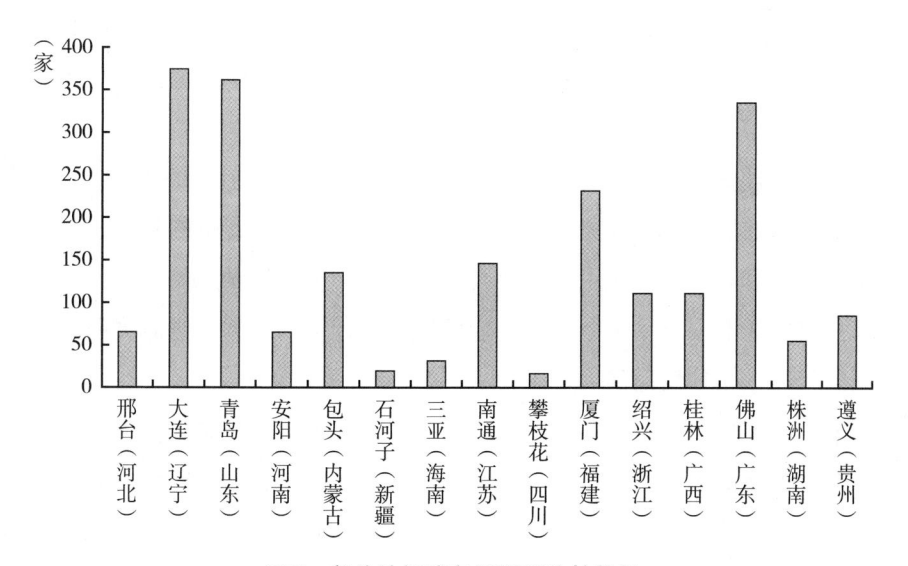

图2 部分地级城市DIY手作坊数量

（四）消费水平

以单次消费为标准，各类手作坊主流项目的消费水平大致分布在50~800元/人次，其中以100~300元/人的单次消费为主流。与所在地区收入及消费水平相适应，同类消费项目在不同地域价格略有差别。多次消费和特殊需求DIY手作坊的消费水平在此基础上向下、向上有所浮动。

三　DIY手作坊业态发展分析

（一）发展动因

新业态的产生一般有三种主要原因：技术革命、需求倒逼、产业升级。休闲产业在发展过程中，也遵循这样的规律。DIY手作坊的出现主要是需求牵引，同时也有产业升级、技术进步因素的合力推进。

其一，消费者需求的拉动。在休闲需求多样化和细分中，出于尝新、出于怀旧、出于爱好的尝试性体验需求日益增多。从在专业画室中想要自己动手画上两笔，到想要自己个性化地做一件首饰，再到跟着面包师傅学做点心、走进花店自己动手插一束花……越来越多的人有了尝试的愿望和体验的需求，这些需求又汇集成了一个初具规模的市场。

其二，投资者个人爱好的推动。在对DIY手作坊的调研中看到，有一部分手作坊的店主原来就是这个项目的爱好者。在个人喜爱的基础上，他们与同好者一起分享、提供服务深化自己的爱好，把爱好做成了职业，进而构建了自己的职业。有些人是从开网店发展到进行手作定制，进而将网店开到线下，开启了实体店的经营。

其三，促进文化工艺传承。为了让更多的人了解传统文化、传承工艺技术，相关产业的企业、机构以DIY的形式让人们走近传统艺术，体验传统工艺。景泰蓝厂、皮影厂、刺绣厂、家具制作企业等纷纷开启这一模式。这些企业、机构设立专门的部门或成立专门的子企业，提供场所和设备设施，提供体验服务让人们了解文化、传承艺术，很多时候还会让非遗传承人、大师亲自指导。

其四，企业转型发展的带动。企业发展中会遇到各式各样的困难，当看到已渐成规模的体验型消费的大市场，一部分企业开始将企业向休闲服务业转型，依托于原有的主业优势，开辟以休闲服务为主的体验式消费的新市场空间，如绘画培训转向绘画体验、面包房转向烘焙体验、皮具制造企业转而开辟皮作 DIY、家具制造企业开辟木作坊等。

（二）发展基础

其一，社会环境安定繁荣。改革开放以来，我国政治安定、社会发展，以人民为中心的发展理念不断深入，党的十九大进一步提出了要让人民过上更美好的生活的目标，明确社会的主要矛盾已经转化为人民日益增长的美好生活需要和不平衡不充分的发展之间的矛盾。在此背景下，人们休闲的愿望被大大激发。

其二，经济发展持续稳定。中国经济在较长一段时间内保持了持续增长的良好态势，经济水平稳定提升，产业结构不断优化，人均 GDP 持续增长，居民可支配收入持续增长，用于休闲消费的支出不断提高。随着文化产业、生活性服务业的快速发展，社会经济中各主体活力充沛、积极向好。创新创业获得政策、资本、社会保障多个层面的支持，中小企业、小微企业发展环境的逐渐向好为新业态发展提供了土壤。作为休闲产业发展基础的各要素健康有活力，为休闲业态创新发展提供了物质支撑。

其三，文化消费习惯逐步形成。支撑文化消费的文化资源、文化设施建设水平提高，文化投入加大，文化氛围日渐浓郁，文化消费已成为居民消费的重要组成部分。网络传播及自媒体的普及使休闲消费新形式可以快速传播，新业态的示范带动作用突出。

（三）发展路径

手作坊并不是近期出现的事物，但作为休闲业态快速发展并普及全国则

是近几年的事。随着最初绘画体验、皮具制作等手作坊门店的出现，DIY手作坊开始快速蔓延。DIY手作坊是按照业态内容丰富和不同地域复制双路径发展起来的。

一方面，是业态内容不断丰富。在最初绘画体验、皮具制作等手作坊门店经营良好的示范下，各类手作作坊快速地复制了这样的经营方式，以同样的经营方式为体验式服务填充了各式各样的内容。随着各类店铺数量和类别的增加，DIY手作坊成为休闲活动中一个专门的标签。另一方面，是跨地域的复制。当手作坊这一类经营模式获得很好的市场反响之后，同类的门店很快在全国各个城市甚至县、镇被复制。不同于一般商业企业的品牌加盟连锁和异地新设企业的扩张路径，DIY手作坊这类休闲服务形式由不同的投资者、不同的经营者在不同的地域快速复制，成为一类颇有活力的休闲业态。

（四）发展特点

DIY手作坊在发展中呈现了与传统生活性服务业不同的鲜明的特点。

一是模式统一下的内容多样化。DIY手作坊在统一的门店经营形式下，承载了多类别的内容，从文化类的绘画、印章，生活中的美食、插花，到手工艺制造中的木工、编织结绳，再到工艺制作类的珐琅、陶艺制作……门类众多，内容并不关联，多种多样。

二是多元主体下的消费同质。DIY手作坊的主体体制中有个人私营和有限责任公司，也有其他企业下的子企业或分支机构。无论是艺术教育的延伸，还是企业发展转型，不管是工艺大师坐镇的课堂，还是服务员助力劳作的门店，手作坊的核心消费都是让体验者自己动手完成过程体验式消费。

三是复制中的创新成长性。与很多业态不同，DIY手作坊的快速兴起和普及，主要通过经营业态的模仿，就是其他主体将这种经营形式复制到自己生活的地方。同时，也不断地将新的可以用来DIY的项目，以手作坊的形式打造成可以经营的项目。

四是文化承载功能强。在动手劳作的形式下，几乎每一类手作坊都承载着传统和文化，无论是习俗还是工艺，都有历史的印记，都有很多故事可以讲。正是因为文化活动下体现着社交属性，手作坊成为亲子活动热衷的项目，同时也是很多朋友聚会、团队建设选择的内容。。

五是激发创新创业热情。一方面 DIY 手作坊有着显著的自我生长的特点，努力经营一个店铺就可以得到很好的经营结果；另一方面可以将爱好与职业结合起来是很多年轻人的梦想，这种业态的兴起激起了人们创业的热情。同时，数目不算巨大的投资和启动资金，使得有意愿的投资者可以顺利实现开店的愿望。所以，DIY 手作坊一经出现就激发了很多人的创业热情，也正是因为有这些创业者，DIY 手作坊得以在全国快速普及。

四 休闲新业态健康持续发展的建议

业态创新发展是产业发展的动力因素，本报告结合对 DIY 手作坊的分析，就促进休闲新业态发展提出如下建议。

（一）创建良好的发展环境

一是充分利用国家对生活性服务业的支持政策，放宽注册登记条件限制等，为新建企业、小微企业提供便利的工商登记、退出服务。二是推动投融资机制创新，鼓励消费金融创新、支持融资、支持发展消费信贷、鼓励保险机构开发更多适应小微企业特点的保险险种。三是加强休闲基础设施和公共服务体系建设，为新业态发展提供条件和基础。

（二）积极支持鼓励创新

一方面坚持消费引领，做好面对居民休闲需求"无中生有""有中生新"的创新文章，强化市场主导，充分发挥市场配置资源的活力和决定性作用，挖掘消费潜力，培育新业态。另一方面在创造新市场、新模式、新需求上下功夫，既支持传统产业向休闲服务业转型，也支持新技术为休闲服务业服务，更提倡基于文化艺术传承发展打造新服务业态。

（三）创新监管方式

其一，面对新业态要研究新情况、解决新问题，快速跟进管理体系建设，及时明确业态的行业分类、归口管理部门。其二，在新业态形成一定规模后，要积极制订服务标准和业态规范。要发挥行业的自律监管作用，加强新业态的协会等行业组织建设，并推进其进行行业监管。其三，针对新业态从业人员的特点，制订相应的劳动标准，对工作时间、劳动强度、劳动保护等问题进行合理的基础性规范，使企业和劳动者有所遵循，出现劳动纠纷时审裁有规可依。其四，鼓励新业态从业者参加工会，使灵活就业群体工会会员享有基本保障。

（四）倡导融合引领发展

在休闲产业发展过程中，要抢抓产业跨界融合发展新机遇，倡导行业融合、资源整合、线上线下结合，鼓励运用新技术、新理念，培育新型休闲消费，促进休闲新业态创建成长。深度挖掘我国传统文化、传统工艺、民俗风情和区域特色资源的潜力，鼓励各类市场主体积极进行休闲服务业态和休闲商业模式创新，优化休闲服务供给，增加休闲短缺服务，开发新型休闲业态。积极推广新业态，宣传引领休闲新消费市场，建立以城带乡和城乡互动的发展机制，促进新业态普及发展。

参考文献

雷晓艳、周理熙：《新内容革命的动因、维度与业态重构》，《出版广角》2019年4月上总第337期。

梁达：《新产业、新业态为经济增长注入新动力》，《上海证券报》2016年08月26日。

王德禄、邵翔：《业态创新是产业变革的新动力》，《科技日报》2014年3月24日。

G.19 中国在线音乐行业的现状和进展

——以网易云音乐为例

陈小向[*]

摘 要： 2015年中国加大在线音乐盗版侵权打击力度后，在线音乐正式走上正版化、商业化的发展之路，也呈现一些新的发展特征。本报告以网易云音乐的迅速崛起为例，探索在线音乐的消费趋势、创新探索、未来前景，以及如何规范有序地实现可持续健康发展，希望本文对在线音乐的发展方向有一定借鉴意义。

关键词： 在线音乐 网易云音乐 付费会员 个性化推荐

一 中国在线音乐行业的总体现状

我国在线音乐经历了多年的侵权盗版音乐下架整治后，从2015年开始进入了"正版时代"，朝着健康规范的商业化方向快速发展。随着全球录制音乐实体唱片市场的持续萎缩，在线音乐已成长为主流的听歌形式，这一趋势在中国更加显著。随着5G时代的到来，在线音乐的流媒体播放模式将迎来一个更高音质、更加便捷的发展繁荣期，中国在线音乐将进入发展的快车道。[①]

---

[*] 陈小向，供职于网易公司，资深媒体人。
[①] 流媒体是指将一连串的媒体数据压缩后，经过网络分段发送数据，在网络上即时传输影音以供观赏的一种技术与过程。使用此技术播放音乐，可以不必下载音乐文件。

（一）在线音乐驱动增长，付费收听意愿增强

2018年，全球录制音乐市场增长了9.7%，这是自1997年IFPI开始市场数据统计以来连续第四年增长且涨幅最高的一年，主要动力来自付费音频流媒体，增长了32.9%，占总收入的37.0%。[1]

亚洲成为增长最快的市场之一，中国继2017年闯入全球录制音乐产业收入十强后，2018年排名上升到第七位，付费会员的增多是增长的主要推动力。这说明经过正版化发展，中国在线音乐用户付费习惯在逐渐养成。

（二）在线音乐形成两强格局，仍在探索商业模式

国家版权局在2015年加强音乐版权管理后，在线音乐平台逐渐整合为腾讯音乐（酷狗音乐、QQ音乐、酷我音乐）、网易云音乐两强格局，其他中小在线音乐平台因无力支撑版权费用逐渐退出舞台。2018年进入"后版权时代"，网易云音乐用户数迅速突破6亿人，腾讯音乐成功上市，在线音乐平台在快速发展的同时，格局也基本确立。然而在线音乐平台仍没有找到稳定的盈利模式，目前以会员付费等增值服务为主要收入来源，但这并不足以支撑平台的长期运营，探索可行的商业模式成为各在线音乐平台今后的发力点。

（三）市场规模不断扩大，用户付费率仍处低位

我国在线音乐市场仍在起步阶段，2018年中国数字音乐市场规模为76.3亿元，整体保持较高的增长趋势，尤其是2015年前后，在政策对音乐版权的大力巩固下，出现了113.2%的增长率。[2] 2018年，全球数字音乐收入达112亿美元，[3] 并将保持继续增长，中国市场收入占比仍处低位。美国

---

[1] IFPI：《全球音乐市场报告2019：产业状况》，中文版，2019。
[2] 艾瑞咨询：《商业化的复兴：中国数字音乐产业研究报告》，2019。
[3] IFPI：《全球音乐市场报告2019：产业状况》，中文版，2019。

在线音乐用户付费率在 2017 年达到 34.7%，同期中国的比例为 3.9%。① 这说明中国在线音乐市场处于起步阶段，用户付费率偏低，未来有很大的增长空间。

（四）原创音乐人受重视，音乐版权管理待规范

在线音乐平台正版化发展，改善了我国原创音乐人的生存环境，并为我国原创音乐人的作品触达用户提供了高效、精准的途径。2015 年政府开展的"剑网 2015"等打击盗版和侵权的行动，严格规范了在线音乐的正版化发展。数字音乐平台开始积极购买正版音乐版权，这在为音乐版权互联网化管理和运作带来积极发展的同时，也出现了版权壁垒等不规范的现象，凸显出我国在音乐版权管理方面的短板和不足，这需要政府加强音乐版权管理体系的政策引导和规范。

二 中国在线音乐的消费趋势

2019 年 1 月，国家统计局发布的最新数据显示，我国人均 GDP 接近 1 万美元。根据国际经验，当人均 GDP 达到 1 万美元时，文化娱乐需求将迎来一轮爆发期，在线音乐的商业化发展正好赶上这一发展周期。消费升级是这一周期的具体表现，消费者开始注重精神层面的满足，网易云音乐的快速发展正好顺应了这一潮流，在消费者对听音乐有更高精神需求的时候，其以优质的产品创新覆盖了一、二线城市用户，并逐步触达三、四线城市用户。

在线音乐消费中内容需求和付费意愿变化成为显著趋势。第一是用户消费内容和场景的丰富化。听音乐是基本需求，但是用户不再满足于简单的搜索收听和曲库收听模式，而是有着希望在线音乐平台帮助发现好音乐的深层次需求，并有围绕音乐展开了解歌曲信息、发现同好、表达情绪等看、玩和社交需求。第二是用户消费渠道和观念的普及化。随着智能手机普及、网络

---

① IFPI：《全球音乐市场报告 2019：产业状况》，中文版，2019。

提速降费、支付方式便捷化等发展，用户的听歌行为基本以在线音乐为主，我国在线音乐手机用户在2018年达5.53亿人，[1] 实体唱片市场持续下滑。2018年，我国使用正版音乐的消费者高达96%，[2] 付费收听的用户规模也在不断增长。截至2019年第一季度，网易云音乐位居音乐应用前三，依托优质的使用体验，用户黏性位居第一。[3] 从网易云音乐的用户画像、消费趋势等角度，可以解读当前我国在线音乐的消费趋势。

（一）用户画像

1. 用户年龄

我国在线音乐用户呈现出明显的年轻化特性，年轻群体越来越多地选择使用流媒体服务来满足自身娱乐需求。网易云音乐上的大部分用户是"85后"到"00后"的都市年轻群体，年龄集中在15岁到35岁，其中23岁到30岁用户占比约为50%。网易云音乐用户男女分布相对均衡，男女比约为1.1∶1。

2. 用户身份

在线音乐囊括我国近七成手机用户，基本覆盖了各个阶层。网易云音乐的典型用户为泛白领群体，在大中学生中也有很高的认知度，这与用户年龄画像相符。用户听歌场景也跟其身份相吻合，家里、车上、睡前、锻炼和工作学习是收听音乐的高频场景。

3. 用户地域

在线音乐用户覆盖用户广泛，全国各地用户均有触达。上线时间较晚的网易云音乐用户主要居住在一、二线城市，目前三、四线城市用户正在增长。2019年4月，网易云音乐6周年时发布的数据显示，用户数量最高的3个省分别是广东、江苏、浙江。

---

[1] CNNIC：第43次《中国互联网络发展状况统计报告》。
[2] IFPI：*Music Consumer Insight Report* 2018.
[3] Trustdata：《2019年1季度中国移动互联网行业发展分析报告》。

4. 用户偏好

在线音乐消费趋向多元，用户在主流音乐之外也呈现出分众化特点。华语流行曾是在线音乐的主要收听风格，然而随着年轻一代的成长，二次元ACG、电子、民谣、古风、摇滚等各类风格都有广泛的用户群体，在网易云音乐的收听风格中排行前列。目前，网易云音乐已是中国最大的电音爱好者聚集地，拥有中国最专业的电音音乐平台，超过92%的电音迷通过网易云音乐收听电音。

用户不只满足于听音乐，也注重看、玩、社交等情感和精神价值，社交意愿强烈，乐于点赞、评论、转发音乐。网易云音乐原创的歌单、评论、短视频等UGC内容板块以及个性化推荐、大众流行与个性化兼具的类型、高品质的产品体验等充分满足用户需求，成为最受年轻人喜爱的音乐社交平台，也是中国最活跃的音乐社区。

在产品功能方面，用户重视音质、曲库数量、种类丰富性、乐评、歌单质量和推荐准确性。网易云音乐的个性化推荐是用户比较依赖的功能，在帮助用户发现新的好歌方面有显著优势。

（二）消费趋势

1. 在线听歌

在线听歌成为当前的主流渠道。截至2018年12月，在线音乐手机用户达5.53亿人，占手机网民的67.7%，基本覆盖了我国移动互联网用户的大部分人群。进入移动互联网时代后，消费者已经很少购买实体唱片，实体唱片市场逐年下滑趋势难以挽回。在全球范围内，16岁至24岁的年轻人中使用手机听歌的比例高达94%。随着5G时代的到来，在线音乐收听的速度、音质、便捷性等将获得显著提升，使用移动设备在线听歌比例将进一步提升。

2. 付费收听

付费会员快速增长，用户为正版买单比例逐渐增加。在线音乐平台通过提供以音乐为核心的内容服务，正在逐步养成用户的正版保护意识和付费收听习惯。艾瑞咨询数据显示，2017年我国在线音乐付费率达到3.9%，2018年增长到5.3%，预计2023年达到28.7%，付费率逐年大幅提升，这一数据跟美国音乐市场相比仍存在较大差距。网易云音乐用户付费形式有会员和数字专辑两种，会员付费快速增长，2018年，网易云音乐平台付费有效会员数同比增长超100%。购买数字专辑用户也在不断增长，毛不易《平凡的一天》首张数字专辑在网易云音乐上线9小时后，销量就超过100万首，截至2018年底，售出超1100万首，成为网易云音乐上最卖座的数字专辑之一。2018年，网易云音乐平台数字专辑销售额同比增长超150%。

3. 新老并重

传统经典老歌仍然最受欢迎，原创新歌走向大众。华语流行是在线音乐收听排行第一的歌曲风格，其中又以唱片时代众多大牌歌星的音乐为主，周杰伦、陈奕迅、S.H.E等老牌歌手影响力依旧巨大。现在占据年轻人歌单的歌曲中，出现了更多原创风格音乐，如二次元、民谣、古风等风格，其中民谣这两年迅速从小众走向大众，在网易云音乐平台走出了赵雷、房东的猫、木小雅、花粥等原创音乐人。目前已有8万名原创音乐人入驻网易云音乐，他们在网易云音乐排行榜中占据了半壁江山，引领着华语流行进入下一个时代。

4. 长尾效应

音乐流媒体实现了消费的无边界化、全球化，再小众的音乐都能找到消费人群。网易云音乐首创的歌单，以及被称为"最懂你"的个性化推荐，能帮助用户发现好听的音乐，深受用户依赖。目前，网易云音乐曲库规模超2000万首，各个国家地区、各种风格的音乐都有涉及，特别是众多偏小众的音乐也能触达用户，曲库收听率远超行业平均水平，长尾效应明显。不同的人喜欢不同的音乐人，每个音乐人都有一群自己的粉丝，中国音乐的分众时代已经来临。

5. 衍生消费

以在线音乐为核心内容，消费者的社交娱乐、演出现场、音乐商城、视频直播等衍生消费逐步增长。在线音乐平台在积极探索粉丝经济、音乐周边、线上线下联动等多元化商业模式，贯穿于娱乐消费的各类场景，形成联动效应。这两年短视频的崛起，带动了在线音乐的广泛传播和消费。在网易云音乐上飘红的音乐，在抖音等短视频平台深受欢迎。一个显著的变化是这些音乐周边衍生消费都逐渐转移到在线音乐平台上，呈现出多元化的消费需求。

三 中国在线音乐行业的创新探索——以网易云音乐为例

网易云音乐在中国移动互联网转型过程中迅速崛起。在 iPhone 加上 3G、4G 普及引领移动互联网的浪潮中，音乐市场当时也是一片红海，巨头林立，模式雷同，音乐产品基本都是直接从 PC 端移植到手机端的，用户体验不佳。网民普遍停留于搜索、下载音乐的 PC 时代，尚不习惯用手机端的移动流量来播放音乐。网易云音乐于 2013 年 4 月正式上线，目前已成为中国互联网高品质在线音乐服务的提供者和领先者。2017 年 4 月，网易云音乐完成 A 轮融资，跻身独角兽阵营。2018 年 11 月，网易云音乐完成超 6 亿美元的新一轮融资。上线 6 年来，网易云音乐在一片红海中通过创新探索走出了一条特色化之路，凭借精准的个性化推荐、海量的歌单内容、优质的用户乐评、活跃的社区氛围、良好的原创音乐生态等独特优势，用户数量增长速度持续加快，目前累计获得了超 6 亿名用户的青睐，位居中国在线音乐行业第一阵营，是中国最活跃的音乐社区和最具影响力的原创音乐平台。

（一）核心产品和技术创新，颠覆传统音乐产品"曲库模式"

1. 歌单创新

歌单是一个歌曲列表的集合，用户可以把自己喜欢的音乐创建成一个歌单，与人分享。网易云音乐是首个把歌单作为内容组织架构的音乐产品。歌单的出现，改变了传统曲库型产品发现音乐模式，通过收藏、评论、分享歌单等行为，极大丰富产品社交连接关系。目前，用户自主创建歌单总量超过 6 亿个，用户日均创建歌单 80 万个。网易云音乐已成为中国最大的在线 UGC 歌单音乐库。

2. 乐评创新

用户可以在歌曲下撰写评论，分享听歌的感受与心情，歌曲乐评和点赞结合的歌曲评论区模式，是网易云音乐的一大创举。乐评的出现，改变了用户传统的听歌习惯，超过50%的用户边听歌边看评论，远超行业平均水平，也让"999+"乐评成为判断歌曲热门程度的标准之一。目前，网易云音乐累计产生9亿条乐评，日均产生乐评数160万条，拥有国内最大的乐评库。

3. 个性化推荐

对听音乐的人来说，个性化需求一直存在。网易云音乐采用业内领先的大数据推荐算法，根据用户听歌习惯，把更多冷门优质音乐带给用户，大大降低了发现歌曲的成本。根据DCCI调研，网易云音乐推荐精准度行业第一。[1] 目前，个性化推荐使用率达75%，其中推荐准确率达到50%以上，曲库收听率达80%，远超行业平均水平，被誉为"最懂你"的音乐产品。

4. 音乐小程序

网易云音乐率先在业内推出音乐小程序，通过私藏推荐、亲子频道、古典专区、爵士电台、最新电音、Sati空间、跑步FM、驾驶模式等多个业内首创的音乐小程序，更好满足不同圈层用户在不同使用场景下的个性化音乐需求。网易云音乐通过创新，深化特色功能，持续帮助用户更好地发现和分享音乐。同时，平台也通过多种创新功能，建立起更为全面立体的音乐传播体系，并更好满足用户个性化、场景化的音乐需求。

（二）内容运营模式创新，探索切实有效的艺人及音乐作品传播机制

1. 扶持原创音乐，构建原创音乐生态

2016年11月，网易云音乐发起"石头计划"，开启全方位的独立音乐人扶持计划。此前，网易云音乐经过对全站音乐人的调查，发布《中国独立音乐人生存现状报告》，发现独立音乐人生存现状不容乐观：其中68%的音乐人在音乐上获得的平均月收入低于1000元，作品的曝光机会被认为是

---

[1] DCCI：《重构在线音乐生态：移动碎片场景下的在线音乐发展》，2015。

影响音乐人作品发展因素的最主要原因。[①] 针对这些问题,"石头计划"旨在为独立音乐人提供全方位、创新性和系统性的扶持,帮助音乐人获得更多曝光机会和音乐收益。2018年5月,网易云音乐正式启动"云梯计划",扶持包括音乐人、视频作者在内的原创内容创作者。音频、视频都是音乐传播的重要手段,但一直以来,收入不足与曝光缺乏是音乐人、视频作者等内容创作者成长中的两个关键痛点。"云梯计划"通过广告分成、原创内容激励、自助数字专辑售卖、音乐人资源推广等一系列产品功能的创新改进和运营机制的制订,扶持更广大的内容创作者,推动其与平台共享数字音乐产业发展成果,实现"多数人的繁荣"。网易云音乐希望通过全新探索,呈现音乐产品商业化的更多可能性,构建与内容创作者共赢的健康商业生态。

网易云音乐建立起了"创作—传播—创收"的完整原创音乐生态闭环,扶持了大量的原创音乐人。截至2019年1月,入驻网易云音乐的原创音乐人超过8万人,上传原创音乐作品超过120万首。通过体系化的原创音乐扶持之路和广泛的传播渠道,网易云音乐帮助更多原创音乐和音乐人收获关注。在网易云音乐2017年用户最钟情歌手TOP10中,就有陈粒、金玟岐、赵雷三位独立原创音乐人入选。2018年,涌现出木小雅、花粥等优秀音乐人。截至2019年5月,音乐人木小雅在网易云音乐上拥有超30万名粉丝,增长近4倍;花粥在一年多的时间里粉丝数增长到近500万名。同时,在网易云音乐的助推下,在原创音乐行业中也产生了诸多爆款作品,为华语乐坛输送更多优质音乐内容,被行业誉为"爆款孵化器"。比如入选"石头计划"原创作品征集计划第二季的音乐人木小雅的作品《可能否》上线一个月,收获10万条乐评,粉丝数超8万人,持续霸榜网易云音乐,并在抖音、全民K歌等平台热度同时走高,成为2018年爆款民谣作品。目前,网易云音乐是中国最活跃的音乐社区,同时也是中国最大的原创独立音乐人平台。此外,通过打造线上音乐节目和线下音乐节、LiveHouse现场等自有IP,网易云音乐不断拓展自有音乐生态,为中国音乐事业的繁荣发展作

[①] 网易云音乐:《中国独立音乐人生存现状报告》,2016。

出重要贡献。

2. 探索传播机制，持续打造音乐宣发生态

音乐的价值体现在传播和分享之中，音乐传播价值巨大，但音乐传播一直是音乐产业的一大痛点。网易云音乐通过社区运营、艺人通告节目制作等运营手段，帮助艺人及作品完成体系化宣发。比如，网易云音乐2018年通过《云村听歌会》《音乐好朋友》等原创视频节目，帮助民谣组合"房东的猫"实现了有效的新作品宣发，并助推其在网易云音乐上的粉丝量突破100万人。2017年11月，网易云音乐与亚洲数字音乐领导品牌KKBOX达成战略合作，打造最大华语音乐宣传平台。这次合作，有利于挖掘优质的华语音乐，为用户提供更多样化的音乐内容，也将发挥联动效应，打造全球最大、效益最高的华语音乐宣传平台。通过引入"音乐社交"和个性化推荐，网易云音乐不仅为用户提供全新的、更加便利的方式来发现、分享音乐，也帮助音乐产业激活了大量存量曲库，在长尾音乐的传播上做出了重要贡献。其中，个性化推荐算法和视频信息流实现了无推广位限制的超强音乐分发能力，评论、动态等社交互动有效拉近了艺人与用户的距离，网易云音乐用户乐于接纳全世界不同风格的音乐，也使各种音乐类型都能在网易云音乐上找到匹配受众，实现各种音乐风格百花齐放的发展。网易云音乐虽然仅上线6年，但已经成为音乐宣发的创新者和引领者。

（三）推动商业模式创新，不断拓展音乐上下游生态

网易云音乐的主营业务为在线音乐平台开发和运营业务，围绕主营业务建立起了付费音乐、广告和演出票务、商城、直播等多元化商业模式。通过各种商业模式的创新，网易云音乐在音乐上下游生态方面都有力地拓展了空间。

1. 首创评论区广告

网易云音乐善于在拓展广告渠道的同时，又在用户体验上做到最佳平衡。同时，注重创新的网易云音乐在广告形式上也独具特色，比如善于结合音乐用户的喜好，策划音乐属性较强的广告内容。网易云音乐推出的"云

梯计划"中还包括音乐人评论区广告分成体系，意在构建和音乐人共赢的商业生态。

2. 演出票务精准触达

网易云音乐在业内率先通过个性化推荐、LBS 推荐（基于地理位置的推荐）、相关歌曲评论区嵌入票务信息等技术创新与模式创新，精准触达目标人群，平台票务收入实现快速增长。

3. 提供高品质付费服务

2018 年 6 月，网易云音乐正式推出"网易云音乐黑胶 VIP"服务，为广大音乐爱好者打造既极致专业又个性化的音乐服务。网易云音乐的付费会员快速增长，2018 年，网易云音乐平台付费有效会员数同比增长超 100%，或将成为网易云音乐未来最具增长空间的商业模式。2018 年，网易云音乐平台数字专辑销售额同比增长超 150%。此外，网易云音乐还有听歌流量包、智能硬件和音乐周边等延伸商业模式。

（四）市场营销模式创新，不断驱动用户增长

网易云音乐独创"以产品的思路做营销"的营销理念，凭借超高的效率和深刻的市场洞察力，屡屡推出高口碑、高美誉度的教科书级别的经典营销案例。例如与亚朵联手打造的"睡音乐"网易云音乐亚朵轻居酒店、网易云音乐新年策划、联合杭港地铁策划推出地铁乐评专列、与农夫山泉联合推出"乐瓶"等。2017 年 3 月，网易云音乐与杭港地铁合作打造"乐评专列"，主题为"看见音乐的力量"，网易云音乐从平台 4 亿多条评论中筛出点赞数最高的 5000 多条，再挑出最容易引起地铁受众情感共鸣的 85 条乐评文案，贴满杭州地铁 1 号线，希望给每一位孤独的城市人带来音乐的慰藉，项目开全国地铁文案类广告先河。同时网易云音乐在 App Store 里，从音乐类排行榜的第三名上升到第一名，百度指数增长 80%，微信指数翻了 216 倍。[①] 2018 年 4 月，网易云音乐与亚朵宣布达成战略合作，双方联手打造的

---

① 数据来源：App Store 排行榜、百度指数、微信指数官方公开查询数据。

"睡音乐"网易云音乐亚朵轻居酒店正式在成都市锦江区开业。"睡音乐"主题酒店是网易云音乐首家线下主题酒店，也是亚朵首次与音乐领域的头部IP合作。酒店将线上的音乐使用场景连接到线下，是网易云音乐对线下场景的延伸拓展。

（五）产品内容服务创新，建设以用户为中心的音乐内容社区

1. 丰富优质的音乐内容社区

网易云音乐之所以能形成浓厚社交氛围，乐评、歌单等 UGC 内容功不可没。在乐评功能的基础上，网易云音乐还推出了点赞机制和精彩评论置顶功能，对用户创作 UGC 内容起到激励和引导作用。高质量的评论能第一眼就被后来听歌的人看到，这在起到优质内容引导作用的同时，也能最快地吸引听歌者来看评论区，逐渐改变用户的听歌习惯，让用户从评论区中寻找共鸣。此外，在 UGC 内容有一定积累之前，运营人员也会通过多种运营手段和算法推荐，去引导优质音乐评论等 UGC 内容的产生、发酵、爆发和沉淀。创新的产品功能为用户提供足够发挥创造力的空间，加上运营人员和算法的适当引导，网易云音乐优质丰富的内容社区便得以形成。

2. "全员客服"状态，快速解决用户需求

为了最快满足用户的需求，网易云音乐推行了"全员客服"的工作习惯，让技术人员直接解决问题，提升效率。每个网易云音乐员工都会在各类社交媒体和网站上检索产品相关的用户建议。而在网易云音乐站内，也有许多特殊的账号：无所不能的 Android 开发组、傲娇的 PC 开发组、高贵冷艳的 Mac 开发组、忧郁深沉的 WP 开发组等，这些大号就是网易云音乐技术人员和用户沟通、解决技术问题的方式。

3. 完善产品内容安全防控，做有温度的产品

作为内容型社区，网易云音乐上每天都有大量的 UGC 内容产生。为了给用户提供有爱、有温度的社区环境，网易云音乐在产品内容安全方面也做了诸多努力，设立专门负责社区管理的官方帐号"云村派出所"，实时接收和处理用户对社区违规内容的反馈；设立治愈系账号"云村治愈所"，接受

用户 24 小时私信倾诉，而每当有用户在平台检索"自杀"等负面关键词，网易云音乐也会自动跳转到"云村治愈所"所设专栏，为用户提供温暖治愈的内容；运营多个用户群维护近千人的热心用户，发动广大用户的力量共同维护社区环境。

四 中国在线音乐行业的前景和展望

中国在线音乐正迎来版权逐渐规范、产品不断创新的发展新阶段。2015年，政府出台多项政策和行动加强在线音乐的版权保护和市场监督，推动整个行业正版化发展。2017年5月，《国家"十三五"时期文化发展改革规划纲要》发布，首次将音乐产业发展列入重大文化产业工程。从国家政策支持到市场环境改善，在线音乐的发展进入了一个快车道。其中，有两个数据的变化具有标志性意义，一个是我国人均GDP接近1万美元大关，按照当前GDP增速必将在2019年突破这一关口，数据背后的实际表现是近几年消费升级的需求愈加旺盛，消费从物质享受转向更为个性化的精神享受，音乐产业的发展也将从中受惠。另一个是IFPI国际唱片业协会这几年发布的报告显示，在线音乐已经成为全球音乐产业发展的最大驱动力，其收入比重逐年增长，并在2016年超越了传统数字音乐的收入，这一趋势表明在线音乐已经成为音乐产业中的主流形态。

随着科技的发展、内容的爆发，消费者在移动互联网中花费的时间和金钱面临着丰富的选择。在线音乐要获得用户的青睐，需要更多地从产品体验切入，提供能满足其消费升级需求的产品。网易云音乐始终坚持让用户发现和分享更多好音乐的产品初衷，用互联网的方式推动中国音乐产业发展。

基于网易云音乐对市场走向及大数据的分析，未来行业会呈现如下趋势：一是原创独立音乐人从小众走向大众；二是在线音乐进入付费时代，越来越多的用户愿意为版权作品买单；三是分众时代下，音乐审美不断多元化、圈层化，音乐风格百花齐放；四是移动互联网发展影响下，音乐平台将成为音乐、影视、娱乐等多重文化的宣发地。

参考文献

DCCI：《重构在线音乐生态：移动碎片场景下的在线音乐发展》，2015
IFPI：*Music Consumer Insight Report 2018*，2018.
IFPI：《全球音乐市场报告2019：产业状况》，中文版，2019。
艾瑞咨询：《商业化的复兴：中国数字音乐产业研究报告》，2019。
网易云音乐：《中国独立音乐人生存现状报告》，2016。

Abstract

Annual Report on China's Leisure Development (2018 – 2019), known as *Green Book of China's Leisure* No. 7, is compiled annually by Tourism Research Center, Chinese Academy of Social Science (CASSTRC). It has been one of the key reports in the "Yearbook Series" published by the Social Sciences Academic Press. This book consists of one general report and 18 special reports.

The general report points out that China's macro economy has shown positive signs with changes from 2018 to 2019. industrial structure and economic structure have been continuously optimized, people's livelihood have been continuously improved, public sector investment in leisure industry has increased, and public service system has improved. The level of household consumption has increased and the willingness to consume leisurely has been strong. For the characteristics of leisure development, the cultural connotation and comprehensive appeal of tourism leisure have been significantly improved. The emerging products and service markets of cultural leisure have experienced the process from scale expansion to quality optimization, the service, especially the physical fitness and leisure activities has distinctive features, and the "big health" leisure and pension leisure has risen rapidly. As far as future development is concerned, quality, integration and technology will become important trends. It is necessary to strengthen institutional construction to eliminate restrictions on leisure time; to increase financial input to solve the problem of insufficient leisure public facilities; to optimize the statistical system to provide science for policy formulation Basis; and to strengthen theoretical research to provide intellectual support for leisure development.

The other 18 special reports belong to "core industries", "regional development", "multi-format", are related respectively to cultural leisure, tourism leisure, sports Leisure, leisure agriculture, hiking, healthy tourism, leisure city, internet development and leisure behavior, film industry, outdoor unmotivated paradise, online musicetc. The caseanalyses based onBeiing-Tianin-Hebei, Guangdong-Hong Kong-Macao Greater Bay Area, Shanghai, Hangzhou and Buenos Airesetc provide direct evidencesby which we can understandthe characteristics of leisure development in different regions.

As the earliest year book in leisure research, this book can be a choice for government, researchers and the public to gain the forefront information of leisure development in China.

Contents

I General Report

G. 1 Leisure Development Trends and Prospects in China:

2018 -2019　　　　　　　　　*Tourism Research Center, CASS* / 001

Abstract: From 2018 to 2019, China's macro economy has shown positive signs with changes. industrial structure and economic structure have been continuously optimized, people's livelihood have been continuously improved, public sector investment in leisure industry has increased, and public service system has improved. The level of household consumption has increased and the willingness to consume leisurely has been strong. For the characteristics of leisure development, the cultural connotation and comprehensive appeal of tourism leisure have been significantly improved. The emerging products and service markets of cultural leisure have experienced the process from scale expansion to quality optimization, the service, especially the physical fitness and leisure activities has distinctive features, and the "big health" leisure and pension leisure has risen rapidly. As far as future development is concerned, quality, integration and technology will become important trends. It is necessary to strengthen institutional construction to eliminate restrictions on leisure time; to increase financial input to solve the problem of insufficient leisure public facilities; to optimize the statistical system to provide science for policy formulation Basis; and to strengthen theoretical research to provide intellectual support for leisure development.

Keywords: Leisure Development; Great Health; Public Investment; Policy

II Core Industries

G. 2 Regional Differences and Policy Suggestions on the Development Level of China's Leisure Industry

Li Limei, Lou Jiajun / 028

Abstract: By dividing the scope of leisure industry, leisure industry evaluation index is constructed, including four first-level indicators and 35 secondary indicators of service facilities, demand potential, business performance and support environment. Based on the statistical data of 30 provinces and cities, the development level of leisure industry is evaluated and analyzed. The study found that: (1) the rankings of the development level of leisure industry in all provinces and cities are weak, which have shown a "solidified" situation; (2) the areas with a strong development level of leisure industry are concentrated in the eastern coastal zone, along the Beijing-Guangzhou line and along the Yangtze River basin. The regional level of the Northwest Silk Road Economic Belt is weak; (3) the regional differences of leisure industry development level are shrinking.

Keywords: Leisure Industry; Index System; Regional Differences

G. 3 Analysis and Prospect of Chinese Cultural Leisure Industry

Feng Jun / 043

Abstract: In recent years, residents' incomes grow faster than the economy in China, with an enhanced consumption capacity and an increased time allocation for leisure and recreational activities. The public policies and capital investment have also strengthened their supports for the leisure industry. All these factors have given rise to an overall environment conducive to the development of cultural leisure industry. From the actuality of the industry, the overall trend of the cultural leisure industry in China is getting better. In terms of traditional businesses, the art performance market is growing steadily. The paper publishing is challenged by the information technology, so that we should actively seek transformations. In terms of emerging businesses, the film and game markets have sound growing momentums. The rapidly developing online videos deserve our attention. To improve the developmental quality of cultural leisure industry, we should fully clarify the connotations and boundaries of the industry, tap new development momentums, expand the influence of Chinese culture by relying on the service trade, and strengthen the system to effectively guarantee the cultural leisure rights of the people.

Keywords: Cultural Leisure Industry; Public Cultural Service; Leisure Guarantee

G. 4 Development of Chinese Residents' Tourism and Leisure:
Analysis and Forecast   *Sun Pengyi* / 057

Abstract: Under the background of the global economy growth and China's GPD growth slowed down, but benefiting from the integration of culture and tourism, all-area tourism-based development, smart tourism, Belt and Road Initiative etc. , the consumption, the domestic and outbound number of Chinese residents' tourism and leisure grew by a large margin. On the whole, Chinese residents' tourism and leisure continue to maintain steady growth in 2018. Looking ahead to the year of 2019, the polices of integration of culture and tourism, all-area tourism-based development will promote effectively; new operational types and products of tourism and leisure will emerge in large numbers, and public service system, leisure space and time, tourism and leisure consumption will be improved increasingly. The domestic and outbound number of Chinese residents' tourism and leisure will grow continuously in a high quality situation.

Keywords: Residents; Tourism and Leisure; Integration of Culture and Tourism; All-area Tourism-based Development

G. 5 The Present Situation, Problems and Countermeasures of Leisure Agriculture in China *Liao Yongsong* / 070

Abstract: Similar with the development pattern of leisure agriculture in the world, China's leisure agriculture has entered a high-speed development stage after the per capita GDP has exceeded 8000 US dollars. However, limited by multiple factors such as land institutions, leisure agriculture in China is facing with serious obstacles: unstable property rights, operating losses and touching upon the red line of cultivated land. It is urgent for the central government to delimit leisure agriculture zones according to the characteristics of leisure agriculture development, reform the land system, formulate the construction standards of leisure agriculture, aiming at its healthy development.

Keywords: Leisure Agriculture; Rural Tourism; Industrial Convergence; Land Institutions Reform

G. 6 Report on the Development of Hiking in China
Li Hongbo, Gao Lihui and Jing Yinqian / 084

Abstract: Walking is the instinct of human beings and the basic behavior of human beings in nature. With the development of productive forces and the progress of science and technology, hiking has changed from the most true way of human existence to a way of movement, environmental protection, integrated with tourism, and transformed into a part of people's daily life, showing popularization and times, strong participation and other characteristics, at the same time, there are some problems, such as incomplete system, irregular administration, inadequate security etc. In order to better promote the development of national fitness, in view of the resource characteristics and development status of hiking in China, the development of its related support system in the future is prospected.

Keywords: Hiking; Travel Companion; Walkway

G. 7　Progress, Promotion Strategy and Future Prospect of China's Healthy Tourism Industry

Hou Shengtian, Liu Nana and Yang Siqiu / 101

Abstract: Health tourism industry enjoyed vigorous development in China for the past few years. It has become an emerging sunrise industry for increase of service consumption, innovative economic growth and structural reform of supply. As a new type of integrated development of China's traditional medical service and tourism, how to develop health tourism with a more effective strategy has become a hot topic among the academia and practitioners. Taking the evolution of the health tourism industry as the axis, this report summarizes the progress of China's health tourism practice and its affiliated areas such as research, education, policies, standards and etc. It also tries to identify the main obstacles in promoting the development of health tourism. Furthermore, it offers countermeasures to remove the key obstacles. The report concludes with analysis and forecast of the future development trend of the health tourism industry.

Keywords: Health Tourism; Industrial Progress; Development Status; Promotion Strategy; Future Prospects

Ⅲ　Regional Development

G. 8　A Study on the Regional Development and Characteristics of Leisure Cities in China　　*Lv Ning, Zhao Yaru / 114*

Abstract: The leisure demand of city residents has given birth to the leisure function of the city, and meeting the leisure needs of residents has become one of the basic functions of the city. The development of city leisure is an important part of the improvement of city development level, a necessary part of the improvement of residents' quality of life, and an important index to measure the well-being of city residents and the degree of city livability. Different regions and different cities have different stages of leisure city construction. Through the construction of city leisure evaluation system, based on the leisure development data of 290 cities, the article analyzes the basic characteristics of the development of leisure cities in China from regional perspectives. According to different types of problems, the article puts forward the promotion strategies of leisure city construction in different regions.

Keywords: Leisure City; Regional Development; Characteristic Research; Promotion Strategy

G. 9 Current Situation and Prospect of the Coordinated Development of Sport Leisure Industry among Beijing, Tianjin and Hebei *Qi Fei* / 129

Abstract: With the opportunity of coordinated development of Beijing, Tianjin and Hebei region and the 2022 winter olympic games, sport leisure industry among Beijing, Tianjin and Hebei ushered in an important period of complementary and coordinated development. The added value of sport leisure industry and its proportion showed significant positive changes in recent years, and various measures benefiting people's sport leisure demand are carried out in a solid and orderly manner. Policy system aiming to realize the coordinated development of sport leisure industry is improving, and public consumption potential has been released constantly. However, due to the prominent imbalanced development of economy, foundation of industrial development is not synchronized, sport leisure industry among Beijing, Tianjin and Hebei is still affected by several negative factors. Based on these, the article puts forward corresponding policy suggestions from the perspectives of institutional construction and reform, and the proper role of government and market, in order to promote the coordinated development of sport leisure industry among Beijing, Tianjin and Hebei region effectively.

Keywords: Beijing, Tianjin and Hebei; Sport Leisure; Coordinated Development

G. 10 Discussion on the Demand, Supply and Interactive Development of Leisure Market in Guangdong-hong Kong-macao Greater Bay Area　　　　Tang Jizong / 142

Abstract: There are three customs zones in the Guangdong-Hong Kong-Macao Greater Bay Area. With the implementation of the Outline Development Plan for the Guangdong-Hong Kong-Macao Greater Bay Area in phases, the construction of customs and transportation soft and hard infrastructure is becoming more and more facilitation, and interconnection and interconnection are more convenient. It is foreseen that the demand of leisure among the cities for about 70 million people in the Greater Bay Area will continue to increase, and will attract more and more regional and international inbound tourists to enter the area.

Local residents face limited leisure resources, especially during the holidays. The competition from other cities in the region plus the participation of tourists from outside the region will become fierce. It is necessary to make short, medium and long-term forecast of leisure and tourism demand for expanding public resources investment to increase supply, and guiding domestic and foreign enterprises to increase investment to increase leisure and tourism supply in phases.

Keywords: Guangdong-Hong Kong-Macao Greater Bay Area; Leisure Supply; Leisure Demand

G. 11 A Study on the Influence of Sports Tourism Cities in China: A Case Study of Shanghai
　　　　Fu Bing, Xu Shenghui and Dong Erwei / 154

Abstract: The development of sports tourism is the inevitable requirement of enriching tourism product system, expanding tourism consumption space and promoting the transformation and upgrading of tourism. It is the inevitable choice to develop sports resources, realize the deep integration of national fitness and national health, and promote the quality and efficiency of sports industry. It is of great significance to cultivate new momentum of economic development and expand the new space of economic development. This study consults the relevant experts in the field of sports tourism by drawing lessons from the existing research results. This paper designs the evaluation index system of sports tourism city influence, which is composed of four subsystems: economic influence, cultural influence, resource influence and communication influence as first-level index, eight second-level index and forty-four third-level index. Based on the analysis of the influencing factors and main problems of sports tourism in Shanghai, it is suggested that Shanghai should grasp the development trend of new sports tourism, effectively optimize the structure of sports tourism, vigorously develop sports characteristics of small town tourism and create high-quality sports events tourism products.

Keywords: Sports Tourism; CityInfluence; Evaluation Index System; ShanghaiCity

G. 12　The Comparison of Urban Leisure Development:
　　　　with Buenos Aires and Hangzhou as Examples　*Jiang Yan* / 166

Abstract: Buenos Aires and Hangzhou are both famous tourism cities with similar climate. Both of them have apparent romantic culture and long history of leisure tradition. However, there are also many differences in urban leisure development, such as development style and interests. The local government of Hangzhou plays an important role in urban leisure development, investing a lot in infrastructures to attract tourists. However, the tourism infrastructure investment in Buenos Aires is relatively insufficient, although the urban leisure develops well. Besides, more attention is paid to the needs of residents instead of touristsin Buenos Aires. The two cities are facing different economic environmentsand safety level of leisure environment. Also, they have different attitudes toward the outside world. Hangzhou is trying to be international, while Buenos Aires is already a city of international immigrants.

Keywords: Urban Leisure Development; Buenos Aires; Hangzhou

G. 13 Quality of Public Leisure Life of Urban Residents in World Heritage Sites and Its Influencing Factors-With West Lake as an Example *Zhang Haixia, Zhang Sheng* / 179

Abstract: The public leisure spaces, under the rapid urbanization and tourism globalization, which meaning greatly for the life quality of both guests and hosts, have become scarce resources for theworld heritage sites. The case study of West Lake demonstrates that the characteristics of leisure life for residents, that is a behavior pattern depending on landscape, an involvement model changing with age, a need orientation to the culture. Although there are great differences in leisure need and value identification among the residentsin the Eastern Hotspot Regionand the Western Non-hotspot Region, these still provide resident's leisure live with high quality. The main factors impact leisure life of residents in the Western Lake are tourism development, the built leisure spaces and personal characteristics of residents. Therefore, its necessary to for the Hangzhou government to develop the leisure spaces in Western Non-hotspot Region to relief the guest-host contradiction, to promote the sport leisure so as to guarantee the health-oriented quality of leisure life, to optimize the urban parks so as to improve the whole enjoy-oriented quality of leisure life, to advance the culture leisure so as to promote the learning-oriented quality of leisure life.

Keywords: Public Leisure; Life Quality; World Heritage Site; Tourism Impact; West Lake

Ⅳ Emerging Industries

G. 14 Mobile Internet and National Leisure Behavior:
Present and The Future

Cheng Suiying, Cheng Li and Zhang Hanqi / 197

Abstract: With the rapid development of mobile internet, mobile phone has gradually become the most important internet terminal equipment in China, which has led to the change of contemporary national leisure. Online leisure activities make entertainment more diversified, which indirectly improves the quality and efficiency of offline leisure activities, and enhances the influence of offline leisure activities. While enjoying the convenience of online leisure activities, avoiding the negative impacts, actively conforming to the future trend of mobile internet's development, promoting healthy leisure and smart leisure are the inevitable ways to achieve a better life in the future.

Keywords: Mobile Internet; Mobile Netizen; Leisure; Entertainment

G. 15 Current Situation and Prospect of Outdoor
Playgrounds in China   *Li Huihua, Tan Liang and Sun Tian* / 221

Abstract: Along with the boost of our nation's urbanization level and the tourism market continuing rapid growth of demand, outdoor unpowered park is becoming a new type of playing products, and gradually formed a combination with the education, rural, scenic, vacation and IP. In the future, Chinese family-oriented park will be the adhesive between different industries. Thermalization is becoming more and more important for the family-oriented park, and it can probably be the online entrance of the importance and accuracy. However, there are some problem, such as lacking of standard, still bother the development of this industry. This article tries to sort out and analysis the development and evolution of China's outdoor no-power parks for readers in related industries.

Keywords: Outdoor Playground; Amusement Products; Market Segment

G. 16　The Current Situation and The Future Trends of China's Camp Education Industry　　　　　　　　　　*Zhang Dan* / 237

Abstract: The camp education is a innovative form of education based on the camp, through the lives and experiential acivities in the camp, the campers achieve the purpose of being educated. With the development of this industry, the courses of the camp show a trend of fine differentiation and meet personalized needs, developing towards refinement, thematization and specialization. Most camps are established in 5 years, there are great developing spaces compare with the international level in terms of quantity. The camp education industry is facing enormous opportunities for development under the conditions of policy promotion, upgrading economic consumption, educational preferences of parents in the new age, large educational population, needs of scenic spots and tourist real estate.

Keywords: Camp Education; Quality Education; Experiential Learning; Individualization; Consumption Upgrading; Development Opportunities

G. 17　Study on Evolution of Chinese Film Audience Consumption Habits: in the Perspective of Box Office
　　　　　　　　　　　　　　　　　　　　　　Qu Liping / 259

Abstract: The box office can reflect the consumption behavior and consumer psychology of movie-goers. According to the box office of Chinese film market in the past 5 years, this paper analyzes the new facts appear in market based on factors such as film type, releasing schedule and movie stars. The new facts are: The new combination of film types; The independence of Spring Festival season; The competition between imported and domestic films; and the decline of the influence of popular stars. Paper also analyzes the fact that the average age of Chinese film audiences is becoming younger, the geographically diversity of audience is becoming wider, and the trends of women have more control over movie-watching. At the same time, the paper also analyzes the change of consumer psychology for Chinese film viewers based on their active viewing, passive viewing, retaliatory viewing, and aiding viewing.

Keywords: Film Consumption; Film Consumption Behavior; Film Consumer Group; Film Consumer Psychology

G. 18　Development of New Leisure Industry based on demand Evolution

　　—Taking DIY Hand Workshop as an Example　　Wu Jinmei / 272

Abstract: When people are pursuing a better life, their demand for leisure has been evolving with the development of social economy and culture. As people's sense of leisure is gradually increasing and their needs are becoming more and more abundant, the government has increasingly attached importance to the role of the service industry in stabilizing growth, promoting reform, restructuring, and benefiting the people. The various elements of the market have begun to pay attention to leisure development, and various resources have gathered in the leisure service industry. All kinds of enterprises in the leisure field, especially new small and micro enterprises, are emerging rapidly. These new formats also create and guide leisure consumption while satisfying the demand. From the perspective of development mechanism of new business forms, this paper analyzes the motivation, foundation, path and characteristics of the new business development by taking the DIY hand workshop as an example. We also propose some suggestions for the development of new leisure formats, which are creating a good environment, supporting encouragement of innovation, advocating for integrated development, and innovating regulatory approaches.

Keywords: New Format of Leisure; Demand Evolution; Characteristic; Development

G. 19 Current Situation and Progress of Online Music Industry in China
—with Netease Cloud Music as an Example   Chen Xiaoxiang / 285

Abstract: In 2015, as China combated the music piracy online, online music service providers have adopted business models that respect copyright, and some new features have manifested themselves during the period. This essay will investigate the sucessful unfolding of NetEase Cloud Music, thus examining how music will be consumed and innovated online in the future and how the development can be realized in a sustainable manner, both of which should provide new insights for future advancement of online music services.

Keywords: Online Music Services; NetEase Cloud Music; Paying Users; Personalized Recommendations

社会科学文献出版社　　　　　　　　　　**皮书系列**

❖ 皮书起源 ❖

"皮书"起源于十七、十八世纪的英国，主要指官方或社会组织正式发表的重要文件或报告，多以"白皮书"命名。在中国，"皮书"这一概念被社会广泛接受，并被成功运作、发展成为一种全新的出版形态，则源于中国社会科学院社会科学文献出版社。

❖ 皮书定义 ❖

皮书是对中国与世界发展状况和热点问题进行年度监测，以专业的角度、专家的视野和实证研究方法，针对某一领域或区域现状与发展态势展开分析和预测，具备原创性、实证性、专业性、连续性、前沿性、时效性等特点的公开出版物，由一系列权威研究报告组成。

❖ 皮书作者 ❖

皮书系列的作者以中国社会科学院、著名高校、地方社会科学院的研究人员为主，多为国内一流研究机构的权威专家学者，他们的看法和观点代表了学界对中国与世界的现实和未来最高水平的解读与分析。

❖ 皮书荣誉 ❖

皮书系列已成为社会科学文献出版社的著名图书品牌和中国社会科学院的知名学术品牌。2016年，皮书系列正式列入"十三五"国家重点出版规划项目；2013~2019年，重点皮书列入中国社会科学院承担的国家哲学社会科学创新工程项目；2019年，64种院外皮书使用"中国社会科学院创新工程学术出版项目"标识。

中国皮书网

（网址：www.pishu.cn）

发布皮书研创资讯，传播皮书精彩内容
引领皮书出版潮流，打造皮书服务平台

栏目设置

关于皮书：何谓皮书、皮书分类、皮书大事记、皮书荣誉、皮书出版第一人、皮书编辑部

最新资讯：通知公告、新闻动态、媒体聚焦、网站专题、视频直播、下载专区

皮书研创：皮书规范、皮书选题、皮书出版、皮书研究、研创团队

皮书评奖评价：指标体系、皮书评价、皮书评奖

互动专区：皮书说、社科数托邦、皮书微博、留言板

所获荣誉

2008年、2011年，中国皮书网均在全国新闻出版业网站荣誉评选中获得"最具商业价值网站"称号；

2012年，获得"出版业网站百强"称号。

网库合一

2014年，中国皮书网与皮书数据库端口合一，实现资源共享。

权威报告·一手数据·特色资源

皮书数据库
ANNUAL REPORT(YEARBOOK) DATABASE

当代中国经济与社会发展高端智库平台

所获荣誉

- 2016年，入选"'十三五'国家重点电子出版物出版规划骨干工程"
- 2015年，荣获"搜索中国正能量 点赞2015""创新中国科技创新奖"
- 2013年，荣获"中国出版政府奖·网络出版物奖"提名奖
- 连续多年荣获中国数字出版博览会"数字出版·优秀品牌"奖

成为会员

通过网址www.pishu.com.cn访问皮书数据库网站或下载皮书数据库APP，进行手机号码验证或邮箱验证即可成为皮书数据库会员。

会员福利

- 已注册用户购书后可免费获赠100元皮书数据库充值卡。刮开充值卡涂层获取充值密码，登录并进入"会员中心"—"在线充值"—"充值卡充值"，充值成功即可购买和查看数据库内容。
- 会员福利最终解释权归社会科学文献出版社所有。

卡号：768549327588
密码：

数据库服务热线：400-008-6695
数据库服务QQ：2475522410
数据库服务邮箱：database@ssap.cn
图书销售热线：010-59367070/7028
图书服务QQ：1265056568
图书服务邮箱：duzhe@ssap.cn

S 基本子库
SUB DATABASE

中国社会发展数据库（下设 12 个子库）

全面整合国内外中国社会发展研究成果，汇聚独家统计数据、深度分析报告，涉及社会、人口、政治、教育、法律等 12 个领域，为了解中国社会发展动态、跟踪社会核心热点、分析社会发展趋势提供一站式资源搜索和数据分析与挖掘服务。

中国经济发展数据库（下设 12 个子库）

基于"皮书系列"中涉及中国经济发展的研究资料构建，内容涵盖宏观经济、农业经济、工业经济、产业经济等 12 个重点经济领域，为实时掌控经济运行态势、把握经济发展规律、洞察经济形势、进行经济决策提供参考和依据。

中国行业发展数据库（下设 17 个子库）

以中国国民经济行业分类为依据，覆盖金融业、旅游、医疗卫生、交通运输、能源矿产等 100 多个行业，跟踪分析国民经济相关行业市场运行状况和政策导向，汇集行业发展前沿资讯，为投资、从业及各种经济决策提供理论基础和实践指导。

中国区域发展数据库（下设 6 个子库）

对中国特定区域内的经济、社会、文化等领域现状与发展情况进行深度分析和预测，研究层级至县及县以下行政区，涉及地区、区域经济体、城市、农村等不同维度。为地方经济社会宏观态势研究、发展经验研究、案例分析提供数据服务。

中国文化传媒数据库（下设 18 个子库）

汇聚文化传媒领域专家观点、热点资讯，梳理国内外中国文化发展相关学术研究成果、一手统计数据，涵盖文化产业、新闻传播、电影娱乐、文学艺术、群众文化等 18 个重点研究领域。为文化传媒研究提供相关数据、研究报告和综合分析服务。

世界经济与国际关系数据库（下设 6 个子库）

立足"皮书系列"世界经济、国际关系相关学术资源，整合世界经济、国际政治、世界文化与科技、全球性问题、国际组织与国际法、区域研究 6 大领域研究成果，为世界经济与国际关系研究提供全方位数据分析，为决策和形势研判提供参考。

法律声明

"皮书系列"（含蓝皮书、绿皮书、黄皮书）之品牌由社会科学文献出版社最早使用并持续至今，现已被中国图书市场所熟知。"皮书系列"的相关商标已在中华人民共和国国家工商行政管理总局商标局注册，如LOGO（ ）、皮书、Pishu、经济蓝皮书、社会蓝皮书等。"皮书系列"图书的注册商标专用权及封面设计、版式设计的著作权均为社会科学文献出版社所有。未经社会科学文献出版社书面授权许可，任何使用与"皮书系列"图书注册商标、封面设计、版式设计相同或者近似的文字、图形或其组合的行为均系侵权行为。

经作者授权，本书的专有出版权及信息网络传播权等为社会科学文献出版社享有。未经社会科学文献出版社书面授权许可，任何就本书内容的复制、发行或以数字形式进行网络传播的行为均系侵权行为。

社会科学文献出版社将通过法律途径追究上述侵权行为的法律责任，维护自身合法权益。

欢迎社会各界人士对侵犯社会科学文献出版社上述权利的侵权行为进行举报。电话：010-59367121，电子邮箱：fawubu@ssap.cn。

社会科学文献出版社